사람들은 왜 한 가지만 잘하는 식당을 찾을까?

 머리말

　벌써 식당 컨설팅을 한 지 21년이나 되었습니다. 저와 동갑인 신동엽 씨가 진행했던 〈신동엽의 신장개업〉이라는 프로그램을 보고 식당 컨설팅에 뛰어든 29살이 어느덧 오십을 바라보는 나이가 되었습니다. 21년 동안 많은 식당을 만들었고, 거기에는 별별 사연들이 넘쳐납니다. 항상 남과 다르게 일한 덕분에 의뢰인은 그저 손님이 아닌, 생면부지의 의뢰인에서 친구·가족이 되는 열매를 맺는 요즘 더없이 행복합니다. 컨설턴트는 사기꾼이라는 의심이 없는 곳을 만들었다는 것이 21년의 세월, 14번째의 책 출간만큼 뿌듯하고 자랑스럽습니다.

　이 책에 나오는 이야기들은 저와 함께한 식당주들 중에서 특별히 성공한 사례를 고른 것이 아닙니다. 짜고 치는 고스톱 같은 백 개 중에서 어쩌다 성공한 한두 개의 이야기가 아니라, 진짜 식당이라고는 초보일 수 있는 평범한 사람들의 이야기입니다. 물론 글 재주나 글 쓰는 두려움이 없는 분들이라는 점은 맞습니다. 하지만 없는 이야기를 만들지 않았고, 자기 식당을 홍보하기 위해 쓴 글은 아닙니다. 그런 내용이라면 글을 쓸 기회조차 주어지지 않았을 테니 말입니다.

Part 1은 초보 식당 아빠들의 고군분투기라는 제목을 붙여도 될만한 이야기들입니다. 칼조차 처음 잡아보는 아빠들이 식당을 차려 고생한 이야기 그리고 그것을 극복한 이야기를 과장되지 않게 있는 그대로 본인들이 솔직하게 고백한 이야기들입니다. 심지어 잘 나가던 금융회사 CEO가 우동집을 차린 이야기는 어쩌면 100세 시대를 살아야 할 현재의 상황에 의미 있는 선배 식당주의 사례가 아닐까 싶습니다. 말도 안되는 시골 동네 구석 자리에서 줄 세우는 식당은 제가 만들었고 익히 알고 있지만 볼 때마다 신기한 식당입니다. 첫 식당에서 7억을 날리고 7천만원으로 시멘트 공장 앞에서 마지막이라는 각오로 차린 식당이 오픈과 동시에 줄을 세운 이야기는 사실 감동입니다. 그런 이야기들이 어쩌면 막연히 외면했던 식당 창업과 혹은 나는 무조건 차리면 잘될거야 라고 믿었던 분들에게 도움이 되는 이야기들일 수 있습니다.

Part 2는 컨설턴트의 눈으로 지상 컨설팅을 한다는 마음으로 어디서든 흔히 볼 수 있는 동네 식당을 훔쳐낸 이야기입니다. 털어서 먼지 안 나는 사람 없다고 하지만, 제가 만든 식당이라고 모두 완벽하지는 않습니다. 알면서도 놓치는 실수, 몰라서 진짜 고쳐지지 않는 단점들을 책을 읽는 분들에게 전달함으로써 식당을 창업하고 경영하는 분들이 책을 읽고 바로 고쳤으면 하는 마음에 진심을 담아 적은 담론입니다. 물론 고치는 것은 본인 마음입니다. 그 뒤에 따르지 않는 매출도 본인 것이듯 말입니다.

　Part 3은 고깃집을 10년 넘게 운영하면서도 장사의 맥을 몰라 그저 본능처럼 식당 일을 했던 점주가 '맛있는 창업'을 만나고 장사의 맛을 알게 되며 실제 적용한 팁을 정리한 내용입니다. 특히 서비스라는 너무 뻔한 틀을 스킨십과 진심 그리고 이타의 마음을 담아서 놀라운 변화를 일으킬 수 있다는 것을 식당을 하는 여러분의 동료가 들려주는 이야기입니다. 10년이 넘은 오래된 시설과 끝없이 등장하는 신규 경쟁자들 틈에서 기죽지 않고 싸워가는 점주의 지상특강은 어쩌면 닳고 닳은 필자의 강의보다 더 진솔한 울림을 줄 수 있을 거라 기대합니다.

　모쪼록 넘치는 정보 속에서 이 책이 정말 식당업으로 인생을 시작하고 운전해 가는 분들에게 작은 도움이 되기를 바라는 마음입니다. 마지막으로 제 특유의 까칠한 지적을 빼먹지 않고 남기면 다음과 같습니다.
　아무것도 하지 않으면 아무 일도 일어나지 않습니다. 줄 서는 식당을 만들기 위해서는 먼저 살을 내줘야 합니다. 그래야 손님의 뼈를 취할 수 있습니다. 하루하루 연명하는 삶을 선택할 것인가, 이미 망했다고 생각하고 진짜로 장사의 맥을 만져보려고 노력할 것인가는 여러분의 선택입니다. 외식컨설팅 21년을 견뎌 온 컨설턴트와 12명 식당주들의 이야기를 선택하는 행운은 0.1%뿐입니다.

대표저자 이경태

머리말…4

Part 1 초보 사장, 식당에서 꿈을 찾다

01. 〈금용〉 아버지의 대를 이어가는 30년 노포 중국집 … 12
02. 〈제크와돈까스〉 하루 4시간만 문 열고 줄 세우는 시골식당 …26
03. 〈서상훈떡볶이〉 요식업 왕초보, 중국 항저우에서 1등을 하다 …44
04. 〈우동한그릇〉 아버지는 회를, 아들은 고집을 판다 …58
05. 〈호가담〉 점장생활 20년의 고깃집 사장 분투기 …74
06. 〈화순집〉 시골 골목길에 줄 세우는 신기한 칼국수집 …90
07. 〈고장난소바〉 엄마의 한평생 팥죽집을 벗고 소바집을 차리다 …106
08. 〈스시생선가게〉 체인우동집 망하고, 독립초밥집으로 성공하다 …118
09. 〈통큰감자탕〉 14년 호프집의 연명, 1년 감자탕의 대박 …130
10. 〈북한산우동집〉 금융회사 CEO, 우동집 주인이 되다 …138
11. 〈남쪽마을돌짜장〉 총괄 쉐프에서 짜장면집 사장이 되다…154

Part 2 왜 우리 동네에는 갈만한 식당이 없을까?

01. 짬뽕집: 메뉴는 늘리고, 일손은 줄여 가치를 스스로 떨구다. …172

02. 고급 김밥집: 김밥과 무관한 메뉴를 늘려 일손을 자초하다 만세 부르다. …175

03. 쌀국수집: 수년을 다녀도 아는 척 한 번 없이
　　　　　　　처음 온 손님 보듯 대한다. …179

04. 파스타집: 좋은 컨셉을 가지고 1인 1식 따지면서 싸움을 자초한다. …182

05. 동태탕집: 안 좋은 쌀로 밥을 하고, 반찬은 많이 먹을까봐
　　　　　　　전부 맛이 없다. …186

06. 호프집: 안주 팔아서 돈 벌려는 듯 안주값을 비싸게 매긴다. …189

07. 전골칼국수집: 곁들임은 손님의 선택,
　　　　　　　　　주문할 때마다 채근해서 불편하다. …192

08. 쭈꾸미집: 맛이 너무 없다. 캡사이신 맛이 전부다. …195

09. 퓨전분식집: 수십 가지 메뉴를 남자주인 혼자 만든다. 신뢰할 수 없다. …198

10. 삼겹살집: 고기를 많이 먹을수록 손해보는 느낌이 든다. …202

Part 3 식당은 서비스다!

00. 〈볏짚삼겹살〉 한자리 12년 볏짚과 함께한 고깃집 ···208

01. 왜 식당에 서비스가 중요한가 ···212

02. 서비스의 새로운 정의를 내리다 ···218

03. '서비스'라고 쓰고 '진심'이라고 읽는다 ···223

04. 식당에서의 서비스는 '용기'가 필요하다 ···230

05. 서비스의 최고의 무기는 '메뉴판'이다 ···237

06. 서비스는 타이밍의 싸움이다 ···241

07. 식당 서비스의 생각지도 못한 선물 ···246

08. 서비스는 최고의 가성비다 ···250

맺음말 ···256

Part 1
초보 사장,
식당에서 꿈을 찾다

Part 1은 11명의 식당 사장의 이야기이다.
몇몇은 처음 식당을 시작한 사람도 있고,
몇몇은 10년 이상 식당을 운영하다
새로 시작한 식당 공부를 통해
행복을 찾은 사람도 있다.

아버지의 대를 이어가는 30년 노포 중국집
〈금용〉의 한지호 사장

하루 4시간만 문 열고 줄 세우는 시골식당
〈제크와돈까스〉의 윤창현 사장

요식업 왕초보가 중국 항저우에서 1등을 하는
〈서상훈떡볶이〉의 서상훈 사장

아버지는 회를 팔고, 아들은 고집을 파는
〈우동한그릇〉의 백승민 사장

점장생활 20년 고깃집 사장의 분투기
〈호가담〉의 신백송 사장

시골 골목길에 줄 세우는 신기한 칼국수집
〈화순집〉의 김수오 사장

엄마의 한평생 팥죽집에 소바집을 차린
〈고장난소바〉의 김현민 사장

체인우동집에서 망하고, 독립초밥집으로 성공한
〈스시생선가게〉의 문석현 사장

14년 호프집을 연명하다 1년 만에 감자탕으로 대박난
〈통큰감자탕〉의 심재춘 사장

금융회사 CEO에서 갑자기 우동집 주인이 된
〈북한산우동집〉의 김대영 사장

대기업 총괄 쉐프에서 짜장면집 사장이 된
〈남쪽마을돌짜장〉의 서정우 사장

이들이 식당을 통해 꿈과 행복을 찾은 내용을 소개한다.

부모님의 식당을 물려받아 줄 세우는 식당을 꿈꾸다

1985년부터 부모님이 하시던 50평짜리 중국집을 2010년 물려받았다. 당시 배달사원 2명, 홀 서빙 1명 그리고 주방 2명으로 안정적으로 자리가 잡힌 가게여서 사실 장사에 크게 신경 쓰지 않고 하루하루를 보내고 있었다. 그러다 2014년 '쿠폰북'이라는 배달시스템을 도입하며 배달이 많이 늘었다. 그 당시에는 대부분 전단지로 직접 홍보를 했던 시절이라 배달을 갈 때마다 쿠폰북을 하나씩 껴서 보내기만 해도 주문이 늘어나는 현상이 신기했다. 욕심이 났다. 배달 인원도 1명 늘려 3명이 되었고, 쿠폰북 회사도 A 외에 B와 C회사로 늘렸다. 결과는 대박이었다. 배달 인원을 6명으로 늘렸는데도 배달 대기가 주말에는 1시간을 넘어갔다. 배달 인력을 더 늘리고 싶었지만 주방 크기가 작아 주방 인력을 더 쓸 수 없어 6명으로 만족해야 했다.

그런데 배달은 늘었지만 홀 손님은 오히려 줄어들었다. 부모님이 하시던 때에는 배달 매출이 더 많긴 했어도 홀에 손님들이 많았는데…. 약이 올랐다. 사실 나도 배달보다 홀에 욕심이 더 많았기 때문이다. 배달은 '너희 집 음식 가져와'라는 식이라면 홀은 '왔으니 먹게 해줘'라는 식이니 내가 갑이 되는 것 같아 더 좋았다.

게다가 이왕 식당을 하기로 한 이상, 나도 줄 세우는 식당을 만들고 싶었다. 그래서 그때부터 본격적으로 식당 공부를 시작하며 관련 서적을 닥치는 대로 읽기 시작했다. 공부를 하면 할수록 식당 사장이 해야 할 일은 어마어마했다. 주인이 음식을 할 줄 아는 것은 기본이고, 홍보(마케팅)와 가게 전체의 경영까지…. 그러니 봐야 할 책들이 요리 책, 마케팅 책을 넘어 경영 책까지 다양했다. 그러다 한 권의 책을 접했다.

엄청난 내용에 충격을 받고 날이 새는 줄 모르고 끝까지 읽었다. 그리고 책의 저자가 운영하는 [맛있는창업] 홈페이지까지 찾아가 바로 회원 가입을 하고, 지금까지 식당 공부를 함께하고 있다. 지금 생각하면 이는 내 장사 인생 최고의 선택이었다!

'식당은 음식 맛이 좌우한다'고 생각하던 나는 대구에만 2박 3일을 머물면서 매일같이 짬뽕집만 7~9군데를 돌아다니며 짬뽕을 먹고 토하고 먹고 토하고 또 먹고 토하고… 그러다 공원 벤치에 뻗어 누워 있다가 또 먹으러 가고 또 토하고를 반복했다. 그렇게 한다고 무슨 대단한 맛을 만든다고…. 그 당시를 생각하면 웃음만 난다. 이후 식당 공부를 본격적으로 시작하면서부터 다른 식당을 가도 맛은 크게 신경 쓰지 않았다. 오해하면 곤란하다. 맛에만 초점을 두지 않게 된 것이지 맛이 중요하지 않다는 것은 절대 아니니까 말이다. 다행히 우리 식당은 맛은 잡혀 있었다. 그래서 배운 대로 실천해 갔다. 이제부터 내가 배우고 실천한 것을 공유해 보고자 한다.

음식은 발칙해야 한다

그때부터 발칙한 음식을 만들기 위해 노력했다. 그렇게 탄생한 것이 '불고기짬뽕'이었다. 전국적으로 불고기짬뽕으로 유명한 집들이 몇 군데 있었는데, 그곳들은 모두 소불고기를 사용했다. 그래서 가격도 짬뽕치고는 비싼 편이었고, 그렇다 보니 가성비를 주기에 마음에 차지 않았다. 그래서 '돼지고기면 어때?'라는 생각으로 돼지불고기로 만든 짬뽕을 검색해 봤더니 한 곳도 없었다. 돼지불고기 백반이나 돼지불고기 그 자체로 유명한 집들은 있었지만 짬뽕은 없었다.

그래서 '아! 이거 내가 해봐도 되겠다'고 생각했다. 돼지고기니까 소고기보다 양을 더 많이 주면서 가격도 저렴하게 할 수 있으니 일거양득이었다. 80일 동안 매일 만들어 먹어보고 모양새를 내보고 담음새도 만들어 보고 그릇도 새로 장만했다. 그렇게 해서 3월 1일에 양념불고기짬뽕을 런칭했다. 이때 가장 염두에 둔 것은 사진 찍히기에 충분한 모양새를 만드는 것이었다(맛이야 보이지 않으니까).

○
메뉴는 온리원! 강력한 4번 타자가 필요하다

　불고기짬뽕을 강력한 4번 타자로 만들기 위해 많은 메뉴를 없애기로 마음먹었다. 그중 가장 없애기 어려웠던 것이 볶음밥이었다. 볶음밥은 짜장면과 짬뽕 빼면 판매량 3위의 압도적으로 많이 나가는 메뉴였다. 그래도 나는 부모님과 부딪히면서까지 하며 없앴다. 볶음밥뿐만 아니라 우동, 울면, 울짜장, 기스면, 삼선짜장 삼선간짜장, 삼선볶음밥, 심지어 요리 메뉴까지 대거 없앴다. 깐풍기, 깐풍육, 라조기, 라조육, 고추잡채, 깐쇼새우, 깐풍새우 등 진짜 많이 없애기도 없앴다. 손님들이 들어와 없는 메뉴 때문에 그냥 돌아가는 상황도 종종 생겼다. 그럴 때마다 '내가 잘하고 있는 걸까?' 하고 흔들리지 않았다면 거짓말이다. 그래도 나는 우리 집 대표메뉴, 즉 4번 타자를 만들고 싶었다. 손님이 그냥 돌아갈 때마다 흔들리기도 했지만 배운 대로 강행하기로 마음먹었다.

○
나만의 스킨십!

　이렇게 4번 타자를 만들었으니 이제 손님이 오면 손님을 제대로 먹살(?) 잡아야 했다. 다른 집은 못 가게! 우리 집만 오게! 오고 또 오게!

그래서 전국 스킨십의 대가들을 찾아 다녔다. 그들이 하라는 것, 가보라는 곳들을 찾아가 보고 느끼며 실행할 때마다 충격의 연속이었다. 나는 스킨십의 대가들에게서 강력한 스킨십을 배웠다. 각각의 식당 스타일 그대로의 스킨십은 할 수 없었지만, 나만의 스타일대로 스킨십을 만들었다. 그리고 바로 내 식당에 써먹었다.

나는 사실 식당에서 '스킨십'이 가장 중요하다고 생각한다. 음식이 아무리 맛있어도 친절하지 않거나 다른 이유 때문에 망하는 식당들이 수두룩하다. 우리 집이 줄 서게 된 데에는 스킨십이 가장 큰 역할을 했다고 확신한다. 식당에 가보면 "어서 오세요" "안녕히 가세요" 아니 이조차도 안하는 곳이 많다. 인사를 하는 경우에도 정말 기운 빠지게 하는 곳이 대부분이다. 많고 많은 식당 중에서 우리 집을 콕 짚어서 오는 손님에게 절은 못하더라도 그 고마움을 강력하고 밝게는 표현해야 하지 않겠는가!

〈금용〉에 오는 손님들 중에는 내 인사에, 내 목소리에 반했는지 내 목소리를 들으러 온다는 손님들도 있다. 내 인사에 항상 힘이 들어있다고 좋아한다. 인사를 했다고 끝이 아니다. 인사는 기본일 뿐이다. 손님이 자리에 앉으면 또 다른 스킨십의 시작이다. 간단한 말을 건네는 것이다. 여름이라면 "어유 이 더운 날씨에 우리 집까지, 감사합니다. 오늘은 양을 곱빼기로 드리겠습니다." 또 음료수를 따서 한잔 따라 드리며 "아유~~ 이 더위에 여기까지? 씨~원하게 이거 한잔 하세요." 겨울이라면 따뜻한 차 한잔 드리면 된다.

이처럼 포인트는 스킨십이다. 한 손님이 식사를 시작해서 끝날 때까지 나는 2~4번 정도의 스킨십을 한다. 반찬이 더 필요한지, 양은 부족하지 않은지…

이런 걸 체크해서 말을 건넬 기회를 만드는 것이다. 손님을 내 편으로 만들 수 있는 엄청난 기회가 아닌가? 다른 식당을 가면 반찬을 한 번 더 시키는 거 눈치 보이지 않던가?

○ 서비스를 아끼면 망한다

이건 아주 강력하다! 고깃집 가서 10~20만원어치 먹어도 나는 공깃밥이나 음료수를 서비스로 받아본 기억이 딱 한 번뿐이다. 그런데 우리가 공깃밥 팔아서 남기려고 장사한 거 아니지 않은가? 음료수 팔아서 남기려고 시작한 장사가 아니지 않은가? 나는 그때부터 식사 중인 손님에게 계속해서 말을 걸었다.

"드시다 부족하시면 면도 드리고 밥도 드려요~"

일정 금액 이상이면 공깃밥도 그냥 드렸다. 별것 아닌 거 같은가? 주말이면 10인분 밥솥으로 8~10번 밥을 한다. 큰 밥솥에 하지 않는다. 딱 10인분 밥솥으로 떨어지면 하고 떨어지면 하고 또 한다. 왜? 많이 하면 맛이 없기 때문이다. 그리고 8번이고 10번이고 한 밥은 99% 공짜다. 음료수도 마찬가지다. 한 달에 150~190만원어치가 서비스(공짜)로 나간다. 음료수 100개 중 혼자 와서 드시는 분들이 시키는 한두 개 정도만 돈을 받는다. 그 한두 개 값은 받아야 한다. 땅 파서 장사하는 것도 아니지 않는가! 여기 나만의 팁이 하나 있다. 아무리 공깃밥과 음료수가 공짜여도 생색은 반드시 내야 한다. 그냥 주는 거는 아무 의미가 없다. '날씨가 더워서 이건 서비스' '이건 부족할 것 같아서 서비스' '이건 많이 드시라고 서비스' 등 뭐라도 말을 건네야 한다.

그리고 술의 경우도 연태고량주 250㎖ 2만원짜리를 1병 시키면 1병을 공짜로 준다. 물론 그냥이 아니라 생색을 내면서 준다. 어느 팀은 연태고량주 4병을 마셨다. 그럼 그중 2병은 서비스를 받은 것이다. 무려 4만원어치를 말이다. 손님들은 다 먹고 나갈 때 '고맙다' '잘 먹었다' 등 인사에 인사를 하고 악수까지 해주고 간다. 지금은 연태고량주 단골팀이 되었다.

○
배우고 느끼고 공부한 대로 하니 줄 서는 식당이 되어 있었다

발칙한 메뉴를 위해 불고기짬뽕과 돌 위에 지글지글 나가는 돌짜장을 만들었고, 손님이 오면 손님의 만족도를 높이기 위해 적극적으로 스킨십을 하고, 손님을 위해 남기지 않아도 될 것은 남기지 않는 이타의 장사를 했다. 그렇게 수개월을 장사하다 보니 어느 날은 방송국에서 촬영을 왔다. 이렇게 방송과 입소문이 늘어나자 홀에 손님이 몰려 대기하는 손님들이 늘기 시작했다. 이런 날에는 배달 전화를 과감하게 버렸다. 오로지 홀에 온 손님들의 만족도를 높이기 위해 최선을 다했다. 이런 날이 지속되자 배달 인력을 3명이나 줄였다. 하루 150~180개였던 배달 건수를 반 토막이나 포기한 것이다. 그럼에도 신기하게 일 매출, 월 매출이 기록을 갱신하며 전체 매출은 높아졌다.

그런데 이렇게 손님들이 늘고 줄을 서자 나는 묘하게 위험을 느꼈다. 자칫

이 손님들에게 소홀하거나 바쁘다는 핑계로 만족도를 떨어뜨리면 한순간에 무너질 것 같은 위기감을 느꼈다.

그래서 낮시간에 브레이크타임을 만들어 직원들을 쉬게 하여 오후에 오는 손님들에게 더욱 신경 쓸 수 있도록 했다. 생각해 보자. 직원들이 하루 종일 일하다 지치면 어떻게 손님들에게 친절하게 대할 수 있겠는가? 그리고 식재료를 아침에 모두 준비하지 않고 브레이크타임에 한 번 더 준비를 해 신선도와 음식의 질을 높일 수 있도록 했다.

브레이크타임 때 찾아와 식사를 못하고 가는 손님들에게는 1만원짜리 탕수육 쿠폰을 나누어 준다. 또 재료가 일찍 떨어져 조기마감이 되었을 때 찾아오는 손님들에게도 탕수육 쿠폰을 나누어 줬다. 어느 일요일, 그날 따라 휴식시간에 찾아온 손님들이 10팀도 넘었다. 나는 그 손님들 모두에게 탕수육 쿠폰을 나누어 주면서 말했다.

"드라이브 한 번 하고 오셔요. 1시간 정도면 재료준비가 끝납니다. 이 쿠폰은 오늘 사용해도 됩니다."

그리고 그날 10팀 중 6팀이 다시 찾아주었다. 보통은 며칠 지나서나 아니면 몇 주가 지난 뒤에 찾아올 텐데, 그날은 당일에 다시 찾아주었다. 1만원 탕수육 해봐야 원가는 3,000원 정도이니 6팀이면 18,000원이다. 18,000원으로 나는 6팀이나 붙잡은 것이다. 이 6팀은 나중에도 반드시 우리 식당을 다시 찾을 것이다. 확신한다. 그만큼 나는 자신이 있다.

"이런 데도 우리 집 안 올래?"

"이렇게 해주는 데도 다른 집 갈 수 있겠어?"

나는 자신이 있다. 열이면 열, 다 잡을 자신은 없지만, 열에 대여섯은 잡을 자신이 있다.

나는 이렇게 발칙한 메뉴를 만들고, 손님이 오면 화끈하게 스킨십을 하며 이타의 마음으로 장사를 한다. 그 결과 나는 도저히 오를 수 없을 것 같은 목표를 넘어섰다. 가게 밖에 줄을 세우는 것이 꿈이었는데 줄을 세웠고, 메뉴도 줄이고 싶었는데 결국 확 줄였고, 방송에도 나가봤고 배달보다 홀 매출이 더 커졌다. 이 모든 것이 식당 공부를 통해 가능해졌다고 확신한다.

〈맛있는 창업〉의 훈수
TO. 〈금용〉

"장사가 잘되는데 왜 컨설팅을 받으려고 하나요? 왜 [맛있는창업]에 가입을 했죠?"
내가 〈금용〉의 한지호 사장을 처음 만났을 때 건넨 첫마디였다. 당시 〈금용〉은 배달사원이 6명이나 될 정도로 꽤 잘나가고 있었고, 일 평균매출도 300만원이나 올리고 있었다. 필자의 질문에 한 사장은 다음과 같이 답했다.
"홀 매출이 줄어 장사하는 맛이 안 나서요."
의외였다. 아버지의 식당을 이어받아 나름 편하게 장사하는 게 일반적인 2세들의 패턴인데, 한 사장은 많이 달랐다. 홀에 손님이 많아 홀 손님이 즐거워하는 모습을 보고 싶다는 말이 인상적이었다.
〈금용〉은 아버지의 대를 이어 하는 식당이었다. 그것도 자리를 옮기지 않고 한 자리에서 30년 이상 하는 식당은 흔하지 않다. 〈금용〉은 이미 그런 무기를 가진 것이다.
'2대가 하는 중국집. 아버님의 31년을 이어받았습니다'라는 주제를 만들었다. 그 어떤 것보다 이것이 우선이다. 아무리 맛있다고 떠드는 것보다 이 한 줄이 최고의 카피다. 손님들도 3년도 아니고 1년에 서너 번씩 바뀌는 식당 간판을 본 경험이 넘치니까 한 자리에서 31년이라는 말만으로도 신뢰를 줄 수 있었다. 컨설팅은 이런 것이다. 줄기를 먼저 잡아야 한다. 튼튼한 줄기가 있어야 가지가 여러 개 뻗어 나가도 견딜 수 있다.
그 다음은 점주가 쓴 이야기대로다. [맛있는창업]이 권한 대로, [맛있는창업]이 생각한 바를 의심없이 실천했다. 메뉴를 과감히 줄였다. 돈이 되는 요리를 빼고 식사 위주로 재편했다. 생각해 보자. 우리가 중국집에서 요리를 먹었던 기억이 얼마나 있는지를…. 특별한 날이 아니면 요리라고는 탕수육이 전부다. 어쩌다 양장피나 고추잡채를 먹기도 하지만, 그 이상은 필자도 그다지 기억이 나지 않는다. 비싼 요리를 팔아서 1억을 파나, 짜장과 짬뽕을 팔아서 1억을 파나 똑같다. 요리를 팔아서 1억을 팔면 불안하다. 왜냐하면 그 소비를 하는 손님이 떠나

<금용>의 '한지호' 입니다.
저희 주소는 충북 청주시 청원구 내덕로 33
전화번호는 043-253-5417 입니다.

면 그 매출은 반드시 떨어질 것이 분명하기 때문이다. 반대로 누구나 다 파는 짜장과 짬뽕으로 1억을 판다면 막말로 발 쭉 펴고 자도 된다. 평범한 음식으로 1억을 판다면 그만큼 강해지고 단단한 식당이 되었다는 뜻이기 때문이다.
메뉴가 많으면 손님은 선택지가 많아서 좋다. 하지만 진짜 그렇지는 않다. 대부분의 사람들은 선택장애가 있고, 대부분은 남의 떡이 더 크다고 생각하는 심리를 가지고 있기 때문이다. 그래서 손님은 선택하는 수고를 덜어주는 식당을 더 좋아하고 신뢰한다. 거기는 고민 없이 딱 그거만 먹으면 되는 집인 것이다. 그러자면 메뉴를 줄여야 한다. 그런데 메뉴를 줄이면 선택지가 비슷해져 내 집의 경쟁력이 떨어질 거라고 걱정을 한다. 착각이다. 주인이 손님 입장이 되어보면 금세 그 말이 사실임을 이해할 것이다. 자꾸 손님이 아닌, 주인의 입장에서 식당을 염려하기 때문에 그런 오류를 스스럼없이 반복할 뿐이다.
실제 <금용>이 그것을 잘 보여준다. 필자의 훈수를 받기 전에는 하루 300만원을 요리와 배달로 팔았다. 그런데 요리 메뉴를 뺀 지금은 배달을 줄이고도 월 매출 1억원을 찍는다. 배달 인원 3명을 줄이고도 1억원을 파는 것이다. 그 이유는 홀에 손님이 줄 서는 탓이다. 찾아와서 먹는 손님과 편하게 전화로 주문하는 손님은 질적으로 다르다. 배달은 아무리 많아도 증폭이 없다. 그러나 홀에 줄이 서면 그것은 소문이 되고 궁금함이 된다. 장사는 그렇게 해야 한다. 배달로 성공한 사람들이 명성은 얻지 못하고 결국 배달사고 몇 번으로 돈을 털어먹는 경우가 허다하다는 사실을 알아야 한다.
그럼 단순히 메뉴를 줄여서 매출이 오른 것일까? 점주의 글에서 가장 강조한 것이 스킨십이다. 그 스킨십으로 지금의 <금용>을 새롭게 바꾼 것이다. 아버지의 31년을 아들이 이어받은 수년 만에 사람이 사람을 끄는 식당으로 바뀐 것이다.
또 하나의 훈수를 해보자. 중국집에서 팔아야 할 것은 음식이다. 술도 아니고 음료수도 아니다. 그건 보조제일 뿐이다. 그건 중국집만이 아니라 모든 식당이 그렇다. 술 팔려고 차렸다면 술집을 해야지 식당을 할 까닭이 없다. 음료수를 팔기 위해서라면 카페를 해야지 식당을 차릴 이유가 없다. 생각의 차이다. 내가 무엇을 팔아 손님을 제압해야 하는지를 깨닫는 자와 그렇지 못한 자의 차이다. 짜장, 짬뽕을 주문하고 먹는 반주 한잔에서까지 남길 이유는 없다. 하지만 누룽지탕이나 탕수육 등 살아남은 요리 한두 가지를 안주로 술을 마시는 손님은 잡아야 한다. 그래서 소주가 아닌 비싼 연태고량주로 손님을 제압하는 기술을 썼던 것이다. 까짓것 '연태 한 병에 한 병 더!'를 준 것이다. 원가는 7천원이고, 판매가는 2만원이니 2병을 줘도 6천원이 남는다. 소주 2병을 팔아서 남기는 돈이나 연태고량주 2병을 팔아 남기는 돈이나 비슷하다. 바로 여기서 내가 어떤 미래를 볼 것인지가 결정된다.

당신이 손님이다. 소주 1병에 소주 1병을 더 준다고 치자. 그럼 판매가로 4천원을 손님이 이득 본 것이다. 4천원짜리 서비스에 감동해서 주인 손을 꽉 잡을까? 하지만 2만원짜리 연태고량주는 다르다. 1병을 시켰는데 1병을 더 준다? 무려 2만원짜리를? 4천원과 2만원은 절대 비교 대상이 아니다. 그런 통 큰 서비스는 받아본 적도, 앞으로 다른 곳에서 받을 수도 없는 일이다. 바로 그것을 〈금용〉은 스킨십과 함께 실천한 것이다. 연태고량주를 팔기 위해 차린 중국집이 아니라는 점, 내가 무엇을 팔아야 하는지를 정확히 인지한 탓이다. 그 덕분에 〈금용〉에서는 비싼 누룽지탕이 잘 팔리고, 소주보다는 한 병에 2만원짜리 연태고량주를 먹는 손님이 늘었다. 결국 매출이 쑥쑥 올랐다는 뜻이다.

음료수도 이게 참 어려운 일이다. 서비스로 내주는 음료수 값으로 150만원을 쓸 집이 얼마나 있을까? 나도 한 달에 1억원쯤 팔면 서비스로 150만원 정도는 얼마든지 쓸 수 있다고 할 것이다. 그럼 지금 당장 시작하자. 150만원이 아니라 한 달에 15만원을 음료 서비스로 책정하고 손님과 그걸로 마음 흥정을 해보자. 15만원으로는 티가 나지 않는다면 다른 상품으로 해보자. 생수병도 좋다. 정수기 물 대신에 생수병을 서비스로 내주는 거다. 식당에서 물병 대신 생수병을 받은 경험은 흔치 않다. 흔하지 않으니까 이것도 손님에게는 소문거리다.
남이 한 것을 폄하하는 시간에, 내가 내 형편에서 따라 할 수 있는 게 무엇인지 고민하는 게 득이다. 아무것도 하지 않으면 아무 일도 일어나지 않는다. 변하지 않는다는 점을 절대 명심해야 한다.
〈금용〉의 탕수육 쿠폰으로 필자의 훈수를 마무리할까 한다. 손님이 휴식시간인 3시 30분에 왔다. 대부분은 "5시에 다시 문을 엽니다"라고 말하고 만다. 그럼 그 손님이 다시 올까? 왜 다시 올 거라고 믿는가?
그 손님에게 탕수육 쿠폰 하나를 쥐여준다. 거기에는 1만원짜리임이 정확히 표시되어 있어야 한다. 그것도 생색이니 말이다. 그럼 손님은 늦게 온 덕분에 1만원짜리 탕수육을 횡재한 셈이다. 오늘은 바빠서 가지만, 수일 내로 올 이유가 생겼으니 거절이 쉽지 않을 것이다. 돌아서서 오지 않을 손님을 잡았으니 식당이 이긴 거다. 탕수육 원가는 겨우 3천원이다. 손님이 와서 짬뽕 2그릇만 먹어줘도 3천원은 손해가 아니다. 거기에 손님이 1만원을 받은 대가를 치르려고 한다. 바로 홍보다. SNS에 자랑스레 자신의 행운을 퍼뜨릴 것이다. 그리고 그런 대접을 해준 집의 위치를 자세하고 상세하게 설명해 줄 것이다.
자, 이래도 휴식시간에 온 손님을 빈손으로 보낼 것인가? 그 기회(일부러 모두에게 쿠폰을 나눠줄 수는 없는 일이다. 그럼 원래 그런 집이 되고, 감흥은 사라진다)를 잡을 것인가? 이게 그렇게 고민되는가? 이걸 굳이 계산해서 미루고 미루어야 할 일일까? 괜찮다. 그렇다면 지금처럼 살면 된다. 지금처럼 하루하루를 연명으로 버티면 된다.

02 제크와 돈까스

하루 4시간만

문 열고

줄 세우는 시골식당

직장생활하면서 승승장구하던 시절

나는 어떤 어려움에 직면했을 때마다 "군대보다 힘들면 그만둘 거야!"라고 입버릇처럼 중얼거리곤 했었다. 직장을 그만두기 전까지 돌이켜 생각해 보면 참 편하게 살았다. 한 번도 실패를 해본 적이 없었기 때문에 나에 대한 믿음이 확고한 것을 넘어 자만심에 도취해 있었다. 매년마다 해외여행을 1~2회 다녔기에 당연한 거로 여겼고 주말마다 어디로 나들이 갈까 하는 고민에 빠졌던 시절이었다.

어느 순간 직장을 떠나 제2의 인생을 멋지게 시작해 보고 싶은 욕구가 생겼다. A화장품회사를 다녔던 나는 점포개발, 점포관리, 고객관리 및 영업전략 수

립 등 장사에 대한 노하우가 충분하다고 생각했고, 아내 또한 프랜차이즈 화장품 매장을 운영했기에 어떤 장사(소매업)를 하든 별다를 것이 없다고 생각했다. 결국 회사를 그만두었다. 어떤 드라마에서 '직장은 전쟁터이고 나가면 지옥'이라는 명대사를 뼈저리게 느끼기까지는 그리 오랜 세월이 걸리지 않았지만 그때는 설렘 반 두려움 반으로 인생 2막을 시작했다.

○
L이탈리안 레스토랑을 시작하다

직장을 그만둔 후 3개월의 심사숙고 끝에 L이탈리안 레스토랑을 하기로 결정했다. 그 당시 광주지역에서는 꽤 유명한 브랜드였고 방문하는 매장마다 사람들로 붐볐기에 대세라고 생각했었다. 본사(그다지 크지 않은 규모)를 처음 방문했을 때의 느낌은 지금도 생생하다. 온화한 미소가 입안 가득 머물러 있던 대표가 공손히 인사하는 모습과 직원들의 친절은 마치 하나의 가족 같았고, 그동안 다니던 직장과는 사뭇 다른 분위기에 감동을 받았다. 그 느낌은 신뢰로 바뀌었고 그들과 오픈 논의를 할 때는 이미 모든 의견이 그들의 주도하에 이루어지고 있었다.

단지 그때는 '이 브랜드면 돼'라는 생각과 매장을 시작만 하면 큰돈을 벌 수 있겠다는 안일한 생각에 취해 있었다. 또한 은연중에 보여주는 1억 이상의 본사 직영점 매출은 기대를 확신으로 바꿨고, 나도 그렇게 될 거라는 큰 착각에 빠져들었다. 결국 고향인 광주에서 전주로 이사를 하고, 마치 피리 소리에 홀린 것처럼 그들의 말 한마디 한마디를 맹신하게 되었다.

60평형대 1층 매장을 보고 있으면 그들은 100평짜리 2층을 권했다. 전망이 좋고 월세에 비해 매장이 넓어 테이블이 많이 들어갈 수 있으며 고객이 안락한 분위기를 느낄 수 있기에 만족도가 높아진다고 했다. 그 당시는 강점만 보였기에 그 설득은 믿음으로 바뀌었다. 결국 보증금 1억 5,000만원, 인테리어 2억 5,000만원, 테이블 5,000만원, 주방설비 5,000만원, 집기비품(그릇, 인테리어 소품, 벽화 등)과 기타 추가비용(에어컨, 전기승압, 정화조) 및 가맹비 포함 초도비용 8,000만원 등 대략 6억원을 투자했다. 그리고 멋진 인테리어와 넓은 매장을 보면서 얼마나 뿌듯했는지….

카운터에서 계산만 하는 사장을 생각했기에 큰 준비를 하지 않고 지인들에게 오픈을 홍보하기에 여념이 없었다. 그러나 오픈 날은 마치 전쟁과 같았다. 지인들은 물론이거니와 오픈 효과로 정신없이 밀려오는 손님들로 매장은 시장터를 방불케 했고, 이곳저곳에서 컴플레인이 발생해 그것을 수습하기에 바빴다. 그렇게 정신없이 시작한 매장은 주방 직원과의 갈등으로 두 달 만에 4명 중 3명이 갑자기 그만두는 사태가 발생했다. 음식은 가족에게만 만들어 주었지 한 번도 조리를 해보지 않았던 나는 어쩔 수 없이 주방에서 위생모를 착용하고 조리를 하게 되었다. 물론 본사에 매장 사정을 이야기해 보았지만 돌아오는 답은 언제나 인력 부족으로 지원할 수 없다는 반복된 내용이었다. 그렇게 나는 주방에서, 아내는 홀에서 정신없이 4개월의 시간을 보냈다. 6억원을 투자하고 폼나게 장사하려던 꿈은 이미 사라졌고, 우리 부부는 그 투자에 발목이 잡혀 식당에 매여야만 했다. 정말로 아침부터 저녁까지 쉬지 않고 봄, 여름을 보냈다. 그래도 다행히 그해 여름 8월 매출이 5,000만원을 찍었기에 다소 안심을 했다.

그러나 9월 이후 매출이 30% 이상 급감했고, 엎친 데 덮친 격으로 인근 200m 부근에 유사 레스토랑이 오픈했고, 또 인근 500m 부근에 또 다른 저가형 대형 레스토랑이 오픈을 했다. 매출은 끝없이 추락했다. 그 당시 주된 하루 일과는 경쟁매장을 염탐하는 일이었으며, 무엇을 잘못했는지도 모른 채 단지 '이 동네 고객은 왜 이럴까! 상권이 이동했구나!'라고 한탄만 하고 있었던 것으로 기억한다. 물론 본사에도 말을 했지만, 그 당시 가맹점은 30% 이상 폐업했거나 대부분 매출이 하락한 상황이었기에 분기 영업회의도 주관하지 않고 점주 간에 소통도 극히 꺼리던 상황이었다. 사람들은 시작한 지 6개월도 안 된 나에게 막차를 탔다고 말했다. '단물을 다 빨아 먹었다'라는 생각이 내 뇌리에 스치는 순간부터 밤새 잠을 이루지 못했다.

이대로는 안 되겠다는 생각이 미치자 독자생존을 위해 소스 개발, 메뉴 개발, 홍보, 벤치마킹 등 1년 이상의 시간 동안 치열하게 싸웠다. 그 당시를 돌이켜보면 단순히 차별화가 최우선이라는 생각에 무료 음료매대, 샐러드바, 라이브 음악공연, 전단지 배포 등 희망의 끈을 놓지 않기 위해 안간힘을 썼다. 그러나 희망과는 다르게 아파트를 담보로 추가로 대출을 받고, 그조차 모자라 부모님에게 돈을 빌리기도 했지만 더 이상은 자금을 융통할 수 없는 상황에 이르게 되었다. 칠순이 넘은 아버지의 긴 한숨소리에 불효자식이 되었다는 생각으로 미칠 것 같았다. 지금도 그 당시 검버섯이 피어있는 아버지의 얼굴이 생생히 기억난다.

결국 최선의 선택은 매장을 접는 것이었고, 건물주에게는 원상복구를 하지 않는 대신에 복구비용으로 2,000만원을, 그리고 설치한 천정형 에어컨 2대를 포기하는 조건으로 보증금 1억 5,000만원에서 밀린 월세와 기타 등등의 정산을 통해 겨우 2,000만원을 손에 쥘 수 있었다. 6억원으로 시작해 1억원을 더 투자해 살아보려고 애쓴 최종 성적표는 2,000만원이었다. "윤 사장은 식당을 하면 안 될 것 같아. 세상을 너무 몰라."라고 자조 섞인 웃음을 지으며 말하는 건물주의 당부를 들으면서 말이다.

실패를 분석해 보다

인생에서 한 번도 실패하지 않았다고 생각했기에 식당에서의 첫 실패는 너무나 크게 다가왔고, 도대체 무엇을 잘못했길래 이렇게 온몸이 부서지도록 일을 했는데 왜 3년의 세월을 빼앗겼는지를 다시금 생각하게 되었다. 그 결과 내 나름대로 실패 원인을 분석해 보았고 다시는 반복하지 않으리라 다짐했다.

첫째, 프랜차이즈를 하면 본사가 시스템적으로 모든 걸 해줄 거라는 착각이었다. 본사 대표의 미소가 진심이 아니라는 사실을 비로소 깨닫게 되었다. 가맹점을 일찍 시작한 점주들의 말에 따르면 초기에는 인테리어부터 성심성의껏 했다고 한다. 하지만 어느 순간 많은 돈을 벌어야겠다는 욕심이 초심을 잃게 했을 것이다.

둘째, 프랜차이즈는 인테리어 비용 등 전체 견적에서 20~30%의 마진을 취

한다. 그렇기 때문에 넓은 매장일수록 본사 이익도 비례한다는 것을 깨달았다. 인테리어 비용, 테이블, 소품, 주방설비, 집기비품은 매장 평수가 넓으면 넓을수록 전체 견적비용도 따라서 커지기 때문이다. 본사 직원이 1층보다 2층의 넓은 매장을 권한 이유도 어찌 보면 당연할 수 있다. 직원으로서 회사에 최대의 이윤을 추구하기 위해 좋은 전망과 넓은 평수, 그리고 낮은 월세를 가지고 점주를 설득했을 것이다. 또한 대부분 사람들도 1층의 중요성보다 월세를 먼저 생각하기에 2층을 택하는 오류에 빠졌을 것이다. 나 또한 그렇게 선택했으니까 말이다.

셋째, 반드시 충분한 주차공간을 확보해야 한다. 레스토랑을 운영하면서 가장 큰 불편은 주차난에 지속적으로 시달렸다는 것이다. 복합 3층 건물(총 300평으로 3개 음식점이 입점)에 비해 주차공간은 불과 10대 정도였기에 고객은 언제나 "어디에 주차해야 하나요?"를 물었고, 심지어는 식사 도중에 차를 빼줘야 하는 악순환이 반복되었다. 맛만 있으면 어떻게든 고객이 온다는 사실보다 주차할 공간이 없으면 고객은 정말 큰맘 먹지 않으면 오지 않는다는 사실을 뒤늦게 알게 되었다.

넷째, 식당 사장은 주방에서 나오는 음식부터 고객이 최종적으로 금액을 지불하고 나가는 순간까지 모든 것을 알고 있어야 한다. 음식에 대한 정확한 지식이 없으면 결국 주방장 등에게 휘둘려 식당을 운영하는 데 많은 어려움에 직면할 수 있다. 이 경우 고객은 단숨에 알아차리고 "쉐프(주방장)가 바뀌었어요?"라고 묻는다. 이렇게 묻는 고객은 정말 진심 어린 고객이다. 그러나 대부분은 '맛이 변했네. 다음부터 안와야겠네'라고 마음속으로 중얼거리고 떠난다는 사실을 뒤늦게 알게 되었다. 또한 홀에서 고객과의 스킨십에 따라 고객의 만족도가 달라진다는 사실도 알게 되었다. 그래서 지금은 고객에게 "음식은 어떤가요? 잘 드셨어요?" 등을 절대 물어보지 않는다. 단지 고객의 표정에서, 명함을 챙기는 고객을 보면서 "이렇게 줘도 남아요?" "잘 먹고 갑니다." "예약은 가능한가요?" "3시까지만 영업하나요?" "쉬는 날은 언제인가요?" 등을 확인하면서 마지막으로 즐거운 멘트(혹은 음료수, 보리강정, 사탕 무료 서비스)를 날리는 것의 중요성을 알게 되었다.

다섯째, 오픈 날이 가장 중요하다. 오픈을 하면 '이 집은 어떤가!'라는 호기심으로 방문하게 된다. 그 호기심의 만족도에 따라 잘되는 집과 망하는 집으로 갈리게 된다. 그러나 그 당시에는 이 단순한 진리도 몰랐기에 인테리어 마감, 오픈과 관련된 서류문서 등에 쫓기어 제대로 된 준비도 못한 채 오픈을 했다. 그 결과 주방에서는 새우나 밥(혹은 면)이 다 익지 않은 상태로 나갔고 고기에 후추 간이 강해 너무 매웠고 홀에서는 1번 테이블의 주문을 2번 테이블로, 4번 테이블의 음식을 5번 테이블에 갖다 주는 등 매일매일 고객과 전쟁을 했다. 그렇게 4~5개월의 시간이 지나고 나서야 비로소 고객의 숫자가 확 줄어들었다는 사실을 발견하게 되었다. 내부로부터의 문제점이 아닌 외부환경의 변화 때문에 고객이 줄었다고 착각하면서 말이다.

여섯째, 검증되지 않는 신메뉴로 고객에게 테스트하지 말아야 한다. 본사와 사실상 결별이 확정되자 마음속에서는 어떻게든 신메뉴를 출시해야 한다는 조바심으로 가득했다. 밤늦게까지 고민하면서 불과 몇 번의 테스트로 신메뉴를 출시했다. 메뉴 수가 적다는 생각과 다양한 가격대의 고객(저가 고객을 포함)

을 충족시켜야 한다는 생각이 앞섰다. 가격을 낮춘다는 생각에 기본으로 주던 것을 빼거나 번거로움을 줄이기 위해 면을 통일하는 오류에 빠지게 되었다.

일곱째, 처음 가지고 있는 컨셉을 잃어버리지 말아야 한다. 중고가의 이탈리안 레스토랑에 어울리는 분위기에서 어느 순간 벗어나 있었다. 아마 처음부터 태생이 가성비를 주지 못했기에 당연한 결과일지도 모른다. 그러나 매출부진은 마음을 조급하게 했고 가격할인, 저가 메뉴 출시, 미니 셀프바, 주류 안주, 라이브 음악공연 등 술까지 팔고자 하는 팝의 개념으로까지 변질되어 있었다.

○
담양에서의 새로운 도전

고향으로 돌아가고 싶었다. 몸과 마음은 많이 지쳐 있었고, 금전적으로 식당 말고는 다른 선택의 여지가 없었다. 처음부터 다시 시작해야 했다. 과거의 실수를 되풀이하는 것은 벼랑 끝이 아닌 낭떠러지로 추락하는 것을 의미했다. 레스토랑을 운영할 때 조언을 구했던 [맛있는창업]의 이경태 소장님과 상의 후 가게 자리를 보러 돌아다니는 데에만 4~5개월의 시간을 보냈다. 다음과 같은 원칙을 가지고 그에 맞는 자리를 물색했다.

첫째, 월세는 싸야 한다. 100만원 정도의 월세를 기준으로 삼았다.
둘째, 나들이 길목에 대로변이어야 한다.
셋째, 단독건물이며 반드시 주차장과 주차공간을 확보해야 한다.
고향인 광주를 기준으로 광주 외각, 담양, 나주, 화순을 수십 차례 돌아다녔지만 조건에 맞는 자리를 찾기가 쉽지 않았다. 그렇게 헤매며 돌아다니던 중 일반적으로 생각하기에 '저런 시골 산속에 식당이 될까?'라는 자리에 수십 대의 차가 주차해 있는 것을 우연히 보게 되었고 그제야 내가 생각하는 범주를 넓게 설정하게 되었다. 그 결과 담양읍에서 차로 10분 거리의 매장을 발견하게 되었다. 하지만 그곳은 이미 3개월 이상 '임대 문의' 문구가 붙어 있었고, 주변의 식당은 점심시간(12~1시)에도 1~2대 정도만 주차해 있을 정도로 누가 보더라도 '과연 이 자리가 될까?' 하는 생각이 들 정도였다. 내가 생각하는 가게 자리의 원칙에는 부합되지만 한 달 정도 지켜보면 볼수록 잠을 이룰 수 없었다. 그러나 내가 가지고 있는 자금으로는 이 자리 외에는 다른 어떠한 선택의 여지가 없었고, 또한 지속적으로 조언을 해준 [맛있는창업]의 견해를 믿었기에 가게를 계약하게 되었다.

이제는 되돌릴 수 없었다. 어떻게 메뉴를 구성할 것인가? 돈가스를 기존의 방식으로 만들면 이 먼 곳까지 손님들이 올 이유가 없었다. 과연 어떻게 하면 사람들이 "와~" 할 것인가에 포커스를 맞추고 메뉴 개발을 시작했다. 메뉴 개발을 하는 내내 주변의 지인들은 이 자리는 아니라고 진심 어린 조언을 했으며, 인근 마을 사람들과 거래처에서조차 이전부터 줄곧 망했던 가게에서 왜 하는지, 그리고 남들은 백숙과 떡갈비를 하는 담양에서 생뚱맞게 왜 돈가스를 하는지, 차라리 짜장면으로 하는 편이 낫다는 등 한마디씩 거들었다. 아마도 세상을 너무 모르는 친구라고 생각했을지도 모른다.

돈가스는 레스토랑을 운영할 때 고객들에게 인정을 받았던 음식으로, "맛있다"라는 말을 듣곤 했던 메뉴였다. 그러나 입소문까지 이어질 수준은 아니었다. 난 망했으니까! 당시 레스토랑에서는 돈가스 하면 생각나는 집이 아닌, 많은 메뉴 중에 단지 하나의 음식에 불과했고 평범한 비주얼이었다.

○
돈가스 3총사를 만들다

일반적인 돈가스는 하나의 접시에 돈가스, 소스, 샐러드, 밥을 주는 것이 보편적이다. 간혹 이색 돈가스로 퐁듀 형식의 치즈에 찍어 먹거나 고기 안에 큰 치즈를 넣거나 상추 혹은 밀전병에 고기쌈처럼 먹는 방식이 대부분이었다. 그래서 이번 식당에서는 '돈가스 하나로 승부하자. 이전까지 보지 못한 발칙함을 더한 가성비, 무조건 많이 퍼준다가 아닌 하나라도 제대로 주자!'라는 기본 원칙을 세웠다.

'쌈돈가스'는 쌈을 싸먹는다는 개념에서 시작되었다. 쌈채소는 소고기, 돼지고기, 닭고기와도 잘 어울렸기 때문에 돈가스와 먹어도 색다른 맛을 낼 것이라는 생각에서 나오게 되었다. 또한 기존 샐러드를 돈가스 위에 얹어 주면 어떨까? 단지 샐러드만 위에 주면 밋밋하기에 연어를 가득 올려주면 발칙한 느낌을 줄 수 있다는 생각으로 돈가스 위에 샐러드와 연어를 가득 넣어 케이크를 연상하게 만드는 '케이크돈가스'를 만들게 되었다. 마지막으로 '눈꽃돈가스'는 그저 평범한 본 메뉴에 치즈를 듬뿍 얹어 양식의 코스 느낌과 샐러드로는 상큼함으로 식욕을 돋우는 깔끔한 자몽으로 마무리했다. 이렇게 돈가스 3총사가 완성되었다.

○ 손님을 줄 세우는 시골의 돈가스집

식당을 하면서 가장 마음이 아팠을 때는 딸의 모습을 볼 때였다. 매장 놀이방에서 혼자 놀면서 밤 10시까지 TV를 보는 어린 눈망울을 잊을 수가 없었다. 밝은 미소가 점점 사라져가는 느낌은 아버지로서 참기 힘들다 못해 죄인이 된 느낌이었다. 어찌 보면 딸과 자연에서 함께 시간을 보내고자 하는 마음과 딸에게 아빠로서 당당함을 보여주고자 하는 마음이 이 시골 골짜기에 터를 잡게 된 계기가 된 것 같다. 이러한 마음은 매장 컨셉과 스토리로 반영되었다.

"아빠의 식당이 무럭무럭 자라야 딸이 행복합니다. 평범한 나무(돈가스)로는 한계가 있습니다. 하늘을 뚫고 오르려면 비범한 콩나무(돈가스)가 필요합니다. 아빠는 그래서 그 판타지에 도전하고, 딸은 그 아빠를 응원합니다. 바로 〈제크와돈까스〉입니다."

이렇게 하루 4시간만 영업하는, 딸을 위한 식당 〈제크와돈까스〉가 시작되었다. 많은 욕심은 비웠다. 단지 '가족이 먹고살 수 있으면 만족한다'라고 생각했고 하루에 몇 팀 오지 않더라도 이 먼 곳까지 온 손님에게 최선을 다하고자 마음먹었다.

인테리어가 끝난 매장을 두 달 이상 오픈하지 않고, 과거의 실수를 되풀이하지 않기 위해 메뉴 준비에 만반의 준비를 했다. 그리고 매장을 알리기 위해 아내는 홍보용 물병을, 나는 그 옆에서 탈을 쓰고 춤을 추었다. 대도시에서 탈을 쓰고 홍보하는 것은 흔했지만 작은 읍내에서는 관심을 끌기에 충분했다. 특히 관공서와 공공장소에서는 궁금증 유발만으로도 확실한 각인이 되었을 것이다. 사실 오픈 전 음식을 판매하지 않은 상태에서 일주일 동안 호기심에 매장문을 열고 들어오는 사람들이 고작 하루 3팀도 채 되지 않았기에 온 힘을 다해 춤을 추었는지도 모른다.

오픈 날, 1~2팀 정도 올 거라는 생각과는 다르게 지인 3팀(사실 너무 초라한 모습은 오는 고객에게 부담일 거라는 생각 때문에 가장 가까운 친구만 초대함)을 제외하고, 상당히 많은 손님이 방문해 주었다. 탈을 쓴 효과인지 아니면 도대체 이 시골에 돈가스집이 말이 되는가를 확인하고자 하는 마음인지는 모르겠으나 어쨌든 의외로 많은 분들이 오셨다. 그런데 다음 날도 그 다음 날도 준비한 재료보다 더 많은 손님이 방문했고 매일매일 문전성시를 이루었다. 처음에는 담양 사람 위주의 손님에서 차츰 외지 손님이 기하급수적으로 늘어났고, 어느 순간 SNS에서 유명한 돈가스집으로 소문이 나있었다.

그렇게 오픈한지 두 달도 채 안 되어 줄 서는 집이 되었고, 이후 전국방송에 출연하고 난 후에는 2시간 이상 기다리는 집이 되었다.

○
〈제크와돈까스〉의 성공요인

〈제크와돈까스〉는 보편적으로 생각하는 고정관념을 탈피한 것이 가장 중요했겠지만, 나름 몇 가지 성공요인을 정리해 보면 다음과 같다.

첫째, 담양 하면 떡갈비와 국수로 유명하기에 이미 유명한 노포집이 곳곳에 포진해 있었다. 그들을 상대한다면 백전백패가 분명하기에 돈가스라는 온리원 메뉴로 틈새시장을 공략했다.

둘째, 확실히 차별화된 컨셉과 스토리로 무장했다. 하루 4시간만 영업을 하다 보니 손님들에게는 더욱더 가고 싶은 식당으로 기억되었고, 소문 또한 빠르게 퍼질 수 있었다. 또한 딸에 대한 믿음과 사랑은 감성을 자극할 뿐 아니라 음식에 대한 믿음을 주기에 충분했다.

셋째, 기존 돈가스가 1인 메뉴라는 개념에서 2~3인 이상이 함께 먹는 새로운 개념으로 탈바꿈되었다. 거기에 발칙함을 더한 가성비는 관광지라는 특수성과 더불어 이색 돈가스로 많은 사람들의 SNS를 통해 입소문을 나게 했다.

필자가 〈제크와돈까스〉의 윤창현 사장을 만난 것은 윤 사장이 레스토랑을 경영할 당시였다. 꽤나 큰돈을 들였을 듯한, 한편으로는 과하게 투자한 인테리어가 눈에 들어왔다. 인테리어에만 2억 5천만원을 투자했다고 했는데, 한눈에 그 정도는 과해 보였고 아마도 본사가 1억원은 남겨 먹었을 게 분명했다. 창업자들은 가맹점 본사가 양심적으로 10~20% 정도만 오픈 수익금을 챙길 것으로 생각하는데, 그건 아주 순진한 발상이다. 점주가 상상하는 이상으로 본사는 오픈 때 이익을 최대한 챙긴다고 봐도 무방하다. 물론 간혹 양심적인 본사들이야 그렇지 않기도 하지만, 이미 방송이나 신문지상을 통해 대기업 브랜드 또는 가맹점이 수백 개인 본사들이 하는 작태를 충분히 간접경험했을 것이다.

6억원을 투자하고서 월 최고매출이 5천만원이었다고 했다. 그런데 그후 계속 떨어져 3천만원은커녕 2천만원도 버겁다고 했다. 그래서 부부가 온종일 식당에 매달려야 겨우 인건비를 건질 수준이었다. 6억원이 얼마나 큰돈인가? 그 큰돈을 투자하고도 부부가 함께 일해서 겨우 입에 풀칠할 수익이 전부라면 차라리 식당을 하지 않고 매달 500만원씩 써도 10년을 쓸 수 있는 큰돈이다. 그렇게 큰돈을 투자하고도 당시는 컨설팅비조차 분할로 내야 한다는 말을 들었을 때 필자는 정말 한심한 마음이 앞섰다.

무조건 '차리면 된다'는 무모함은 가장의 할 도리가 아니고, 가맹점을 선택하면 '본사가 알아서 해줄 거'라는 생각도 가장이 가질 태도가 아니다. 돈은 제힘으로 벌어야 한다. 남의 힘으로

<제크와돈까스>의 '윤창현' 입니다.
저희 주소는 전남 담양군 금성면 금성산성길 72
전화번호는 0507-1407-0518 입니다.

버는 돈은 잠깐이다. 그리고 그 잠깐과 약간의 이득은 더 큰 손실로 반드시 귀결된다는 점을 알아야 한다. 그렇게 별 생각 없이 눈에 보이는 것만 믿고, 본사를 믿고 6억원을 투자했다는 점주가 미웠다. 어린 딸은 점점 휴대전화 선수가 되어간다는 그 말에 속이 상했다.
그 건물은 주차대수가 10대도 못 되고, 거기에 2층이라 접근성도 떨어지는데 클리닉을 통해 업종 변경까지 하고 싶다는 말에 필자도 동참했다. 여기서 그냥 손을 털기보다는, 전문가의 도움으로 한 번 해보는 데까지 해보고 나서 그래도 안 되면 손을 털기로 하고 1억원을 더 투자했다. 물론 그 돈은 남은 돈이 아니라 남의 돈이었다.
그러고 보면 필자도 참 나쁜 사람이다. 앞길이 막힌 뻔한 실패를 가보라고 했으니 말이다. 하지만 사람들은 경험자의 충고보다는, 본인 스스로가 겪어서 깨닫는 쪽을 선택한다. 아무리 그 길이 아니라고 해도 꼭 가보기를 원한다. 가보고서 막혔다는 것을 스스로 깨달아야 직성이 풀리는 것이다. 이미 6억원을 투자해서 망했는데, 거기서 1억원 더 투자해서 끝이 어딘가를 확인해 보겠다는 마음을 어찌 말리겠는가?
결국 그 레스토랑에서 업종을 바꿔서 나아진 것은 없었다. 주차장 탓이었다. 주차를 할 수 없으니 바뀐 메뉴가 아무리 맛있어도 올 수 없다는 것을 직접 경험하는 데까지 또 1년이라는 시간이 필요했다. 1억원이라는 돈과 함께 말이다. 필자가 제안했을 때 가게를 매각했다면 보증금 1억 5천만원이 2천만원이 되는 일은 없었을 것이다. 추가로 1억원을 쓰지 않았을 것이고,

월세도 1년치가 덜 나갔을 테니 최소 다른 권리금은 받지 못한다고 쳐도 7~8천만원은 건졌을 것이다. 그럼 1억 7~8천만원이라는 자금이 생겼을 것이다. 물론 그중 1억원은 남의 돈이지만 말이다.

하지만 오히려 그것이 전화위복이 되었다. 그래서 사람은 죽으라는 법은 없는 것 같다. 살고자 하는 간절함과 다시는 실패할 수 없다는 절박함이 지금의 〈제크와돈까스〉를 만들었으니 말이다. 레스토랑을 처분하고 남은 돈이 2천만원이었다. 거기에 아파트를 처분하고, 다시 담양에 거주할 집을 마련해도 겨우 5천만원이 남았다. 그 돈으로 입지를 따지고 상권을 생각하고 할 겨를이 없었다. 당시 필자가 한 말이 그랬다.

"딸에게 아빠 노릇 많이 해줘. 도 닦는 마음으로 장사하라구. 딸에게 용서를 구하는 마음으로 장사를 해줘. 무조건 낮장사만 하자구. 얼마를 팔던 낮 4시간만 장사하고 나머지는 딸과 놀아줘. 그게 내 조건이야."

3개월 넘게 비어있던 식당도 2천만원에 70만원을 1천만원에 80만원으로 바꿔서 계약을 했고, 이전 레스토랑 기물을 모두 옮겨오는 수고를 해야 했다. 그래도 인테리어에 부족한 자금은 또 한 번 부모님 가슴에 대못을 박고 빌려왔을 거다. 말은 안했지만 그 돈이 어디서 나왔겠는가?

집을 팔아 마련한 5천만원에 추가 차입금으로 겨우겨우 오픈을 했다. 메뉴를 만드는 과정도

순탄치는 않았을 테지만 결국 해냈다. 세상에 없던 돈가스를 만들었다. 그리고 간절함으로 창피함을 무릎 쓰고 탈을 쓰고 홍보도 했다. 오지 않으면 오게끔 한다는 각오로 했다. 그래서 오픈과 동시에 말도 안 되는 일이 벌어졌고, 시골 시멘트 공장 앞의 덜렁 한 칸짜리 식당(창고라고 해도 좋은 자리다)이 손님을 줄 세우기 시작한 것이다.

지금도 필자는 〈제크와돈까스〉의 윤 사장을 만나면 두 가지의 묘한 감정이 생긴다. 하나는 기가 차고 코가 막히는 말도 안 되는 입지에서 겨우 7~8천만원의 돈으로 식당을 차려서 줄을 세운 대단함이고, 하나는 6억원(정확히는 7억원)을 날리면서도 제정신 못 차리고 술잔을 기울이던 모습에 대한 외면이다. 아마 그 감정은 대부분의 일반 창업자들이 "할 거 없으면 식당이나 하지" 하는 생각에 대한 분노 탓일 것이다. 생업을 위해, 한 가정의 가장이 그처럼 무책임하게 식당에 뛰어들어 실패를 반복하는 생태에 대한 환멸일지도 모른다.

중국에서 식당 창업에 도전하다

　회사에 사표를 던진 후 홀로 자전거에 텐트를 싣고 전국일주를 떠났다. 그리고 그 후 내 인생의 가치관이 바뀌었다. 남들에게 보여 주는 삶이 아닌 내가 행복한 인생을 살고 싶어졌다. 여행을 마치고 도전한 개인 쇼핑몰을 통해 장사라는 것이 얼마나 외롭고 힘든 일인지 뼈저리게 배웠다. 하지만 덕분에 중국 항저우에서 물건을 사러 온 그녀와 사랑에 빠져 한국을 떠나는 모험을 감행하게 된다. 그녀와 함께 있기 위해 중국 항저우에 여성복 매장을 열고 어설픈 중국어로 장사를 시작했다. 행복한 시간은 길지 않았고 이별의 아픔은 빨리 찾아왔다. 죽고 싶은 밤과 살기 위한 아침의 반복이었다. 당시 수없이 고뇌했던 고통의 시간들이 지금의 내게 뼈와 살이 되었다.

옷가게에 자주 놀러 오던 중국인 친구가 있었다. 마음이 잘 맞았고 함께 식당을 하기로 의기투합했지만 우리는 둘 다 가난했다. 어느 날 저녁 그가 황급히 끌고 간 먼지투성이 식당의 창문에는 월세 100만원(한국 돈)에 무권리금, 내부 에어컨과 모든 집기를 주겠다는 종이가 붙어 있었다. 자금이 터무니없이 부족했기에 임대료와 권리금이 비싼 항저우에서 이곳 아니면 도전조차 해볼 수 없을 것 같았다. 다음 날 계약하러 다시 방문한 식당 자리는 유동인구가 전혀 없는 데다 바로 앞에는 재래식 공중화장실이 있었다. 한국에서 쇼핑몰을 준비할 때 소상공인 창업교육을 이수했었는데, 두려움에 아무것도 도전하지 못한 채 포기하고 싶지 않아 그때 배운 상권수업은 머릿속에서 모두 지워버렸다.

우리는 둘 다 요식업 경험이 전무했고 요리조차 할 줄 몰랐다. 얼마 안 되는 내 전 재산 1,000만원을 친구에게 맡기며 인테리어를 시작하라고 했다. 그리고 나는 한국으로 돌아와 명동의 유명 떡볶이집을 찾아갔다. 즉석떡볶이를 종류별로 3만원어치 포장 후 KTX를 타고 대구 집으로 향했다. 어머니께 매장을 이미 임대했는데 떡볶이를 만들 줄 모르니 포장해 온 즉석떡볶이처럼 맛을 낼 수 있는 방법을 가르쳐 달라고 했다. 당시에는 음식을 가르쳐 주는 곳이 있는 줄도 몰랐고 배울 돈도 없었다. 며칠간 떡볶이와 튀김, 주먹밥을 연습하고 다시 중국으로 향했다.

첫날부터 줄 세운 테이블 8개짜리 〈오빠떡볶이〉

모든 게 처음이었고 모든 게 어설펐다. 업자에게 한국 돈 1,000만원을 주고 맡긴 인테리어는 지금 생각하면 허름하기 그지없었다. 거기다 매장이 작아 사각 테이블 8개를 놓으니 오가는 통로마저 비좁았다. 하지만 우리 식당이라는 생각에 모든 게 예뻐만 보였다. 옷가게를 하며 중국 손님들과 맺어놓은 SNS에 매일매일의 오픈 준비과정을 올렸다. 한글과 중국 글씨로 직접 쓴 홍보문구와 우습게 찍은 내 사진을 넣어 수천 장의 전단지를 출력했다. 각 학교 학생들을 동원해 전단지를 기숙사 방마다 돌렸다. 그 외에도 생각할 수 있는 별의별 홍보수단을 다 동원했던 건 절박함보다는 그 과정이 너무 재미있어서였다.

〈오빠떡볶이〉는 5월 10일 오픈 첫날부터 사람들로 미어터졌다. 몇십 미터 줄을 서야 떡볶이 한 그릇을 먹을 수 있다는 걸 안 사람들은 놀라며 당혹해 했다. 주말 서너 시간을 기다려 맛본 손님들은 성취감과 행복함을 담아 매장과 떡볶이 사진을 SNS에 올렸다. 긴 줄에 놀라 돌아서는 사람들은 줄을 선 손님들의 사진을 찍어 아쉬움과 함께 SNS에 올렸다. 그해 40도를 넘던 한여름 더위와 바로 앞 재래식 화장실의 암모니아 냄새도 떡볶이 성지순례를 막지는 못했다. 석 달 동안 장사하여 모은 돈으로 9월에는 매장을 이전했다. $180m^2$의 매장에는 15개의 테이블이 들어갔다. 좌석이 늘었지만 주말이 아닌 평일 오전임에도 11시 영업을 개시하기 전부터 이미 만석이 되었다. 저녁쯤 되면 돈 통에 돈이 다 들어가지 않았다. 그동안 열심히 살아왔기에 드디어 나에게 돌아온 보상이라고 생각했다. 그렇다고 동업자와 내가 돈을 헤프게 쓰지는 않았다. 정해진 월급만 가져가고 다음 매장을 위해 아껴두었다.

당시 항저우의 많은 한국 식당에서는 메뉴판 떡볶이의 이름을 '오빠떡볶이'로 바꿨을 정도로 이곳에서는 '오빠떡볶이'가 한식떡볶이의 대명사가 되었다. 일주일에 한 번 이상 방송국과 신문·잡지, 부근 학교의 학생들이 촬영을 왔다. 그때는 똑같은 인터뷰의 반복에 지쳐 촬영이 있다는 동업자의 연락을 받으면 짜증부터 났다. 내가 운영하던 중국 대표 SNS인 웨이보 계정은 어느덧 팔로우가 1만명을 넘어 2만명을 향했다.

다음 해 시내 중심가 백화점에 $300m^2$ 크기의 2호점을 열었다. 매장이 넓었지만 초기 두세 달 동안은 손님들로 꽉 찼다. 하지만 시간이 흐르자 매출은 줄어갔고 잠복해 있던 문제점들이 터져 나왔다. 엎친 데 덮친 격으로 백화점이 부도가 나면서 회사 대표가 도망을 갔다. 울고 싶은데 뺨 때려준 격이었다. 1호점의 운에 취한 내가 무모한 자신감에 두 대의 차를 운전하다 박살 난 거라 생각했다. 사실 언제 사고가 나도 이상하지 않았다. 하지만 음주운전이 습관이 되는 것처럼 얼마 후 우리는 1호점이 있는 동네에 3호점 피자 치킨 매장을 열었다. 실패를 또 다른 사업을 벌여 메우려는 수많은 사람들의 패배 공식을 우리 또한 이어갔다.

○
프랜차이즈를 포기하고 홀로서다

3호점의 매출 역시 몇 달 후 바닥을 쳐서 1호점에서 버는 수익으로 적자를 메웠다. 동업자의 마음은 조급해져 갔고 프랜차이즈를 반대하던 나를 채근하기 시작했다. 결국 내가 동의하자 귀가 얇던 동업자는 회사 지분 20%를 줘가며 새 동업자를 영입했다. 이윤을 최고의 미덕처럼 여기는 사람이 둘이 되자, 모두의 행복을 우선시하던 회사에서의 내 입지는 작아져만 갔다. 그들은 첫해의 남은 몇 개월간은 가맹점 두세 개만 열어 운영하겠다고 말했지만 어느새 수많은 계약이 이루어졌다. 처음 이야기와 다르지 않냐는 내 말에 그럼 돈을 싸들고 찾아오는 걸 어떻게 막느냐는 대답이 돌아왔다.

새 동업자는 프랜차이즈만 관리하기로 했었다. 하지만 직영점 사무실 직원들의 주 5일 7시간 근무제와 출근시간 자율선택이라는 복지를 그는 극도로 혐오했다. 옛 동업자는 금방이라도 엄청난 돈을 안겨줄 것처럼 허황된 말들을 쏟아내는 새 동업자를 믿고 따랐다. 프랜차이즈 사무실과 비교되어 직원관리 효율이 떨어진다며 둘은 나를 몰아세웠다. 굶주린 두 마리 늑대 앞에 선 토끼처럼 내게는 힘이 없었다.

이들과 함께하면 돈을 아무리 벌어도 행복할 수 없다는 것을 깨달았다. 매장에 가도 예전처럼 손님들에게 웃을 수 없었고 오래된 직원들은 하나둘 떠나갔다. 가진 것 없던 젊음과 패기가 함께하기는 쉬웠지만 어느덧 돈과 욕심으로 변해 서로에게 상처를 주며 힘겹게 갈라지고 있었다. 각자의 변호사를 대동한 싸움은 끝이 보이지 않았고 모두가 불행해져 갔다. 수많은 고민의 시간이 지나 마음속 탐욕을 비워야 행복을 담을 자리가 생긴다는 결론에 도달했다.

프랜차이즈 사무실과 가맹점, 오빠떡볶이의 상표권, 물류창고와 그 안에 있던 1억원(한국 돈)이 넘는 물품들을 모두 넘겼다. 대신 여전히 흑자를 내고 있는 1호 본점과 매일 적자를 이어가는 3호점 중 하나의 매장을 내게 달라고 했다. 한 매장을 콕 찍어 원한다고 하면 내 의도를 의심해 결정에 시간을 끌 것 같았다. 그들은 당연히 3호점을 선택했다. 동업파기계약서를 작성하던 그날, 동업자들은 세상을 다 가진 듯했고 난 칼을 들이대니 알아서 속옷까지 벗어준 바보처럼 보였다.

하지만 그것은 그들의 착각이었다. 나는 욕심은 버렸지만 자존심을 버린 적은 없었다. 분하고 이가 갈렸다. 이 시간이 지나 웃는 사람이 누구인지, 나와 그들 중 누가 진짜 장사꾼인지 미치도록 증명해 보이고 싶었다. 적자인 3호점을 흑자로 만들어 칼도 쥐지 않고 가만히 서서 그들을 발가벗기리라 마음먹었다.

○
항저우 맛집 평점 1위 〈서상훈떡볶이〉

동업을 갈라서려 마음먹었던 힘든 시기에 우연히 〈식당의 정석〉이라는 책의 저자 인터뷰를 보게 되었다. 저자는 '프랜차이즈는 가맹점주의 피와 재산을 빼앗아 오는 게 목적'이라고 직설적으로 말했다. 당시 동업자들의 행태에 답답해 하던 나에게 사이다 같은 한마디였다. 무엇에 홀린 듯 그에게 한 번 만나줄 수 있겠냐는 이메일을 보냈고, 한국으로 가 서울역에서 만난 그에게 그간의 일들을 털어놓았다.

동업자들이 나의 꿈을 비웃던 시기, 저자는 오히려 내가 옳다며 나를 옹호해 주었다. 이야기를 하면서도 자꾸만 눈물이 났다. 당시 돈 한 푼 없었던 나에게 가입비는 나중에 지급하라며 [맛있는창업]의 회원이 되게 해주었다. 고마운 마음에 보답하고자 미친 듯이 홈페이지의 글들을 파고들었다. 열심히 배울수록 장사에 대한 자신감이 늘어갔고, 그동안 얼마나 운으로 장사를 했는지도 깨달았다. 〈오빠떡볶이〉가 우연에 의해 만들어진 것이라면 홀로 시작할 매장은 실력으로 꾸려가고 싶었다. 돈에 대한 욕망이 비워진 자리에는 장사에 대한 욕심이 가득 찼다.

동업자와 갈라서자 오랜 직원 모두가 나와 함께 일하겠다고 했다. 예전 〈오빠떡볶이〉가 한창 잘나갈 때 회사가 커지면 비행기 타고 함께 한국으로 여행을 가자고 했던 기억이 났다. 만약 이 매장이 실패하면 그 약속은 영원히 못 지킬 것 같았다. 매장을 운영할 자금도 부족하던 시기라 해외는 무리였다. 매장 오픈 전 나와 9명의 직원은 비행기를 타고 중국 샤먼으로 4박 5일 여행을 갔다. 돌아오던 비행기 안에서 홀로 눈물을 훔치며 내가 어떤 삶을 살 때 가장 행복한지를 다시 한 번 느꼈다.

'오빠떡볶이'의 상표권은 진작에 포기했기에, 이번에는 내 이름 석 자를 걸고 제대로 승부하기로 했다. 〈서상훈떡볶이〉라는 매장명은 그렇게 결정되었다. 그리고 이 매장의 성공을 위해 나와 직원 모두가 진심으로 최선을 다했다.

중국에는 '따종디엔핑'이라는 맛집 평가 앱사이트가 있다. 새 매장을 준비하며 직원들에게 열심히 노력해서 항저우 한국 식당 1위를 하자고 목표를 공유했다. 그리고 그 목표는 오픈 3개월 만에 이루어졌다. 1위가 된 날 누가 진정한 장사꾼인지 정정당당히 입증해 보였다는 생각에 너무나 기뻤다. 지금도 〈서상훈떡볶이〉는 항저우 한국 식당 평점 1위이다. 그 5개월 뒤에는 항저우 전체 식당 1위도 달성했고, 현재도 10위권을 유지하고 있다. 예전 동업자들의 현재에 대해서는 무언으로 대신한다.

○
해외에서 지역 1등이 된 비결

같은 장소에서 '떡볶이'라는 동일 메뉴를 판 〈오빠떡볶이〉 3호점은 적자 행진이었지만 〈서상훈떡볶이〉는 지역 1등이 되었다. 내가 기존의 매장에서 크게 변화를 준 건 가성비와 서비스뿐이었다. 자금이 부족해 목돈이 들어가는 인테리어 등은 고려조차 하지 않았다. 먼저 식재료의 원가율은 30% 미만이라는 요식업의 정설을 머릿속에서 지워버렸다. 이 공식으로는 가성비 있게 손님에게 주는 건 불가능에 가깝다. 만약 판매가격을 낮춰 30%에 턱걸이한다면 싸구려 음식으로 전락할 뿐이다. 그래서 떡볶이의 가격을 높이고 높인 만큼 전부를 손님에게 돌려주었다.

별도로 판매하던 화덕피자는 떡볶이 주문시 무료로 제공했다. 또한 손님이 테이블에 앉으면 무료 샐러드부터 들이밀었다. 인건비가 조금 더 들더라도 별도의 샐러드바를 설치하지 않고 직접 무한리필해 주었다. 이왕 서비스를 할 거면 고객과 직원 간의 접점을 높여 감동을 주고 싶었다. 직원들이 끊임없이 테이블을 돌아다니며 샐러드가 더 필요한지 묻자 중국의 손님들이 오히려 황송해 했다. 기존에 무료로 주던 아이스크림과 커피, 팝콘 등은 그대로 유지한 채 라면과 탄산음료까지 무한리필로 바꾸었다. 손님이 먼저 라면사리를 추가해

달라고 요구하기 전에 먼저 더 드릴지 묻도록 직원들을 교육했다.

그리고 예전의 수많은 종류의 피자와 치킨 메뉴들은 다 없앴다. 주메뉴인 떡볶이와 무료 피자 외에 곁들임으로 치킨봉과 주먹밥만 남겼다. 메뉴가 간소해지자 매장 운영은 훨씬 수월해졌다. 몇 가지 안 되는 메뉴 조리법을 표준화해 별도의 주방장 없이 전체 직원들이 돌아가며 업무를 맡았다. 홀과 주방 간의 마찰이 일어날 리 없었고, 바쁘거나 갑작스레 인원 공백이 생기면 누구든 와서 돕거나 대신하는 게 가능해졌다.

시련도 있었다. 몇 달이 지나자 손님이 점차 줄어들었다. 대부분의 식당 창업자들이 메뉴를 추가하거나 가격을 내리는 고난의 시기다. 지인들과 직원들은 음식 종류가 다양하지 못해 먹을 게 없는 데다 너무 퍼줘서 남는 것이 없다고 말했다. 양이 너무 많아 사람들이 다 못 먹으니 재료를 줄이자고도 했다. 그 말에 때론 마음이 동요했지만 초심대로 밀고 나갔다. 온리원 매장, 즉 전문점으로 가는 길은 쉽지 않다. 매장 주변의 1차 상권을 넘어 그 지역을 아우르는 2차 상권, 나아가 다른 도시에서도 찾아오는 3차 상권이 되기까지 견뎌야 하는 시간들 때문이다. 그리고 그 힘든 시기를 묵묵히 이겨내자 유일무이한 독보적 음식점으로 사람들에게 인식되었다.

1등의 별다른 비법은 없다. 매장의 단순화한 대표 음식을 가성비 있게 내어 주고, 손님에게 감동적인 서비스를 제공했다. 그 후 남들이 뭐라고 하던 흔들리지 않고 옳다고 믿은 초심 그대로 시간과 싸워 이겨내었다.

○
돈이 아닌 행복을 파는 식당

우리는 '과정'이라는 단어는 조연쯤으로 여기며, 오직 중요한 건 '결과'뿐이라는 생각으로 삶을 불행으로 몰아간다. 하지만 결과만을 신봉하는 사회는 결코 행복할 수 없다. 만약 실패라는 절벽에 떨어진다면 그간의 노력은 물거품이 되어 패배자라는 낙인만을 남긴다. 이후 살아가는 실패의 삶에는 타인의 삿대질과 자책만 남을 뿐이다.

말콤 글래드웰이 쓴 〈아웃라이어〉라는 책에는 빌 게이츠와 비틀즈, 스포츠 선수들까지 그들의 성공에 운이 어떻게 작용했는지가 나와 있다. 만약 자신의 성공이 운이 아닌 실력이라고 떠드는 사람이 있다면, 그는 거만하거나 자기 성공의 진짜 이유를 모르는 바보이다. 나 역시 겸손해지려 내 모든 결과는 행운에 의한 것이며 타인의 성공은 땀과 노력으로 이룩한 실력이라고 생각했었다. 하지만 이제는 성공이란 단어로 표현되는 존경받는 이들의 결과물 역시 나와 마찬가지로 운에 의한 것들이라고 생각한다. 그들의 결과가 아닌 올바르게 최선을 다한 삶의 과정을 배워야 한다.

우리 사회가 떠받드는 결과론적인 성공 신화가 언젠가 깨어졌으면 좋겠다. 많은 이들이 결과에만 집착해 과정이 무시되는 고통 속에 살고 있기 때문이다. 앞으로는 다른 이가 성공을 하지 못해도 최선을 다했다면 진심 어린 박수를 보내자. 그리고 세상을 뒤바꾸진 못하더라도 맡은 자리에서 묵묵히 땀 흘리는 평범하지만 아름다운 삶의 과정에 의미와 자부심을 가졌으면 한다.

나의 행복은 지금껏 자랑한 1등 식당이라는 타이틀이 아닌, 직원들과 함께 땀 흘려 일하는 그 하루에 있다. 만약 언젠가 불가항력에 의해 열심히 가꾸어 온 매장이 문을 닫더라도 내 마음속 행복의 씨앗은 사라지지 않을 것이다. 행복의 나무를 최선을 다해 키우겠지만 얼마나 높이 자라는가는 중요하지 않다. 어느 날 폭풍우에 쓰러지면 훌륭한 거름이 되어 또 다른 행복을 키워낼 것이기에 나에게는 비바람이 두렵지 않다.

〈맛있는 창업〉의 훈수
TO. 〈서상훈떡볶이〉

〈서상훈떡볶이〉의 서 사장을 처음 만난 곳은 서울역이었다. 항저우에서 비행기로 날라와 필자를 만난 것이다. 나이에 비해 진중했고, 말하는 품새도 예의가 있었다. 앞서 읽은 이야기처럼 드라마 같은 이야기를 들어야 했다. 무작정 중국으로 떠난 이야기, 손님과 동업으로 시작한 떡볶이가 대박 난 이야기, 프랜차이즈 사업으로 엄청나게 돈을 벌었지만 일만 열심히 하고 사업을 손 놓았다가 이 지경이 되었다는 말을 덤덤히 들었다. 서 사장은 자신이 가고자 하는 장사의 길이 '현실은 없는 이상주의적 희망이냐'고 물어왔다.

그 대답에 대해 필자는 [맛있는창업]을 통해 당신이 얼마나 올바르고 건강한 사고를 가졌는지 느껴보라고 했다. 그렇게 큰일을 당하고서도 담대하게 말하는 수준에 정당한 대접을 해도 서 사장은 내 뜻을 곡해하지 않을 거라는 판단이 들었다. 그래서 남들은 350만원이라는 거금을 줘야 볼 수 있는 필자의 공부방을 무료로 보기 시작했다. 그리고 그 무료는 얼마지 않아 정당한 수업료로 돌아왔고, 지금은 종신회원이 되었다. 더군다나 필자와 만난 후 1년이 채 지나지 않아서 항저우의 전 식당 중 손님들이 자발적으로 내린 평가 1위의 식당이 되었고, 2년이 지나면서 짜장면집을 하나 더 하게 되었다. 그리고 거짓말처럼 3년이 지난 2018년은 세 번째 식당인 불고깃집을 개업할 계획이다.

대부분은 큰 시련이 왔을 때 자포자기를 한다. 필자도 어려움이 닥쳤을 때 그 방법이 상당히 달콤해 보였다. 이겨내기보다는 그 이유를 빌미로 모든 것을 놓고 그저 아프고만 싶었다. 그런데 서 사장은 처음부터 다시 시작이라는 꽤 어려운 결정을 내린 것이다. 가졌던 것이 크면 새로운 첫 시작은 참 왜소해 보여 마음이 더 아프기 마련이다. 프랜차이즈로 승승장구하던 시절에 느꼈던 돈의 가치를 만져보지도 못하고 잃은 허망함과 가장 안 좋은 자리여서 매출이 끝바닥이었던 그런 매장 하나를 위자료(?)로 받은 그 기분은 당해본 사람이 아니면 알 수 없

<서상훈떡볶이>의 '서상훈' 입니다.
저희 주소는 중국 항저우 지하철 1호선 원저루(文泽路)역 허따청(和达城) 건물 4층입니다.

을 것이다. 가졌던 것을 다시 채우기 위해 우리는 더 악해지고 좋던 관계도 나빠지는 것이 흔한데, 서 사장은 오히려 직원들의 복지에 신경을 썼고 사람에 대한 지출을 아끼지 않았다. 필자가 지난해 항저우에 갔을 때 본 직원들의 태도는 흡사 주인의 그것이었다. 주인이 없어도 가게가 잘 굴러가고, 매출 또한 편차가 없다는 것은 사실 말로 풀기 어려움이다. 그런데 아무렇지 않게 그런 식당을 만들어낸 것이다. 가졌던 것을 단시간에 채우기보다는, 앞으로 가져야 할 것의 목표치를 더 낮춘 것이다. 그러자 오히려 반전이 일어났다. 3년 만에 식당 3개라는 결과물을 중국 땅 항저우에서, 그것도 손님들이 지지하는 1등 식당의 지위를 얻어가면서 만들어낸 것이다.

서 사장은 타고난 장사꾼이라고 말하기는 힘들다. 필자의 눈에도 장사를 아주 세련되게 잘하는 스타일은 아니다. 그런데 진정성이 있다. 사람을 대하는 진정성에서는 지금까지 만나 본 사람 중에서 손에 꼽아도 좋을 성정을 가졌다. 그게 직원들에게 고스란히 전달되고, 그것은 또한 손님에게도 전염된다. 자연스럽게 믿음이 오가는 식당으로 완성되는 것이다. 장사의 기술은 수백 가지다. 그중에서 사람의 마음을 얻는 장사가 상위권이라는 것은 장사를 몰라도, 장사를 하는 입장이 아니어도 고개를 끄덕일 것이다.

다른 식당에 비해 훈수할 말이 많지 않다. 이것저것을 설명하기에는 오히려 필자의 내공이 부끄럽다. 말도 못 하는 타국에서 말을 배워가며 식당 3개가 아니라 1개조차 필자는 해낼 능력이 없음을 알기 때문이다. 그런 자가 감히 누군가에 대한 긴 이야기를 연결하는 것도 부끄럽다는 것쯤은 알기 때문에 짧게 <서상훈떡볶이>에 대한 소회를 마칠까 한다. 기회가 된다면 여행을 겸한 방문도 진심으로 권하고 싶다.

04
우동 한그릇

아버지는 회를,
아들은
고집을 판다

아버지의 식당을 보면서 느낀 장사

    스무살 때부터 아르바이트 등 여러 일을 하며 능동적으로 일을 하는 것이 재미있었다. 특히 누군가에게 얽매이지 않고 개인적으로 할 수 있는 일을 하고 싶었다. 당시 배달 관련 아르바이트를 하며, 현재 많이 활성화되어 있는 배달 앱을 만들면 어떨까 하는 생각도 했다. 하지만 IT 회사는 인력이 곧 경쟁력인데 지방에서는 그런 인력 구하기가 어려웠고, 전공 역시 그쪽이 아니다 보니 주위 인맥도 없었다. 이것저것 알아보다 결국 아버지의 식당에 관심이 꽂혔다.
    '어차피 사업이나 장사나 똑같은 건데 왜 고민하고 있었을까?'
    오히려 식당은 서울과 지방의 차별이 없는 게 장점으로 다가왔고, 장소의 제약도 없으며 창업에 대한 기회도 동등하게 느껴졌다. 아버지가 장사를 하고 있다는 게 개인사업을 하고 싶었던 나에게는 정말 매력적인 기회였다. 그렇게 아버지 일을 도우며, 장사에 대한 청사진을 그리기 시작했다. 직장인과 달리 쉬는 날도 없고 급여도 많지 않았지만 내가 하고 싶은 일을 할 수 있다는 게 보람이었다. 기존 식당의 문제점을 보완하여 매출이 조금씩 올라갈 때마다 장사에 대한 꿈은 더욱 확고해져 갔다.

하지만 아버지는 작은 범위의 식당에 대한 개선은 수긍했지만 메뉴나 장사방식의 변경에 대해서는 굉장히 보수적이었다. 결국 경영방식에 대한 의견차이로 하루하루 논쟁이 늘어나고 서로의 감정은 계속 나빠졌다. 그렇게 감정이 상할 때마다 독립해서 꼭 내가 하고 싶은 식당을 만들어야겠다고 속상한 마음을 달래며 식당 공부를 하며 하루하루를 보냈다.

그러던 중 〈살아남는 식당은1%가 다르다(개정판)〉라는 책 한 권이 눈에 들어왔다. 다른 책과는 다르게 저자는 장사하는 사람들의 마음을 알고 진심 어린 조언을 하고 있었다. 지푸라기라도 잡는 심정으로 저자가 운영하는 [맛있는창업]에 연락해 컨설팅을 요청했다.

음식이나 인테리어 분위기에 대해 자문을 해줄 거라 생각했는데, 1시간 정도 메뉴판과 식당을 둘러본 후 가격 조정과 조정한 가격만큼 어떻게 상차림을 변화시킬지에 대해 중점적으로 컨설팅해 주었다. 그때 관여도와 원가조정만으로도 손해 보지 않고 상차림을 변화시킬 수 있다는 말은 지금도 기억에 남아 있다. 그렇게 컨설팅을 받고 한 달 정도 보고서대로 상차림을 변화시켜 보았는데, 마술처럼 한 달 만에 저녁 장사 만으로 하루에 100만원을 파는 식당이 되었다. 손님에게 마지막으로 내주는 음식인 매운탕과 그 매운탕을 그냥 내주기 위한 가격조정 만으로 매출이 오를 수 있다는 게 마냥 신기했다.

그렇게 슬슬 매출이 오르고, 내 장사 밑천도 조금씩 모을 수 있게 되었다. 그리고 나만의 식당을 차리기 위한 구체적인 계획을 세우고 실천하기 시작했다. 4년이 지나니 점점 확신이 생기고 독립의 가능성이 보였다. 정부자금 대출과 친지들에게 돈을 빌려 [맛있는창업]에 신규 창업을 의뢰하고 2016년 9월 드디어 〈우동한그릇〉이라는 나만의 식당을 오픈하게 되었다. 〈우동한그릇〉은 누구에게는 그저 하나의 식당일지도 모르겠지만, 나에게는 아버지의 밑에서 장사를 배우며 꿈꿔왔던 소중한 식당이었다.

아버지의 횟집에서 배운 장사의 포인트

아버지의 횟집에서 일하며 중요하게 느꼈던 것은 상차림에는 컨셉이 있어야 한다는 것과 그 컨셉이 생선회에 중점을 두건 스끼다시에 중점을 두건 간에 다른 횟집과 가성비 면에서 차별화가 있어야 손님이 소문을 낸다는 것이었다. 그리고 메뉴를 줄여 전문화하는 부분도 얼마나 중요한지 깨달았다. 하지만 더욱 절실히 중요하다고 느낀 건 '손님과의 소통'이다. 좋은 상차림과 컨셉을 가지고 있어도 손님과의 소통이 없어 손님이 알아주지 않으면 아무 소용이 없다. 간신히 인건비만 나오던 식당에서 컨설팅을 통해 어느 정도 수익이 나오는 식당으로 올라갔지만 그 이상은 점주의 노력이 동반되어야 하는데 거기서 치고 나가기가 힘들었다.

상차림과 가성비는 좋았으나 그 좋은 상차림을 손님에게 어필하고 마음까지 훔치지는 못했다. 여러 가지 스끼다시가 코스처럼 나오는 횟집에서는 아무리 훌륭한 상차림을 가지고 있어도 손님들이 당연하게 받아들일 수 있기 때문에 이 가격에 이 음식이 왜 괜찮은지 설명하고 강조하는 게 필요했다. 그래서 맛있고 훌륭한 가성비 있는 상차림을 제대로 설명해 줄 수 있는 홀 서버가 중요했고, 추가적으로 그런 내용을 손님에게 알릴 수 있는 광고물도 중요했다. 하지만 아버지는 굉장히 보수적이어서 그렇게 광고하는 것을 내심 부끄러워했다. 한 번은 광고물을 붙이고 있는 나에게 "온 동네방네에 소문을 내지 그러냐?"라고 불만스럽게 말씀하시기도 했다. 하지만 이건 꼭 필요한 작업이었다. 다른 횟집보다 더 잘 주려고 원가를 많이 투입하는데 손님이 몰라주면 밑 빠진 독에 물 붓기나 다름없었다. 다행히 예상은 맞았고 광고물 부착 이후 손님들이 상차림을 알아주기 시작했고 매출도 어느 정도 또 치고 올라가는 게 눈에 보였다.

술집은 밥집보다 손님에게 말 걸기가 좋다. 특히 횟집은 메뉴의 특성상 음식이 따로따로 들어가는 경우가 많기 때문에 그때마다 손님들에게 말을 걸 기회가 많다. 술을 시키는 것까지 포함하면 통상적으로 6~8번 정도는 손님과 이야기를 나눌 기회가 주어진다. 그래서 실수를 하더라도 만회할 기회가 자주 생긴다. 지금도 기억에 나는 손님이 한 분 계시는데, 그 손님에게 밑반찬이 나간 다음 1시간 동안 생선회가 나가지 않은 실수가 있었다. 이미 접시에 생선회는 완성되어 있었는데 말이다. 그 실수를 만회하기 위해 음식을 가지고 갈 때마다 추가로 드릴 수 있는 걸 가지고 들어갔다. 통영에서 받아온 귀한 조기김치도 드시라고 가져다 드리고 과일도 가져다 드렸더니 나중에 계산할 때 처음에는 회가 늦게 나와 기분이 나빴는데 아들 같은 놈이 신경 써주는 게 너무 고마웠다고 명함을 가지고 가셨다. 이후 4년 동안 꼬박꼬박 모임과 회사 분들을 데리고 오셨다.

그날 이후 횟집에 기본적인 상차림과 만족할 만할 가성비가 갖추어진다면 '손님과의 소통'으로 승부를 걸 수 있다는 것을 알게 되었다. 그걸 늘 명심하며 장사를 해보니 손님들이 음식뿐만 아니라 정말 다양한 이유로도 우리 횟집을 찾는다는 것을 피부로 느끼게 되었다.

어떤 단골손님은 주최한 모임에서 주인이 눈치껏 기를 세워주는 멘트를 쳐주길 원했고, 어떤 회사 간부는 눈치껏 자기가 좋아하는 해산물을 서비스로 주는 것을 원했다. 어떤 손님은 항상 두 명에서 오지만 룸에서 조촐한 식사를 하기를 원했다. 이런 다양한 손님들의 니즈를 파악하고 노력해서 손님들의 마음을 움직이지 않으면 아무리 좋은 음식도 헛수고이다. 항상 손님에게 집중하고 신경 쓴다면 그 손님들이 좋아할 만한 무언가를 발견할 수 있을 것이다.

가든식당의 매력에 빠지다

현재의 우동집 자리를 찾는데 어림잡아 6개월이 걸렸다. 처음부터 가든식당에 관심을 가지고 있었기에 가든식당 자리만 찾아다녔다. 그런데 산이 많은 경상도 지방은 도로를 끼고 있는 가든식당 자리가 많지 않았다. 그래서 창원뿐만 아니라 진영, 김해까지 이 잡듯이 찾아다녔다. 차를 타고 두리번거리는 게 너무 위험해 시야가 넓은 오토바이를 빌려 타고 다니기도 했다. 하지만 그렇게 4개월이 지나자 슬슬 지치기 시작했다. 매일매일 인터넷 정보지를 뒤지고 부동산에 전화를 하고 또 해도 도로를 끼고 있고 주차장이 넓으며 적당한 평수의 1층짜리 가든은 나타나지 않았다. 괜찮은 가든식당은 찾기 어렵고, 시내에는 널린 게 빈 점포들인데 굳이 가든식당을 찾아야 하는지 고민되었다.

그러다 6개월쯤 되던 시점에 자주 연락하던 부동산에서 전화가 왔다. 염두에 두고 있었던 식당이 하나 있는데 가게가 나가지 않아 임대인이 월세를 많이 내렸으니 혹시 생각이 없느냐는 연락이었다. 하지만 그 식당은 가정집 구조에 좌식에다가 횟집처럼 복도를 중심으로 룸으로 되어있어 공사를 하려면 비용이 만만치 않을 거 같았다. 그래도 정말 그 식당보다 괜찮은 조건의 가든식당 자리는 찾기 어려울 것 같았다. 결국 [맛있는창업]과 협의 끝에 공사비용이 더 들더라도 이 식당을 계약하기로 결정했다. 이후 일사천리로 공사가 진행되었고, '닭튀김우동 하나만 파는 우동집'을 오픈했다.

처음 2~3개월 동안은 손님이 드문드문 왔지만 주위가 드라이브하기 좋은 길이라 생각보다 매출이 나쁘지 않았다. 2~3개월은 조금씩 적자를 보긴 했지만 크게 신경 쓸 수준은 아니었다. 무엇보다 도심에서 벗어나 힐링을 하러 온 사람들이 우리 식당을 아주 독특한 식당으로 봐줬다. 이 시점부터 가든식당의 장점들이 피부에 확 와닿기 시작했다. 손님들은 주차장도 넓고 단독건물에 인테리어까지 좋으니 시내의 웬만한 식당보다 기억에 남는 듯했다. 그리고 무엇보다 좋은 기분으로 나들잇길에 외식하러 오는 손님들이라 그런지 분위기가 도심에서 먹는 것보다 즐겁게 다가온다는 게 느껴졌다. 거기에 친절과 가성비 좋은 음식까지 있으니 만족하고 돌아가는 손님들이 많았다.

처음 가든식당을 얻을 때에는 '이렇게 멀리까지 손님들이 찾아올까?'라는 의심도 조금 있었지만 오픈 1개월 만에 손님들의 반응을 보고서는 왜 가든식당을 해야 하는지 확신이 들었다. 거기에 저렴한 임대료와 권리금까지 낮으니 창업비용이 도심과 비교해 확연히 낮은 것도 큰 장점이었다. 만약 나는 두 번째 세 번째 식당을 한다고 해도 가든식당을 할 생각이다.

딱 한 가지 메뉴만 해야 하는 이유

우리는 우동도 딱 한 가지만 판다. [맛있는창업]의 온리원 지론의 영향도 있지만 한 가지만 파는 식당의 장점을 횟집을 통해 느꼈기 때문이다. 아버지의 횟집은 크게 두 가지 메뉴로 구성되어 있었다. 대부분의 횟집이 그렇듯 여러 가지 어종들을 모아둔 모둠회와 제철에 맛있는 제철회가 메인이었고, 제철회 중에서는 '하모회'라는 갯장어회가 잘 나갔다. 하모회는 일반 회와 다르게 장어를 뼈째 썰어 콩가루와 각종 야채와 과일을 넣고 초장에 비벼 먹는 독특한 회이다. 하지만 하모회는 여름 한철 메뉴이다 보니 하모회 철이 끝나면 그 손님들은 횟집을 찾지 않았다.

그때 느낀 것이 특정 메뉴 하나가 잘나가 버리면 다른 메뉴에는 상대적으로 관심을 안 가진다는 것이다. 메인 메뉴를 통해 '이 집은 이거 하나는 진짜 잘한다' '여기 와선 이걸 먹어야 해'라는 이야기를 항상 들어야만 했다. 그런데 하모회는 여름 한철에만 팔 수 있었기 때문에 승부를 걸기에는 위험이 있었다. 그래서 모둠회로 눈을 돌렸다. 모둠회도 일반 회와 자연산 고급 회가 있었는데, 손님들이 주문하는 비율은 20:80으로 자연산 고급 회가 압도적으로 많았다. 그리고 자연산 고급 회를 찾는 분들은 대부분 단골손님이었기에 집중해야 될 타겟이 정해졌다. 재방문이 일어나지 않는 일반 회 손님들은 일손만 번거롭게 할 뿐이었다. 그래서 부모님의 반대에도 불구하고 일반 회를 메뉴판에서 없애고 자연산 고급 회 딱 하나만 팔았다. 그 결과 신기하게도 매출 변동은 없었고, 일반 회를 찾던 몇몇 단골 분들도 2만원 차이로 자연산과 각종 고급 어종이 들어간 고급 회를 드시며 만족해 했다. 물론 비싸다고 발길을 돌리는 손님도 있었지만 아쉽지 않았다. 그 덕에 주방에서도 한 가지 메뉴만 하니 오픈 전 식재료 준비도 미리 할 수 있어 일손도 줄었고, 생선 종류가 줄어드니 생선들의 교체주기도 빨라져 신선도 상승으로 이어졌다.

이처럼 횟집에서 온리원 메뉴에 대한 필요성과 그것이 가져다주는 효과에 대해 경험해 보니 현재 우동집에서도 우동을 한 가지만 팔아야 하는 이유에 대해 확신이 생겼다. 3가지 이유를 정리해 보면 다음과 같다.

첫 번째는 누구나 알고 있듯 전문점으로서의 이미지를 각인시키기 쉽기 때문이다. 손님들은 여러 가지 골라 먹는 분식집이나 이자카야가 아니라면 본능적으로 전문점에서 먹고 싶어 한다. 그래서 식당의 성공은 전문점으로 인정받기가 1순위라고 생각한다.

두 번째는 입소문이 날 기회를 최대한 빨리 만들어야 하기 때문이다. 가뜩이나 많은 정보와 경쟁자들이 넘쳐나는 요즘 같은 시대에는 손님들이 어떤 식당에서 무엇을 먹었는지 기억하기 쉬워야 입소문이 난다. 닭튀김우동 말고 일반우동을 메뉴에 넣지 않는 이유도 이 때문이다. 일반우동에 닭이 올라가는 우동이 닭튀김우동인데, 일반우동 같은 하위 메뉴를 만들어 굳이 싼 음식을 먹게 할 필요가 없었다. 특색 없고 가성비 없는 메뉴는 입소문에 전혀 도움이 되지 않는다. 그냥 평범한 우동 하나를 먹었을 뿐이다. 오히려 그 손님이 닭튀김우동을 먹었다면 좋은 입소문이 날 것을 괜히 손님에게 선택권을 줌으로써 입소문이 날 기회가 사라져 버릴 수도 있는 것이다. 그래서 일반우동은 해달라고 해도 해주지 않는다. 닭을 못 먹는 분들도 닭은 포장해서 가져가야 한다고 강제적으로 주문하게 한다. 아마 운이 좋다면 포장해 간 닭이 다른 누군가에게 스토리로 알려져 또 한 명의 손님이 늘어날 수도 있기 때문이다.

세 번째는 한 가지 메뉴의 고숙련화 때문이다. 전혀 다른 두 개의 메뉴를 해서 둘 다 잘하면 물론 좋다. 우동도 잘하고 소바도 잘하면 말이다. 예를 들어 정말 맛있는 우동 레시피와 소바 레시피를 배워왔다고 해보자. 하지만 레시피대로 맛이 꾸준하게 나온다면 다행인데 불행하게도 음식의 퀄리티는 매번 달라진다. 레시피가 완벽하게 같더라도 만드는 사람에 따라 맛이 달라지는 건 주방의 동선과 만드는 타이밍 때문이다. 예를 들어 주방장의 기분이나 체력의 변수로 인해 그날그날 음식 맛이 달라질 수도 있고, 장사가 잘되어 바빠지면 몇 가지 과정을 생략해 버리는 경우도 있다. 하물며 사람이 바뀌기라고 하는 날에는 크게 차이가 난다. 무엇보다 장사가 잘되어 많이 팔릴수록 맛이 달라지기 쉽다. 그래서 입소문이 나기까지는 두세 가지를 하는 것보다 한 가지만 잘하는 게 숙련되는 시간에 있어서 유리하다. 괜히 두세 가지를 하다가 둘 다 맛을 잡지 못하면 맛이 들쑥날쑥해져 처음의 기대치와 달리 손님에게 외면받을 가능성이 높아진다. 이런 이유 때문에 주방을 작게 시작하는 생계형 초보 창업자들의 경우는 더더욱 한 가지 메뉴로 승부를 보는 것이 입소문이 나기까지의 시간을 줄일 수 있다.

○
온리원 식당에 대한 손님들의 니즈와 반응

이처럼 한 가지 메뉴에 집중한 탓에 여름에도 줄을 서며 뜨거운 우동을 먹으러 온다. 하지만 우동집을 처음 오픈했을 때에는 10팀 중 1팀 정도가 한 가지 메뉴 때문에 발길을 돌렸다. 그리고 메뉴가 적으니 몇 가지를 추가하는 게 좋을 것 같다는 반응도 간간히 나오기도 했다. 하지만 횟집을 통해 한 가지 메뉴에 대한 장점들을 피부로 느꼈고 [맛있는창업]을 통해 그 장점들이 확신으로 다가왔기 때문에 온리원 메뉴에 대한 의심은 전혀 하지 않았다. 내가 잘못해서 망했으면 망했지 온리원 메뉴 때문에 망할 거라는 의심은 단 한 번도 가진 적이 없다. 단 한 번도!

입소문이 나면서 장사가 되기 시작하니 그제서야 온리원 식당에 대한 반응들이 180도 달라졌다. 많은 손님들이 역시 전문점은 하나만 팔아서 좋다고 말한다. 또 메뉴가 한 가지밖에 없으니 음식에 대한 피드백도 확실히 받아 문제점을 개선하기도 쉬웠다. 물론 메뉴가 한 가지밖에 없어 선택권이 없으니 음식에 대한 기대치가 커져 실망하고 돌아가는 손님도 있었다. 하지만 그때마다 메뉴를 추가하는 것이 아니라 더 맛있게 만들려고 노력하고 맛있게 먹을 수 있는 환경을 만들기 위해 노력하고 있다.

약 2년의 기간 동안 식당을 운영하며 느낀 건 식당이 소문나는 데는 한 가지 메뉴이기 때문에도 소문이 난다는 것이다. 손님들의 블로그를 살펴보면 메뉴가 우동 한 가지밖에 없다는 이야기를 빠뜨리지 않고 적는다. 결국 이게 스토리가 되어 '하나만 파는 식당'으로 입소문이 나는 것이다. 거기에 음식이 발칙하고 가성비가 있으니 빠른 시간에 소문이 나게 된 것 같다. 이렇게 온리원 식당에 대한 믿음을 가지고 꾸준히 그 메뉴 하나에 승부를 건다면 여름에도 뜨끈한 우동 딱 한 가지만 파는 우리 식당처럼 계절 고민 없이 장사할 수 있는 식당을 만들 수 있을 것이다.

필자가 컨설팅 10년 차를 한참 지나서 15년 차쯤 되어서야 온리원 메뉴가 얼마나 중요한지를 깨달았고, 거기서 2년 정도가 지나 17년 차가 되니 그 온리원 메뉴를 가든식당에서 팔면 성공이 훨씬 쉬워진다는 것을 알게 되었다. 이제는 더 나아가 하루 4~5시간으로 짧게 식당을 하는 꿈을 꾸고, 가끔 그런 식당을 만들고 있는 중이다.

그런 필자에게 〈우동한그릇〉의 백승민 사장은 꽤 남다른 의뢰인이다. 나이 어린 친구가 아버지의 횟집을 컨설팅해 달라고 했을 때, 아버지 대신 고치고 다듬어가는 모습을 봤을 때부터 장사에 대한 소질이 남다르다고 느꼈다. 무엇보다 진짜로 우동 딱 한 가지만 하겠다는 결심이 그랬다. 필자는 적어도 2가지를 권했다. 닭이 들어간 우동과 닭을 뺀 우동 2가지는 기본이고 상식이었다. 그것 때문에 온리원을 해치지는 않는다고 지금도 믿는 쪽이다. 그런 나에게 2가지의 메뉴 제안을 거절한 의뢰인은 최초이자 현재까지는 마지막이다. 실제로 필자 자신도 내 식당을 한다면 딱 한 가지 메뉴는 솔직히 자신이 없다. 욕을 해도 할 수 없다. 진짜로 딱 한 가지만 파는 온리원은 쉽지 않다. 그런 점에서 이 글을 읽으며 백 사장이 가진 철학이 내심 부러웠다. 오히려 온리원을 권한 필자가 의뢰인을 통해 배움을 얻었으니 말이다.

온리원은 필자도 고백했듯이 쉬운 일이 아니다. 그리고 그걸 외곽으로 나가서 팔아야 한다는 결심도 역시나 어렵다. 그 두 가지를 다 한다는 것은 어지간한 믿음이 있기 전에는 불가능하

<우동한그릇>의 '백승민' 입니다.
저희 주소는 경남 창원시 마산합포구 가포로 706
전화번호는 0507-1400-7227입니다.

다. 그래서 잘되는 가든식당에서 하는 한 가지 메뉴는 눈으로는 쉽게 보면서도 쉽게 따라 하지는 못하는 것이다. 이쯤에서 필자가 온리원 식당을 만들기 시작한 그 이유를 소상히 밝혀 보고자 한다.

그건 사실 당연한 선택이었는지 모른다. 필자를 찾는 창업자들은 대부분이 초보다. 음식도 모르고, 안다고 해도 그 수준이 집밥 정도인 사람들이다. 요리를 할 줄 알고 능숙하거나 경험이 많다면 굳이 컨설팅을 받으려고 하지 않는다. 그게 그들의 실패원인인 줄 아마도 모를 테지만, 하여튼 초보들은 어쩔 수 없이 컨설팅을 받는다. 물론 지금은 컨설팅이 더 옳은 선택이라고 믿어 일부러 찾는 사람들도 많아졌지만 여전히 몰라서, 모르기 때문에 컨설팅을 받는 사람이 대부분이다. 그런 사람들에게 필자가 음식을 가르쳐줄 수는 없었다. 그러다 보니 식당을 창업시켜야 하는데 메뉴를 늘리라고 할 자신이 없었다. 이미 십수 년 동안 여러 가지 메뉴를 하는 식당을 만들어 봤지만, 결과는 복불복이었기 때문이었다. 그래서 그 자리에 어울리는 한 가지 메뉴로 돌파하는 카드를 꺼내게 된 것이다. 온리원의 가치보다는 음식 하나는 어찌어찌 배워서 식당업을 유지하는데 어렵지 않을 거라는 염려에서 출발한 것이다.

사실 제대로 된 메뉴 서너 가지를 할 수만 있다면 그렇게 하는 것이 아무래도 안전하나. 약간의 다메뉴는 아무래도 선택시가 여러 개니까 도움이 되는 것은 분명한 사실이다. 특히 가까운 단골은 한 메뉴만으로는 쉽게 질리고, 한 메뉴를 주야장천 즐겨먹기는 솔직히 불가능하다. 그럼에도 불구하고 한 메뉴를 고집해야 했던 것은 그 하나도 사실은 제대로 만들기가 어렵기 때문이다. 그래서 필자의 식당들은 맛에서는 출중하다는 소리를 듣는 집이 극소수다. 맛은 평균이거나 심지어 평균 이하인 식당도 있다. 그런데 그런 맛으로도 매출은 높고, 손님을 줄 세운다. 남들이 기이하게 여길 정도다. 어찌 이런 음식 맛으로 줄을 세우는지 갸우뚱해 한다.

그건 한 가지를 팔기에 감춰지는 상처다. 맛이 특별한 게 없다는 상처를 가졌음에도 한 가지만을 팔기 때문에 손님들이 잘 눈치채지 못한다. 거기에 필자가 가진 컨셉이 보태어졌으니 더더욱 눈치를 채지 못한다. 아무래도 부족한 맛이라는 것을 필자가 알고 있기에 가성비를 더 강조하고, 아무래도 특출나기 힘든 그 음식이라는 것을 알기에 필자만의 산수법으로 손님에게 유리한 셈법으로 다가서게 한다.

팔아서 이득을 볼 것과 그거 팔려고 차린 게 아닌 것의 이득의 크기는 그래서 다르다. 식당이 술을 팔아서 좋을 건 없다. 안주가 없으니 반찬 리필만 많고, 국물만 계속 더 달라면서 자리를 차지하고 소주 3~4천원을 매출이라고 올려주기 때문이다. 그래서 식당에서 술은 곁가지다.

마찬가지로 탕집에서 공깃밥 팔려고 한 것도 아닌데, 공깃밥은 별도라는 것도 이해할 수 없다. 뚝배기 7천원에는 공깃밥을 주고, 전골 3만원짜리에는 공깃밥을 추가해서 먹는 구조를 도저히 이해할 수 없다. 고기를 추가하면 처음 깔아줬던 반찬을 당연히 주지 않고 돈 받는 구조 역시나 미스터리다. 왜 처음에는 깔아주고, 두 번째는 돈을 받는가? 고기를 추가하고 요청한 당연한 권리를 왜 무시하는지 가소롭다. 그래서 필자는 그런 방식을 개선하는 것이다. 감자탕 전골에 공깃밥을 당연히 주고, 부대찌개에 라면 사리를 마음껏 먹게 한다. 고기를 추가하면 반드시 보답하라고 한다. 보리밥 팔았으면 되었지, 곁들임 고등어구이에서까지 남기지 말라고 한다. 그렇게 손님에게 이로운 메뉴판을 만드니까, 그것도 한두 가지 적은 메뉴로 전문점임을 인지시키면서 파니까, 맛은 좀 덜해도 손님이 좋아하고 줄을 선다.

메뉴를 줄이면 일손이 편하고 재료가 신선해지고 숙련의 속도가 빨라진다. 이건 누구도 부인할 수 없을 것이다. 다만, 그럼에도 불구하고 여전히 여러 가지 선택지로 손님을 하나라도 부여잡으려는 당신의 마음만 여전할 것이다.

대형 식당의 점장으로 근무하며 독립을 꿈꾸다

고등학교 시절, 그저 용돈을 벌기 위해 시작한 아르바이트가 평생직업이 될 줄은 몰랐다. 생각보다 규모가 큰 식당이었고, 공부에 별로 흥미가 없었던 나는 일단 외식업이 끌렸고, 점장을 목표로 열심히 일을 했다. 그 어린 시절에는 점장이라는 직책이 왠지 멋있어 보이고 대단해 보였다. 그때는 그냥 점장이 마냥 해보고 싶었다. 지금 생각해 보면 세상은 그렇게 아는 만큼만 보였나 보다.

군대를 제대하고 용돈을 벌기 위해 하는 아르바이트가 아닌 평생직장이라 생각하고 K한식전문점에 입사해 근무를 시작했다. 그렇게 근무한 지 10년 후 내 인생의 첫 번째 목표인 점장이 되었다. 10년이라는 기간은 결코 짧은 시간이 아니다. 식당 일은 정말 힘든 일이다. 중간에 다시는 징글징글한 식당 일은 안 하겠다고 3년간은 다른 업종으로 전환도 했지만 결국은 다시 식당으로 돌아왔다. 지금 와서 생각해 보면 그래도 포기하지 않고 할 수 있었던 것은 점장이라는 뚜렷한 목표가 있었기 때문이었다.

'이 매장은 나의 식당이다'라는 생각으로 점장생활을 했지만 차츰 제대로 된 내 식당을 갖는 것으로 목표가 슬쩍 바뀌었다. 그런데 독립을 생각하면 자신감도 있었지만 이면에는 두려움도 컸다. 식당은 알면 알수록 리스크가 눈에 보이고 운영의 어려움이 보이기 때문이다. 남들은 경력이 많으니 수월하게 식당을 할 수 있을 거라 얘기하지만 꼭 그렇지만은 않다.

사실 식당은 생각보다 창업비용이 많이 들어가고 언제 어디서든 경쟁자가 나타날 수 있으며, 어느 날 갑자기 나의 식당을 위험에 빠뜨릴 사회적·경제적 상황이 생길 수도 있다. 식당을 차려서 빚더미에 앉은 사람, 반평생 힘들게 번 돈을 2년도 안 되어 날리는 사람도 부지기수다. 생각만 해도 끔찍한 일이다. 식당의 수익구조상 장사가 잘된다 하더라도 투자금액, 인건비, 물가상승률 등을 고려했을 때 식당을 하지 않는 것이 사실은 맞다. 이처럼 힘들고 어렵고 위험 부담이 크다는 것을 알면서도 그때는 식당 외에는 다른 생각을 할 수 없었다. 당시 나는 식당은 리스크 관리만 잘하고 생각을 조금만 바꿔서 운영하면 정말 매력 있고 흥미로운 직업이 될 수 있다고 생각했었다.

식당 창업을 결심하고 가용할 수 있는 자금을 준비했다. 이렇게 준비한 자금으로 보증금, 권리금, 인테리어, 집기 등을 포함해 손익계산을 해보니 생활비를 제외하고 나면 빚 값을 생각이 까마득했다. 하지만 독립을 해야겠다고 마음을 먹으니 예상매출은 부풀리고 인건비와 식재료비·경비 등은 낮게 책정해 예상수익을 높게 만들어 창업을 합리화하고 있었다. 5년 후면 빚도 전부 상환할 수 있겠다는 결론까지 지어 버렸다(그 덕분에 1년간은 매우 힘들었다). 그렇게 식당을 차리겠다는 의지 하나로 2014년 100%의 빚으로 돼지갈빗집 〈호가담〉의 문을 열게 되었다.

〈호가담〉을 차려 일궈낸 결과들

식당을 창업하는 사람들은 누구나 문을 열자마자 장사가 잘될 거라는 부푼 꿈을 안고 손님이 바글대는 상상을 한다. 나 역시 테이블 수 18개인 〈호가담〉을 시작하면서 직원 8명에 아르바이트생 4명을 출근시켰다. 그때는 그래야만 되는 줄 알았다. 오픈 효과 덕분인지 첫 달은 매출이 좋았다. 이제 조금만 더 열심히 하면 매출이 오르겠다 싶었는데 오픈 효과가 빠지니 맥없이 매출이 떨어졌고 적자가 나는 달이 늘어만 갔다. 결국 직원 수도 줄이고 허리띠를 졸라맸다. 하지만 고만고만한 매출에서 인건비를 줄인다고 해봐야 겨우 생활비와 빚을 조금 더 상환하는 수준밖에 안 되었다.

여유자금을 가지고 시작한 것이 아니다 보니 매출이 줄자 조바심이 생길 수밖에 없었다. 자칫하면 추가로 빚을 내서 식재료비와 인건비를 해결해야 했기 때문에 그런 상황이 되기 전에 뭔가를 해야 했다. 직원들과 의논 끝에 대표메뉴인 돼지갈비를 반값할인하기로 했다. 홍보도 하고 자금회선을 시키기에는 딱 좋았다. 전단지를 돌리고 현수막을 걸었다. 행사 첫날부터 손님들이 줄을 서고 어떤 날은 9회전까지 돌았다. 하지만 행사가 끝나자마자 손님은 행사 전 수준으로 돌아갔다. 허망했다. 물론 내가 돈 벌자고 했던 일이지만 힘들게 반값할인 행사까지 했는데 손님들은 그때뿐이었다. 한마디로 〈호가담〉이 별 매력이 없었던 것인데 홍보가 덜 되어서 그런 거라고 계속 착각하고 있었다. 갈비 1+1 행사, 냉면 행사, 가격 인하, 신메뉴 출시, 이벤트 문자쿠폰 발송 등 별의별 것을 다 해봤다. 하지만 그래도 아무런 매출의 변화가 일어나지 않았다. 행사를 진행할 때에만 손님이 오고 행사가 끝나면 귀신같이 발길을 뚝 끊어버렸다. 결론은 〈호가담〉이 매력이 없었던 것이다.

적자가 나는 매출은 아니었지만 더 이상 매출이 상승할 기미가 보이지 않았다. 잠시 생각할 시간이 필요했다. 초심으로 돌아가 식당 공부를 다시 시작했다. 일단은 책부터 읽으며, 주변의 식당을 벤치마킹하러 다녔다. 그러다 유독 제목이 마음에 드는 책을 하나 발견했다. 〈평생직장 식당〉이라는 책이다. 책을 통해 저자를 알게 되었고, 이후 컨설팅을 하는 관계로까지 발전하게 되었다. 보통의 컨설팅은 신메뉴 출시 또는 인테리어, 맛의 변화와 홍보마케팅이 대부분이지만 [맛있는창업]은 의외로 간단했다.

첫 번째, 메뉴를 줄이자!

두 번째, 상차림을 깔아주자!

세 번째, 고기 추가에는 반드시 보답하자!

핵심내용은 말 그대로 딱 세 가지였다. 돌이켜 보면 나는 장사가 아주 잘되는 대형식당에서 운영만 하는 식당운영 전문가였지, 컨셉을 잡고 마케팅을 하는 전문가가 아니었던 것이다. 결국 [맛있는창업]의 보고서를 받아들이기로 하고 보고서 내용대로 실천했다.

첫째, 메뉴를 다음과 같이 바꿨다.

고기류 : 생갈비, 양념갈비, 마늘양념갈비, 구운갈비, 매운갈비 삼겹살, 낙지갈비찜

→ 양념갈비, 생갈비, 낙지갈비찜

식사류 : 김치찌개, 갈비탕, 돌판비빔밥, 비빔밥, 냉면 → 비빔밥, 냉면, 한입쌈밥

후식류 : 김치찌개, 누룽지, 후식냉면 → 냄비 밥에 김치찌개, 누룽지, 냉면

둘째, 상차림을 풍성하게 변화를 주었다. 갈비 기본 상차림을 1200×950짜리 테이블에 밑반찬으로 가득 채웠다. 점심특선에는 비빔밥, 냉면, 한입쌈밥과 함께 소불고기전골을 내주었다.

셋째, 고기 추가에는 보답으로 추가시마다 고르곤졸라 피자와 냉면수육쟁반을 제공했다. 그리고 직원과 가위바위보를 해서 손님이 연속 세 번 이기면 술값을 반값에 주는 식으로 손님들과의 이야깃거리가 되고 소소한 웃음을 줄 수 있는 컨셉으로 만들었다.

이렇게 바꾸고 나니 업무량이 많이 줄었다. 하지만 없어진 메뉴 때문에 한동안은 방문한 손님 일부가 다시 나가 버렸다. 어떤 날은 하루에 10팀이 넘게 돌아간 날도 있었다. 10팀이면 60~70만원 정도 되는, 결코 작은 매출이 아니다. 괜히 바꿨나 싶었다. 그렇게 속이 터지고 조바심이 생기는 날이 한 달쯤 지나고 나니 돌아가는 손님들이 줄어들기 시작했다. 그리고 신기하게도 매출은

늘어나고 있었다. 매달 매출이 오르기 시작했고, 〈TV생생정보〉에 방영되기도 했다. 내친 김에 낙지갈비찜과 한입쌈밥도 메뉴에서 빼버렸다.

○
식당 종사자들이 독립해서 실패하는 이유

　나도 그랬지만 식당에서 종업원으로 일하는 사람이라면 누구나 한 번쯤은 창업을 생각한다. 물론 그 이유는 돈을 더 벌고 싶어서이다. 대부분의 식당은 직원들에게 월급을 많이 줄 수 있는 수익구조가 아니다. 그래서 많은 식당 종사자들은 독립을 꿈꾸게 된다. 또 식당은 맘만 먹으면 소자본으로도 창업이 가능하고, 이미 직원으로 일하면서 식당 성공을 바로 옆에서 눈으로 직접 확인했기 때문에 너도나도 식당 창업에 뛰어든다. 옆에서 보면 참 쉬워 보인다. 엄청 맛있는 음식도 아니고 서비스가 좋은 것도 아닌데 손님들이 줄을 서고 있는 걸 보면 본인도 할 수 있다는 가능성이 보인다.
　식당 창업을 하면 대부분 오픈 효과 때문에 처음에는 손님이 많이 온다. 그런데 막상 결산을 해보면 식재료비 부담이 만만치 않다. 그래도 손님이 꾸준히 이대로만 와준다면 괜찮은 장사라고 생각한다. 이렇게 수개월이 지나면 세금을 내야 할 때가 온다. 그래도 거기까지는 견딜만 하다. 그리고 1년이 넘어가면서 직원들의 퇴직금을 발생하고 아르바이트생들의 4대 보험료도 부과된다. 당연히 수입이 줄어들고 투자한 금액과 본인의 노동력을 생각하면 답답해 진다.

이 시점에 식당은 두 가지 결정적인 실수를 저지른다. 첫째가 음식의 양을 줄이는 것이다. 하지만 식재료비를 줄이면 손님들이 먼저 안다. 손님들은 귀신이다. 그러면 재방문을 하지 않는다. 그리고 저지르는 두 번째 실수가 직원을 줄이는 것이다. 직원이 줄면 손님들 입장에서는 뭔지 모르게 예전과 다르게 불편하다. 단골이라 하더라도 3~4번 불편이 반복되면 다시는 안 오게 된다. 손님들은 절대 바보가 아니다. 굉장히 합리적이다. 절대 재차 반복해서 손해보는 일은 안 하려고 한다. 그래서 손님이 음식을 남긴다고 해서 음식량을 줄이거나 적절한 인건비를 쓰지 않으면 안 되는 것이다. 이 두 가지는 반드시 실수하지 말아야 한다. 손님상에 나간 음식은 손님의 것이다. 남기든 말든 신경을 쓰지 말아야 한다. 남긴다면 맛이 없어서 남겼다고 생각하면 마음이 편해진다. 인건비도 물론 아끼면 좋겠지만 인원이 부족해서 노동의 강도가 높아지면 힘들고 지친다. 그러다 보면 자꾸 편하게만 일하려 하고 일하는 공정을 생략하게 된다. 하다못해 청소도 음식 조리도 인사도 대충하게 되고 표정이 어두워지기 마련이다. 그러면서 악순환이 시작되는 것이다.

그렇다고 아무것도 하지 않을 수는 없다. 뭐라도 해야 한다. 물론 그 마음을 충분히 이해하고 공감하지만 그렇다고 해결되는 것은 아니다. 무엇이 현명하고 지혜로운 판단인지는 제대로 된 식당 공부에서 답을 찾아야 한다. 본인 스스로 식당의 개념을 다시 정리해야 한다.

프랜차이즈 혹은 독립창업에 대한 단상

 창업을 하는데 있어서 프랜차이즈 창업이나 독립창업, 무엇이든 좋다. 하지만 우리는 이기는 장사를 해야 한다. 전 재산도 모자라 빚까지 내서 창업을 하기 때문에 돈을 벌어야 한다. 그러려면 프랜차이즈와 독립창업에 대한 장단점을 알고 접근해야 한다.

 프랜차이즈의 장점부터 살펴보면 한마디로 창업이 쉽다. 돈만 있으면 누구나 창업을 할 수 있다. 그것도 검증된 가게가 있기 때문에 모델링도 해볼 수 있다. 식당 경험이 없는 사람도 대부분 3~10일 정도의 실습만 해보면 할 수 있는 게 프랜차이즈다. 식재료는 본사에서 1차 손질이나 가공을 해서 오기 때문에 인건비도 줄이고 주방장도 필요없다. 창업해서 주방장을 고용해 본 점주는 알 것이다. 점주가 음식을 못하는데 주방장이 무단결근하고 갑자기 퇴사하겠다고 하면 난감할 때가 한두 번이 아니다. 심지어 주방장의 눈치를 보면서 장사를 해야 한다. 그래서 직원 문제는 독립창업에 비해 아무래도 수월하다. 그리고 프랜차이즈는 본사에서 마케팅이나 광고도 많이 해준다. 물론 그 비용은 가맹점에서 부담하는 것이다. 손님이 찾아오는 이유 중의 하나인 브랜드력도 있다. 처음 창업하는 사람에게는 무거운 짐이 될 수 있는 가게 자리와 인테리어도 본사에서 도와준다. 물론 비용이 독립창업보다 더 들어가지만 창업이 처음인 점주에게는 좋은 방식이다.

 프랜차이즈의 단점은 장점에 들어있다. 본사가 노력해서 맛있는 음식과 수익성이 검증된 가게로 점주들에게 쉽게 돈을 벌게 해주는 데에는 반드시 이유가 있다. 본사가 이익을 취해야 한다. 당연한 얘기다. 본사가 가맹점을 내주지 않고 직접 운영하면 돈은 더 벌 수 있지만 수월하게 벌기 위해 가맹사업을 하는 것이다. 프랜차이즈 창업을 하면 우선 가맹비와 교육비를 받는다. 그리고 인테리어 시공과 집기비품에서 또 이익을 얻고, 오픈하고 나면 식재료를 납품해서 이익을 남기고 로열티에서 또 남긴다. 그런데 이렇게 이익을 취하는 것까지는 좋은데, 그래서 가맹점이 양보를 해서 본사를 따르면 본사에서 주기적인 서비스 교육과 가맹점의 문제점이나 애로사항을 체크하고 업무협조를 해줘야 하는데 가맹점을 늘리기 위해 혈안이 되어 희소성을 떨어뜨린다. 그러다 보면 각 가맹점의 고객층이 얇아진다. 결국 자기 살을 도려내고 있는 것이다. 이것이 프랜차이즈의 가장 큰 문제점이다.

반면에 독립창업은 프랜차이즈에 비해 메뉴 변경이나 판매가, 상차림 등을 점주 마음대로 할 수 있어 좋다. 점포를 구할 때도 점주가 하고 싶은 자리에서 할 수 있다. 영업시간, 가격, 인테리어, 음식 등 모든 것을 점주 마음대로 할 수 있다. 그래서 본사에게 줄 가맹비, 인테리어, 교육비, 물류비 등을 아낄 수 있다. 하지만 독립창업을 하는 사람에게는 그것이 처음이라면 너무 버거운 일이다. 모델링 없이 자기 것을 만든다는 것이 얼마나 힘든 일인지 해본 사람은 알 것이다.

그렇다면 창업을 할 때 프랜차이즈 창업을 할 것인지 독립창업을 할 것인지를 먼저 결정해야 한다. 이때 투자금 대비 수익성을 고려해야 한다. 프랜차이즈는 앞에서 얘기했듯이 본사에서 가맹점을 우후죽순으로 만들기 때문에 어지간히 잘되는 프랜차이즈가 아니고서야 수명이 길지 못하다. 그래서 프랜차이즈를 선정할 때 남들이 쉽게 따라 할 수 없는 메뉴인지 봐야 한다. 특히 본사만의 식재료·물류라든가 맛의 노하우를 가지고 있어야 한다. 물론 그런 프랜차이즈를 찾기는 쉬운 일이 아니다.

그리고 프랜차이즈는 본사에 식재료 비용부터 물류비까지 충분히 지불하고 있기 때문에 인건비가 많이 들어가지 않는 시스템이어야 한다. 그러려면 본사에서 식재료의 가공 정도가 얼마만큼 되어 들어오는지 확인해야 한다. 그리고 직원들이 업무를 쉽게 할 수 있는 시스템이어야 한다. 그래야만 아르바이트생으로 인원 구성을 짜서 인건비를 줄일 수 있다. 매출에 따라 다르겠지만 프랜차이즈의 인건비는 점주 인건비를 포함해 매출 대비 20% 이내여야 한다. 그렇지 않으면 프랜차이즈를 할 필요가 없다.

무엇보다 중요한 것은 프랜차이즈의 평균수명은 대략 1~2년 길어야 3년 정도밖에 되지 않기 때문에 프랜차이즈 창업은 투자금을 최소 1~2년 안에 회수해야 한다. 가령 1억원을 투자했다면 1년 동안 투자금 1억원을 회수하고, 점포를 내놓으며 받는 권리금이 본인의 수익금이 된다. 결론은 프랜차이즈는 수명이 오래가지 못하기 때문에 하고자 하는 지역에서 유행하기 전에 선점을 하고, 유행이 끝나기 전에 가게를 팔아야 한다. 쉽게 오픈할 수 있는 반면에 빨리 문을 닫아야 한다. 이런 사이클을 반복하다 보면 1번 정도는 실패하는 경우도 있을 것이고, 2번을 잘해서 번 돈을 한 번에 날릴 수도 있다.

그게 싫다면 어렵겠지만 독립창업을 해야 한다. 어려운 만큼 한 번 자리를 잡으면 오랫동안 장사를 할 수 있다. 그리고 독립창업을 실패하지 않으려면 손님들이 방문할 수 있는 가치를 만들어 줘야 한다. 그러려면 꾸준히 식당 공부를 해야 하고, 전문가의 손길도 필요하다. 본인이 직접 음식을 먹어보러 다니고 만들어 보는 비용보다 전문가의 손길을 통해 음식 전수를 받는 게 훨씬 수월하다. 본사에 주는 가맹비와 교육비를 주는 비용보다 훨씬 저렴하다. 인테리어, 집기비품, 메뉴 구성이나 디자인도 전문가의 도움을 받자. 첫 창업이라면 더더욱 그래야 한다.

현재 〈호가담〉은 식당 3개를 운영하고 있다. 2015년 10월 필자가 처음 만난 신백송 사장은 돼지갈빗집 〈호가담〉 하나를 운영하고 있었는데, 2016년에 두 개의 프랜차이즈 가맹점을 차렸고, 2017년 10월에 필자와 함께 감자탕집을 차렸다. 1년에 1개씩의 식당을 차린 것이다. 식당은 이런 것이다. 20년 회사생활의 퇴직금으로 겨우 식당 하나를 차린다면, 식당을 잘 운영해서 번 돈으로는 1년에 식당 하나도 거뜬해지는 법이다.

물론 이 말에 혹해서 너도나도 식당에 뛰어들기를 바라지는 않는다. 그건 거의 불가능한 일이기 때문이다. 그만큼 〈호가담〉의 신 사장은 장사수완이 뛰어나다고 볼 수도 있고, 개인적으로 장사 운도 기운차다고 할 수 있다. 여기서 말하는 장사 운은 허투루 볼 게 아니다. 20년 이 업을 해온 필자의 입장에서 분명히 말할 수 있는데, 장사꾼에게는 운이 있다. 그 운이 크면 쉽게 가고, 운이 막히면 수년을 힘들게 버거워 하기도 한다. 그래서 필자는 그 운을 스스로 깨기 위한 공부를 혹독하게 요구하는지도 모른다. 노력하면 막힌 것도 뚫린다는 신념을 가지고 있는 탓이다.

〈호가담〉의 신 사장처럼 식당의 점장생활을 오래 한 사람들은 자기 고집이라는 것이 있다. 대형 매장을 오랫동안 꾸려왔고, 알게 모르게 체득한 다양한 노하우가 있기 때문에 남의 말을 잘 들으려 하지 않는다. 〈호가담〉 역시 메뉴를 줄이는 과정은 순탄치 않았다. 하지만 그것을 깨야만 얻을 수 있다는 것을 인지하고부터는 과감하게 정리하고 없애고 버리는 모습을 봤

<호가담>의 '신백송' 입니다.
저희 주소는 광주광역시 광산구 사암로216번길 20-3
전화번호는 062-962-9230 입니다.

다. 없어진 메뉴 때문에 하루에 열 팀이 다시 나가는 꼴을 보면서 원상복구의 감정을 갖지 않기란 매우 힘든 일이다. 그때 아마도 필자의 이 말을 기억했을지도 모른다.
"연명은 생존이 아니라, 크게 망하는 지름길이다!"
어차피 상권에는 무수한 식당들이 있다. 내가 제아무리 많은 메뉴를 가지고 다양한 선택지로 손님을 끌어본들, 상권의 모든 메뉴를 다 해낼 수는 없다. 돼지갈빗집에서 쌀국수를 할 수도 없고 카레를 할 수도 없다. 바로 이거다. 이렇게 생각하면 내가 잘하는 메뉴를 할 수 있는데, 된장찌개는 쉬울 거 같으니 추가하고, 비빔밥 그거 뭐 어려운가 하고 집어넣고, 냉면 그거야 봉지 뜯으면 되는 음식이니까 이것도 챙기고, 육개장도 레토르트 제품을 뜯으면 해결되니까 그것도 메뉴에 넣는 것이 대부분의 식당들이 보이는 행태다. 좀 더 심하게 말하면 작태라고 해야 할 것이다.
제대로이지도 못한 음식을 가지고 이 손님 저 손님 모두를 잡기 위해 하는 식당이 내일을 기대할 수 있을까? 그렇게 엉성하게 이것저것을 할 때 차라리 돼지갈비에 들어가는 찬을 기가 막히게 해내도록 연구하고 매진하는 것이 더 옳은 일 아닐까? 돼지갈빗집을 가는 손님이 무엇을 기대하고 갈까? 맛있는 된장찌개를 기대하고 갈까? 아니면 맛있는 육개장을 기대하고 갈까? 맛있는 냉면을 기대한다면 냉면집을 가시 않을까? 이렇게 뻔한 사실을 왜 식당은 곡해해서 그 모든 것을 메뉴에 집어넣는지 도통 이해할 수 없다.

단순하다. 돼지갈빗집은 돼지갈비를 잘 쓰면 된다. 목살이 아니라 뼈가 붙은 진짜 돼지갈비를 쓰면 된다. 그 다음으로 고기 찬을 신경 써야 한다. 고깃집에서 딸랑 고기만 먹을 거라면 굳이 식당에 가지 않아도 된다. 그냥 고기를 사다가 집에서 구워 먹어도 된다(물론 돼지갈비는 그 맛을 집에서 낼 수 없지만 고기라는 관점에서 말하면 그렇다는 것이다). 보쌈을 식당에 가서 먹는 이유는 보쌈김치를 만들 수 없기 때문이다. 칼국수를 식당에 가서 사먹는 이유는 겉절이를 그렇게 맛있게 만들 수 없기 때문이다. 물론 만들기 귀찮고 번거로운 것도 이유가 되지만, 실제 집에서 먹지 않고 식당을 가는 가장 큰 이유는 그 맛이 제대로 안나기 때문이다. 그래서 돈을 주고라도 식당을 찾는 것이다.

그런데 고깃집에서 고기 찬이 부실하면 속은 느낌이 든다. 제대로 된 값, 어쩌면 제대로보다 훨씬 비싼 값을 과감히 지불하려고 왔는데 고기 외에는 먹을 게 없는 부실한 상차림을 받는 손님의 입장은 난감하고 화가 날 것이다. 그렇다면 고깃집은 고기 찬으로 손님을 사로잡는 것이 가장 인정받는 지름길이 된다.

늘 하는 말이지만, 고깃집에서 고기 추가로 지금까지의 식당이 돈을 벌었다면 앞으로 더 이상 그런 방식으로는 손님을 사로잡지 못할 것이다. 고기를 추가하지 않고 나가는 손님이 많으면 식당이 좋을까? 고기 추가 없이 딸랑 3명이 2인분만 먹고, 다시는 안 온다면 식당이 발 뻗고 잘 수 있을까?

도대체 어떤 계산이 나에게 유리한지를 그렇게 모른단 말인가!? 3명이 고기 2인분 출발을 비난할 수 없듯이, 3명이 2인분에 1인분 더 추가하면 그건 기회다. 이때 3명이 총 3인분을 주문한 거라고 계산하면 손님의 마음을 사로잡을 기회를 잃는다. 3명이 2인분을 주문했고, 뒤이어 1인분을 추가했다면 그건 확실히 추가다. 왜냐하면 3명이 2인분으로 그치고 나가는 경우도 흔하기 때문이다. 인원수는 계산하지 말자. 그래야 식당이 무기를 갖는다. 〈호가담〉처럼 추가에는 반드시 보답하는 식당이 되면 1년에 식당 하나를 더 낼 수 있다. 그게 아까워서 고기 추가에 딸랑 고기만 내주는 못된 습관을 암처럼 매달고 산다면, 3년이 지나도 식당 하나는커녕 그 하나의 식당도 오늘내일이 될는지 모른다. 장사는 그래서 하기 나름이다. 손님과의 계산 싸움에서 누가 먼저 제압하는 카드를 내미는가가 관건이다.

한 그릇의 우동에서 〈화순집〉이 시작되다

원래 나의 꿈은 식당 주인이 되는 것은 아니었다. 어쩌다 보니 식당 주인이 되어 있었다. 지방대학에 다니다 안정된 직장을 위해 휴학을 하고 서울 노량진 고시원에서 2년 정도 고시를 준비했다. 뜻을 이루지 못하고 남들처럼 직장 생활을 시작했지만 계속해서 오랫동안 다닐 자신이 없었다. 그래서 찾은 돌파구가 식당이었다. 언제부터인가 평생직업으로 할 수 있는 것을 찾다 보니 식당이 떠올랐다. 그리고 아내와 어머니에게 넌지시 이야기를 해보았다. 그랬더니 '음식을 만들어 본 적도 없고, 식당이 얼마나 힘든데 식당을 하냐?' '애들도 아직 어린데, 정말 하고 싶다면 애들 좀 더 크고 나서 해라~' 등등 100가지가 넘는 이유로 결사반대였다. 하지만 틈틈이 식당에 관련된 책도 읽고, 아내와 괜찮은 식당도 같이 다니면서 슬쩍슬쩍 긍정적인 부분들을 설득해 나갔다.

그렇게 몇 년이 지나고, 이제는 직장을 그만두고 정말 식당 창업에 도전해야겠다는 마음이 들었다. 그때 몇 년 전 파주에서 맛있게 먹었던 우동이 생각났다. 평소 식당에 가도 크게 관심이 없던 아내가 그 우동집의 재미난 문구들과 음식에 관심을 보이며 사진도 찍어 SNS에 올리기도 했던 기억이 났다. 큰맘 먹고 그 우동집에 전화를 걸어 사장님과 통화를 하여 멀리 떨어진 다른 지역이니 체인점을 내주면 안 되겠냐고 제안을 했다. 그 사장님은 체인점보다는 자신을 컨설팅해 주었던 [맛있는창업]을 소개해 주며 열심히 공부하고 준비해 보라고 따뜻한 조언까지 해주었다. 그렇게 [맛있는창업]과 인연이 되어 본격적으로 식당 창업을 준비하게 되었다.

○
말도 안 되는 자리에서 〈화순집〉을 시작하다

막상 회사를 그만두고 식당 준비를 하게 되니, 다행히 어머니도 아내도 열심히 도와주었다. 다만 평범한 월급쟁이 생활이다 보니 자금이 충분할 리 없었다. 솔직히 그때 내가 가진 전 재산은 지방의 아파트 한 채와 마이너스 통장이 전부였다. 그 돈으로 살 집과 식당을 함께 알아봐야 했다. 회사에 다니면서도 화순 이곳저곳을 돌아보며 웬만한 식당 자리를 찾아봤지만, 장사하기 좋은 자리는 당연히 비싸고 가게를 구하고 나면 살 집이 문제가 되었다. 그렇게 고

생고생하며 찾던 중, 한 부동산에서 상가주택이 나왔는데 한 번 보라고 연락이 왔다. 가서 보니 대지 40평에 3층짜리 상가주택이었다. 1층은 우유 대리점이 있었고, 2~3층은 가정집으로 사용 중이었다. 일단 장점은 1층은 구조가 좋아 인테리어를 잘하면 예쁜 가게가 될 것 같았고, 3층 가정집도 넓고 깨끗해 바로 입주해서 생활해도 좋을 것 같았다. 또 식당과 가정집이 한 곳에 있으니 애들이 학교와 어린이집에서 돌아와도 중간중간 돌봄이 가능했다. 그리고 어쨌든 지금 가지고 있는 자금에 은행 대출을 받으면 상가주택을 자가로 구입하여 내 건물에서 월세를 내지 않고 장사를 할 수 있었다.

하지만 아주 커다란 단점이 있었다. 바로 인적이 전혀 없는 골목길이라는 것이다. 어머니는 건물이 마음에 들었는지 맛만 있으면 골목 어디에 있어도 손님은 분명 올 거라고 'TV에서 못 봤냐'면서 이 집으로 하자고 했다. [맛있는창업]과 상의를 하고 결정을 해야 하는 상황이었지만, 분명 거절을 할 것 같아 차마 의논도 못하고 일단 매매계약을 한 후 상황을 이야기했다. 아니나 다를까 이 소장님은 자리를 보자마자 고개를 저었다. 멀리서도 보고 가까이에서도 본 후 '도대체 어떻게 이런 곳에서 장사를 하려고 하냐?'고 답답해 했다. 하지만 저질러진 일이었다. 일단 사는 게 먼저니까 시작은 해보자고 했다. 그렇게 말도 안 되는 자리에서 〈화순집〉은 어찌어찌 시작되었다. 서울에서 인테리어 팀이 직접 내려와 가게를 아기자기하고 예쁘게 꾸미고 있었는데, 가게가 완성되어 갈수록 이웃 분들의 관심과 걱정이 들려왔다.

"가게가 참 예쁜데 뭐 하는 가게에요?" "그런데 이런 골목에 사람이 올까요?" "왜 이런 곳에 식당을 차리려고 해요?" "차라리 반찬 배달을 해 보시는 건 어떨까요?"

내 마음속에도 두 가지의 생각이 계속 왔다갔다 했다.

'정말 잘한 선택일까? 과연 손님이 올까? 실패하면 정말 안 되는데.' vs '제대로 된 컨셉에 최선을 다해 열심히 하면 분명 잘될 거야.'

그렇게 마음속에서 부정과 긍정이 극한 대립을 하며 갈등을 하는 사이 공사는 끝나고 메뉴가 정해졌다. 이런 말도 안 되는 자리에서 소문나고 살아남는 방법은 한 가지다. 테이블에 음식이 나왔을 때 손님이 저절로 "우와~" 소리가 나오게 해야 한다. 그리고 후식으로 나오는 서비스 역시 또 한 번의 "우와~" 소리가 나오게 해야 한다. 바로 음식에 최대한의 가성비를 넣는 것이다. 그래서 해물이 한가득 들어간 '해물칼국수'와 '12인치 피자'가 따라 나가는 서비스 조합이 결정되었다. 메뉴가 결정되자 주변의 아는 지인들을 총동원하여 마트의 수산물센터 사장님을 소개받았다. 그리고 다음 날 새벽 4시 그분과 광주 양동시장에 가서 해물 공급처를 물색했다.

처음 가는 수산시장이라 어리둥절하고 낯설었지만, 그분 덕분에 바지락과 홍합·백합·꽃게·낙지·새우 등 품종별로 도매상을 소개받을 수 있었다. 열심히 해서 많이많이 소비하고 바로바로 결제해 드릴 테니 싱싱하고 좋은 해물들로 잘 준비해 달라고 부탁을 했다. 그렇게 며칠 동안 시장에서 식재료들을 알아보고, 주방에서는 어머니와 메뉴 테스트에 들어갔다. 참고로 어머니는 본인 식당을 20년 정도 하셨다. 외할머니께서 워낙 음식 솜씨가 좋으셔서 자연스럽게 맛 내는 법도 아셨고, 대박식당은 아니어도 하시는 식당마다 그 동네에서는 나름 장사가 잘되었다. 그 부분을 잘 알았기에 식당 초창기 주방은 어머니께 부탁을 드렸다.

칼국수의 제면은 [맛있는창업]의 회원이신 〈왈순아지매칼국수〉 사장님께서 손수 알려주셨다. 대전까지 몇 차례 왔다갔다 하며 제면을 배웠다. 생전 처음 끓여보는 칼국수라 생소했지만, 어머니께서 온갖 해물들을 한가득 넣고 끓인 칼국수는 정말 "우와~" 소리가 나올 수밖에 없었다. 평소 바지락칼국수집에서 먹었던 칼국수는 한 주먹 정도 되는 바지락이었지만, 이건 먹어도 먹어도 조개가 줄어들지 않았다. 손가락이 아파서 모두 까기가 힘들 정도였다. 그렇게 메뉴 준비는 끝이 났고, 오픈 날이 정해졌다.

조그만 비닐봉지에 전단지와 보리강정을 넣고 예쁘게 포장을 했다. 그리고 다람쥐 인형 탈과 옷을 입고, 관공서와 읍내를 다니며 사람들에게 나눠줬다. 여기저기서 재미있어 하며 사진도 찍고 악수도 하고 응원을 해주었다. 오픈 전날 도저히 잠이 오지 않았다. 주방, 홀 등 여러 가지 가상의 상황들을 떠올리며 예행연습을 마쳤지만 두렵고 걱정되었다. 이곳에 사는 사람이 아니면 굳이 지나갈 일이 없는 이런 골목길에 과연 손님이 올까? 와서 먹어보고 어떤 평가를 할까?

매번 식당에서 음식을 사먹기만 했던 내가 누군가에게 음식을 제공하고, 돈을 받는다는 게 그냥 얼떨떨했다. 뜬눈으로 밤을 새우고 개업하는 날, 새벽부터 시장을 보고 분주하게 준비를 마쳤다. 드디어 첫 손님이 오고, 계속해서 손님들이 왔다. 12시도 안 되어 자리가 꽉찼다. 항아리 같은 그릇에 2인분 3인분으로 수북이 쌓인 해물칼국수가 나가자 테이블마다 "와~" 하는 감탄사가 나왔다. 거기에 후식으로 나온 서비스 피자도 남녀노소 모두가 맛있게 잘 먹었다. 반응은 정말 좋았다. 대부분 맛있게 배부르게 잘 먹고 간다고 하며, 마지막으로 한 가지 물어보았다.

"이렇게 주고도 남아요?"

비록 골목에 있었지만 식사에 만족한 손님들은 주변에도 소개를 많이 해주었고, 또 다른 지인들과 계속 재방문을 해주었다. 굳이 주인인 내가 설명하지 않아도, 새로 온 손님에게 열심히 〈화순집〉에 대해 직접 설명을 해주었다.

"보리강정은 그냥 먹어도 되니까 가져와서 먹으면 돼. 해물도 듬뿍이고, 양도 많으니 1인분 적게 시켜도 돼. 다 먹고 나면 피자가 또 나와."

○ 이웃 주민들과 함께 상생하다

그렇게 〈화순집〉은 걱정과는 달리 출발이 아주 좋았다. 1월 31일 오픈 날부터 꾸준히 매출이 올랐다. 그리고 일주일 후부터는 대기손님까지 생겼고, 한 달쯤 되었을 주말에는 골목이 마비가 되었다. 정말 감사할 따름이었지만, 조용한 주말에 이웃 주민들에게 불편을 드려 죄송했다. 일단 주차문제가 심각했다. 일반 주택과 원룸 위주의 골목이다 보니 평일에는 크게 문제가 없었지만, 주말에는 손님이 먼저 주차해 놓으면 빼달라는 항의가 들어왔다. 죄송하다고 말씀드리고, 항상 먼저 인사를 드리며 친하게 지내다 보니 그래도 많이 양보를 해주었다.

하지만 임시방편이었다. 결국 더는 안 되겠다 싶어 주차장을 마련하기로 했다. 다행히 가게 바로 옆에 붙은 땅이 버려진 땅처럼 밭으로 이용 중이었다. 인근 부동산에 물어보니 예전에 팔려고 했다가 안 됐다며 다시 알아봐 주겠다고 했다. 그리고는 며칠 뒤 주인이 다른 지역에 사는데 팔겠다고 연락이 왔다. 6개월 정도 열심히 번 돈과 은행의 도움으로 땅을 매입하고 터를 닦아 주차장을 만들었다. 그리고 영업시간 이후에는 그동안 〈화순집〉으로 피해를 본 이웃들이 편하게 이용할 수 있도록 주차장을 오픈했다. 이 일로 주민들과 더욱 친해졌다.

해물 해감에 두 손을 들다

그런데 해물칼국수의 양이 워낙 많다 보니 남기는 사람도 많고, 해물값도 오르고 있으니 양을 조금만 줄이자는 얘기가 내부에서 나왔다. 솔직히 마음이 조금 흔들렸다. 하지만 식당 공부를 하며 마음에 새겨놨던 문구가 생각났다. 그래서 간판집에 바로 전화를 걸어 주방 앞에 커다란 현수막 하나를 제작해 붙여놓았다.

"아끼면 망한다!"

이걸 붙여 놨더니 다음부터는 누구도 양을 줄이자는 말을 하지 못했다. 나 역시도 욕심이 나려고 할 때마다 현수막을 보며 마음을 다잡았다.

그렇게 시작부터 어려움 없이 잘되던 〈화순집〉이었지만, 몇 가지 문제가 생겼다. 일단 해산물이 생물이다 보니 1년 365일 항상 싱싱할 수 없었다. 해산물은 특히나 유통과정에서 신선도의 차이가 크게 났다. 산지에서 곧바로 도매상으로 와서 수족관에 넣은 바지락의 경우에는 칼국수로 끓여 나가면 음식 냄새부터가 아주 맛있게 났다. 물론 해감능력도 좋아서 3~4시간만 지나면 씹히는 게 전혀 없이 깨끗했다. 반면 물때(조석주기)에 따라 산지 채취가 불가능한 시기에는 어쩔 수 없이 저장을 하고 있던 바지락을 판매하는데, 이런 경우에는 해감과정에서 폐사하는 바지락도 있고, 해감이 되더라도 씹히는 상황이 발생했다. 그래도 냉동바지락을 사용할 수는 없었기에 더더욱 물량과 신선도 관리에 힘을 썼다.

또 하나의 문제는 해산물을 관리하는데 너무 많은 시간이 소요되었다. 바지락은 해감과정을 거쳐야 했기에 매일 아침 7시에 시장에 가서 다음 날 사용할 양을 구입해 수족관에 넣어둔다. 그리고 기본 세척을 하며 깨진 것, 폐사한 것, 뻘이 가득 들어있는 불량조개 선별 등 시간과 정성이 정말 많이 들어가는 고된 작업이 필요하다. 해산물은 특히 다른 식재료보다 신경이 많이 쓰이는데, 하나라도 안 좋은 상태의 조개가 들어가면 국물 전체에 역한 냄새가 나기 때문에 전부 버려야 했다. 아무리 신경 쓰고 열심히 찾아내도 안 좋은 녀석들이 들어갈 수밖에 없다. 그래서 조개는 더더욱 속을 알 수 없다고 한다. 바쁜 주말의 경우에는 아침 7시에 시장을 가는 것으로 시작해 저녁 10시까지 아무것도 못하고 바지락만 씻고 손질을 했다. '계속해서 할 수 있을까?' 하는 고민이 밀려 왔지만, 어떻게든 1년은 버티기로 마음을 먹었다. 그러고 나서 결정을 내리기로 했다.

해물칼국수에서 닭칼국수로 메뉴를 바꾸다

1년이 지나고 [맛있는창업]과 메뉴 변경에 대해 의논을 했다. 이 소장님 역시 메뉴의 고충을 알고 있었기에 다른 메뉴로 바꾸는 부분에 대해 흔쾌히 동의를 하고 대안을 찾아보기로 했다.

이때 결국 관건은 맛과 가성비였다. 해물칼국수만큼의 기대감을 충족시켜야 했다. 된장칼국수, 미역칼국수, 갈비칼국수, 닭칼국수 등 다방면으로 검토를 하고 테스트해 보았다. 그리고 최종적으로 해물칼국수를 대체하는 메뉴로 닭칼국수가 결정되었다. 닭은 찢어 넣지 않고 통째로 반 마리씩 넣어주고, 2~3인분에 피자를 서비스로 주기로 했다.

같은 칼국수이기는 하지만 전혀 다른 메뉴이다 보니 처음 오픈할 때만큼이나 걱정이 되었다. 이미 〈화순집〉은 해물칼국수로 유명해져 이걸로 소문도 나고 단골도 생겼는데, 새로운 메뉴가 별로라는 말이 나오면 어떻게 해야 하나 등등. 그렇지만 현실적인 상황에서는 메뉴를 바꿀 수밖에 없었다.

이제는 수족관에서 바지락과 씨름을 안 해도 되니 주방에서 칼국수를 제대로 만들기로 했다. 가게문을 한 달 정도 닫고 본격적으로 맛 잡기에 들어갔다. 쫄깃하고 퍼지지 않는 면을 만들기 위해 제면에 더욱 신경을 썼고, 육수와 닭 손질, 김치양념도 어머니와 상의하면서 테스트하고 맛을 만들어 갔다. 하지만 어머니는 손맛 스타일이라 컨디션에 따라 맛이 조금씩 왔다갔다 했다. 그래서 더더욱 하나하나 진도가 나갈 때마다 전자저울로 무게를 재면서 정형화된 레시피를 만들기 위해 노력했다. 이걸 조금 더 넣어보고, 조금 더 빼보고 하다 보니 적정하다고 생각되는 맛의 포인트를 잡을 수 있었다. 식사는 2~3인분씩 나가지만 하루에 팔아야 하는 양은 100~200인분씩 되기 때문에 업소용 대량 조리가 쉽지 않았다. 비율대로 한다고 해서 그대로 맛이 나오는 것도 아니기 때문에 아깝지만 많은 양을 버리더라도 몇 번을 대량으로 만들고 다시 버리고의 과정을 통해 나름의 원리를 찾을 수 있었다.

그리고 한 달이 지나 걱정 반 기대 반으로 재오픈을 했다. 메뉴 변경으로 재오픈을 한다고 현수막을 걸었지만, 대부분의 손님들은 역시나 해물칼국수인 줄 알고 오셨다. 1/3 정도는 바뀐 메뉴에 돌아갔고, 2/3 정도의 손님들은 '어쩔 수 없지 뭐. 들어온 이상 그냥 먹겠지'면서 주문을 했다. 반응은 그래도 좋았다. 예전보다 훨씬 낫다는 손님도 꽤 있었고, '이것도 괜찮지만, 예전 칼국수가 더 좋은데.' 하며 아쉬워 하는 손님도 있었다. '별로'라고 하는 손님도 한두 명 있었다.

그래도 걱정보다는 기쁨이 더 컸다. 일단은 무시무시했던 바지락과의 씨름에서 완전히 해방되었고, 전체적인 느낌이 해물칼국수에서 느끼는 만족도만큼은 보였다. 주방에서 직접 칼국수를 조리하다 보니 힘든 부분도 있지만 재미있었다. 맛있게 드시고, 잘 먹고 간다고 하는 손님을 보면 예전과는 또 다른 보람도 느껴졌다.

해물칼국수일 때 마니아 단골 중에는 이제 안 오는 분들도 있지만, 대부분 그때의 단골들은 아직도 여전히 찾아온다. 이제는 꼭 칼국수가 아니더라도 친해져 계속해서 오는 손님도 꽤 있다. 닭칼국수로 바꾼지 이제 1년, 다행히 매달 매출이 조금씩 올랐다. 광주방송국에서 연락이 와서 복날 맛집으로 소개도 해주었고, 블로그·인스타·페이스북 등 많은 SNS에도 꾸준히 재미있는 사진과 글들이 올라오고 있다. 다행히 큰 어려움 없이 메뉴 변경에 성공한 것 같다. 사실 해물칼국수 때보다 매출도 더 올랐다.

왕초보로, 식당을 하기 결코 쉽지 않은 자리에서 시작해 작은 고비, 중간 고비, 큰 고비가 올 때마다 '어떻게 하지?' 하는 걱정과 고민이 생길 때마다 이런 생각을 했었다. '나는 학생이고, 이건 나에게 주어진 숙제'라고…. 지금 당장 바로 해결할 수 없더라도 언젠가는 내가 풀어야 할 숙제라고…. 다행히도 식당 준비부터 [맛있는창업]을 만나 제대로 준비를 했고, 문제가 생기고 고비가 올 때마다 잘 풀어가고 있다. 앞으로도 분명 어려운 고비가 오겠지만, 성실히 잘 풀어갈 생각이다.

그리고 얼마 전 아내가 담임선생님과의 학부모 상담을 하고 왔는데, 초등학생인 아들이 〈화순집〉과 부모님에 대해 많은 자부심을 가지고 있다고 궁금해서 한 번 꼭 오시겠다고 했단다. 그 말을 듣고 그동안 고생했던 일들과 힘들게 수고했던 일들이 말끔하게 씻기며 큰 위로가 되었다. 그리고 아내에게 떳떳하게 이야기했다. "식당하기 잘했지?"

〈맛있는 창업〉의 훈수
TO. 〈화순집〉

필자가 컨설팅한 식당 중 최악의 입지를 꼽으라면 단연코 〈화순집〉이다. 물론 본인이 차려놓은 식당에 가서 개선을 하는 클리닉컨설팅으로는 그보다 더 답답한 집도 한두 집 있었지만, 필자가 차린 식당 중에서는 가히 최악의 입지였다. 오죽했으면 "이거 내가 컨설팅한 식당이라고 말하면 안 된다"라는 약속까지 받았겠는가?

점주가 쓴 글 그대로다. 어차피 말도 안 되는 시골의 골목길에 차리는 식당이니까 몇 가지를 확실히 해야 했다. 바로 '인테리어'다. 골목 안쪽에 있는 식당이다 보니 '이만큼이나 투자를 했네?' 하는 궁금증을 일으켜야 했다. '골목 안쪽에 있는 식당이 뭐 뻔하지. 그렇지 뭐.' 이런 소리가 나와서는 아무도 궁금해 하지 않는다. 음식의 컨셉은 자신 있었기에 그 전에 화장을 잘해야 했다. 그래서 시골 구석진 주택가에서는 보기 힘든 인테리어로 첫 단추를 끼웠다. 그리고나서 당연히 "우와~" 소리가 나올 정도의 가성비를 주는 음식을 마련한 것이다.

초보가 좋은 점이 몇 가지 있다. 초보는 비틀지 않는다. 하라는 대로 한다. 시키는 대로, 주어진 대로 우직하니 해나간다. 약간 아는 사람들, 조금 해본 경험치를 가진 사람들이 더 실패할 확률이 높다. 물론 아주 많은 경험자일수록 사실은 실패의 위험이 가장 크다. 어설프게 알면 투자를 작게 해서 실패의 충격도 크지 않은데, 자신이 고수라고 판단할수록 큰 투자로 한방에 스스로 훅 가는 것이다.

그런 최악의 입지에서 해물칼국수로 줄을 세웠다는 것도 불가사의하지만, 그런 성공한 메뉴

<화순집>의 '김수오' 입니다.
저희 주소는 전남 화순군 화순읍 부처샘길 1-7
전화번호는 061-373-1652 입니다.

를 재료관리가 힘들어서 바꾼다는 점주가 나는 더 놀라웠다. 해물을 이용하는 칼국수집은 세상에 지천인데, 그들은 힘들지 않아서 하는 것일까? 물론 진심으로 정말 힘들어서 그랬겠지만, 그렇게 일궈놓은 성공을 버리고 다시 시작한다는 결심을 내비치는 소리는 들어본 적도 없고, 눈으로 직접 본 적도 없었기 때문이다. 어쩌면 점주가 가진 자신감을 필자만 몰랐는지 모른다. 해물칼국수로 줄을 세워봤으니까, 가성비만 받쳐준다면 다른 칼국수로도 줄을 세울 수 있다는 그 확고한 자신감을 필자는 몰랐는지도 모른다.

닭칼국수는 이미 필자가 파주에서 만들어낸 칼국수다. 그걸 똑같이 만들라고 하기에는 자존심이 허락하지 않았다. 필자는 같은 아이템을 만들어도 어딘가 반드시 다르게 만들려고 한다. 해당 지역에 맞는 컨셉으로 바꾸거나 가게 분위기, 점주의 성향에 맞춘 컨셉으로 조금씩 다르게 만들어 세상에 하나뿐인 식당이 되게끔 하는 것이다. 그래서 <화순집>의 닭칼국수는 1인분을 없앴다. 처음 파주에서 만든 칼국수는 1인 기준이었다. 단품을 파는 집으로 설정해서 성공을 시켰는데, <화순집>에서는 그것을 비틀어 2인분, 3인분 양으로 늘렸다. 한 그릇에 크게 담아주는 식으로 발상을 바꾼 것이다. 거기에 하나 더, 4인분은 팔지 않기로 했다. 4명이 오면 3인분이어도 좋게끔 하고, 3명은 2인분으로도 먹을 수 있는 닭칼국수를 컨셉화한 것이다. 그 반응이야 필자가 겪어보지 않아서 모르지만, 어쨌든 해물칼국수보다 매출이 더 오른 것은 사실이다. 일은 더 수월해졌고, 손님과 매출은 더 늘어났으니 수익도 당연히 늘었다. 결과적으로 줄 세우던 해물칼국수를 버린 것이 아주 잘한 일이 된 것이다.
하지만 솔직히 필자라면 그것을 바꾸지 못했을 것이다. 줄 세우는 메뉴를 버리고 다른 메뉴로 처음부터 맨땅에 헤딩하는 그 일을 필자는 새가슴이어서 못할 것이다. 그런 점에서 초보라서 갖는 그 배포는 때로는 고수의 염려를 앞서는지 모른다.
많은 창업자들이 입지 걱정을 한다. 어떡하든 좋은 입지에 들어가려고 한다. 옳은 말이다. 그렇게 하는 것이 맞다. 그런데 그 좋은 자리는 비싸다. 권리금과 월세가 엄청 비싸다. 가진 돈으로 그것 주고 나면 아무것도 못하는 현실에 닥치게 될 것이다. 그렇다면 어떡해야 할까? 입지에 대한 맹신을 버리면 간단해진다. 지나다 들어오는 손님이 아니라, 일부러 찾아오는 손님을 만들겠다는 마음으로 바꾸면 입지의 문제, 상권의 문제는 그다지 어려운 부분이 아니다. 좋은 자리에 대한 마음이나 욕심을 버리면, 그다음에는 어떻게 해야 매력적인 식당이 될 것인가에 대한 숙제를 생각하게 된다. 그래야 한다. 좋은 자리에서 그저 지나다니는 사람이 들어오는 식당은 밥은 먹고살 수는 있겠지만 그 자리를 벗어나면 다시 원점에서 출발해야 한다. 그런 자리가 아니면 돈을 까먹고 실패를 하게 된다. 그 좋은 자리를 나만 계속 이용할 수도 없는 일이고, 그 대가는 점점 과한 부담으로 버거워질 것이 분명하다.
'어디서 팔아야 할까?'는 중요하지 않다. 〈화순집〉을 검색해 보자. 거기서 식당을 하는 게 제정신인 사람이 할 짓인지 생각해 보자. 그런데 거기서도 손님을 줄 세운다. 일부러 멀리서 찾아오게 만든다. 그건 바로 '음식의 가성비' 덕분이다. 돈을 내고 먹는 것 이상의 가치를 손님이 느끼게 하는 것이다. 그것은 음식 자체의 상차림일 수도 있고, 주인의 친절함·멘트·스킨십일 수도 있다. 주차장을 만들어 이웃 주민과 공유하는 그런 착한 마음을 손님이 알아봐줘서일 수도 있다.

자리만 탓하고 장사의 성패를 논하지 말기를 바란다. 어떻게 내줄 것인가, 어떻게 다가갈 것인가를 고민해야 한다. 그게 어렵다면 〈화순집〉을 한 번 가보자. 무엇 때문에 손님들이 재방문하는지를 길가에서 한 번 지켜보자. 그게 도통 깨달아지지 않는다면 간단하다. 창업을 접어라. 실패할 것이 분명하니 접는 게 이득이다.

짧지만 길었던 제주도 여행

   군대에서 행정병으로 근무하면서 정말 많은 인생 공부를 한 것 같다. 제대를 하고 여행을 해보고 싶었던 나는 전역한 날 바로, 집에서 옷만 갈아입고 무작정 제주도행 비행기를 탔다. 내 인생의 미래에 대한 고민을 해보려고 무작정 떠난 여행이었다. 제주도를 4등분으로 나눠 나흘 동안 자전거 일주를 하고 하루는 한라산을 가고 마지막 날은 패러글라이딩을 하고 광주로 돌아오는 일정이었다. 아주 완벽한 계획이었다. 그렇게 제주 자연의 신비를 느끼며 오르막이 있으면 반드시 내리막도 있다는 걸 온몸으로 체험하면서 계획한 4일간의 일주를 완주하기 위해 앞만 보며 페달을 밟았다.

그렇게 열심히 계획대로 서귀포시를 넘어갈 즈음 서귀포여고 앞 정류장에서 너무 힘들어 쉬고 있는데 학교를 끝나고 나오는 학생들이 눈에 들어왔다. 그런데 문득 '저 학생들은 지금 육지에 있는 대학교에 가려고 공부를 하는 거겠지?'라는 생각이 들었다. 나는 제주를 동경해 자전거 여행을 하러 왔는데, 다른 누군가는 제주가 아닌 육지의 내 일상을 동경하는 삶이 있을 수 있겠다는 생각이었다. 이해가 되지 않았던 생각이 겹치면서 목표중심적인 여행을 그만두고 다른 제주 여행을 계획하게 되었다.

여행을 하기 위해 빌렸던 자전거를 반납하고 숙식부터 해결할 방법을 찾았다. 게스트하우스에서 일을 하면 많은 사람들도 만나고 자연스럽게 숙식이 해결될 것 같아 게스트하우스에 취직을 했다. 이 짧지만 길었던 몇 개월간의 게스트하우스의 경험은 많은 사람들을 만날 수 있었고, 음식 조리부터 서빙, 접객 등 나중에 내가 식당을 하는데 있어 많은 도움을 주게 된다.

○
엄마의 꿈

제주에서 광주로 돌아와 복학을 했을 때 엄마는 다니던 직장을 그만두었다. 우리 형제를 키우며 간직했던 꿈이 있었는데, 이제는 도전을 해보고 싶다고 했다. 엄마는 교회에서 식당 봉사의 다년간 경험을 바탕으로 붉은빛 도는 탱탱한 팥을 이용해 동지죽, 팥칼국수 그리고 노란 호박죽을 하는 식당을 하고 싶다고 했다.

"그런데 왜? 지금 해야 해?"라고 물으니 "예전부터 생각이 있었는데, 그때는 내가 아들들 키우다 보면 돈이 필요한데 그렇다 보면 음식으로 장난칠까 봐. 그리고 혹시 장사가 안 되도 양심은 팔기 싫었어. 힘들어도 정직하게 하려고. 그러려면 적어도 아들들 학교는 졸업시키고 나서 해야겠다는 생각이 들었어! 아들."이라고 하셨다.

"음…. 그래! 그럼 내가 학교 다니면서 엄마 도와줄게 한 번 해보자!"

그렇게 엄마와 나는 팥죽집을 준비하게 되었다. 하지만 식당에서 밥만 사먹던 우리가 어떻게 식당을 할 수 있을까? 프랜차이즈도 아닌데 막막했다. 가장 큰 문제는 식당에 대한 경험이 없었다. 그럼 정면돌파밖에 답이 없었다. 엄마는 팥칼국수 식당에 취직을 했고, 나는 다양한 업종 경험을 위해 커피숍, 술집, 고깃집, 김밥집 등에서 아르바이트를 하며 일을 배웠다. 그리고 엄마와 나는 매일매일 그날의 경험과 식당 분위기를 메모하고 의논하며 서로의 경험을 공유했다. 또 생각에만 머무르지 않도록 다음 날 바로 실천했다.

운이 좋았는지, 엄마가 일하던 팥칼국수 가게가 폐업을 하면서 모든 기술과 가게 전체를 엄마가 인수할 수 있었다. 덕분에 처음부터 준비해야 할 부분들이 많이 줄었다. 그렇게 엄마와 나는 〈효심이팥죽〉을 시작하게 되었다.

○
효심이팥죽

개인적으로 튀는 걸 좋아한다. 똑같은 선 싫있다. 메뉴판에 '국내산 팥'보다는 다르게 표현하고 싶었다. 당시 가게에서 쓰는 팥, 고추, 호박 등의 식재료는 고모가 농사를 지어 보내주었다. 여기에 스토리를 넣어 바로 가게에 써 붙였다 (물론 이 부분은 이경태 소장님의 책에서 얻은 지식이다).

"경북 봉화에서 시누이 기숙이가 직접 농사지은 팥, 고추, 호박으로 요리합니다."

그리고 그릇도 멜라민 그릇이 아닌 마치 집에서 먹는 것처럼 최고급 그릇을 썼다. 또 대부분의 팥죽집에서는 음식이 나가기 전에 찹쌀밥과 김치를 주고 있었는데, 이걸 다르게 주고 싶어 도정기를 구입하여 갓 도정한 오분도미로 한 밥과 김치 그리고 제철나물을 맛있게 무쳐서 나갔다. 물론 이렇게 나가면 원가율과 초기 투자비가 높아지겠지만, 그럼 다른 식당에 비해 천원을 더 받으면 괜찮을 거 같았다.

처음 가게를 열었을 때 과연 손님이 올까 걱정도 했지만 장사는 기대 이상으로 잘되었고, 점점 소문이 나서 점심시간에는 줄을 서기도 했다. 하지만 잠시였다. 청바지 허벅지 사이가 구멍이 날 정도로 뛰어다녔지만 매출에는 한계가 있었다. 메뉴가 한정되고, 또 팥죽이 시간이 많이 걸리는 음식이다 보니 회전율이 좋지 않았다. 비책으로 생각한 게 메뉴 추가였다. 그러나 주방은 더 복잡해지고 매출도 크게 오르지 않았다. 뭔가 방법이 있을 거 같은데, 짧은 경험으로는 답을 찾기 어려웠다. 전문적으로 식당 공부를 하고 싶었지만, 교육비용이 만만치 않았다. 당시 초기 투자비로 많은 비용이 들었고 팥과 고추 등 식재료를 미리 구입하다 보니 운영비가 많이 지출되어 교육비를 마련하기가 쉽지 않았다. 고민을 하다 인근 대학의 외식 관련 학과 교수님을 찾아가 사정을 이야기하고 청강을 부탁했고, 다행히 허락을 받았다.

간절히 원하니 이루어지다

청강을 하게 된 외식사관학교는 수업을 하기 전 매일매일 한 명씩 외식인의 신조를 제창하는 시간이 있었다. 그리고 내 순번이 되던 그날은 외부특강 교수로 [맛있는창업]의 이경태 소장님이 오시는 날이었다. 이경태 소장님은 내가 식당을 시작하며 이것저것 아이디어를 도용한 책을 쓰신 저자분이어서 더욱 특별했다. 그날 난 수업시간 동안 대박을 외치며 한 자 한 자 놓치지 않고 정말 열심히 들었다. 그리고 집으로 돌아와 엄마와 긴 이야기를 했다.

'메뉴를 줄이자!' '한 가지만 하자!' '우리는 결단을 해야 한다!'고 그날 특강에서 들은 내용을 설명했지만 엄마와 의견은 좀처럼 좁혀지지 않았다. 결국 그때 결정을 내리지 못했고, 이후 나는 내 생각대로 되지 않아 엄마와 다투는 시간이 많아졌다. '팥죽 한 그릇이 뭐라고 20분을 기다리면서 먹어야 하냐고!' 물론 주문과 동시에 조리를 하다 보니 손님들 또한 인정을 하고 '정말 맛있게 먹고 간다'는 손님들도 많았다. 미리 전화를 하고 오기도 하고, 책을 가지고 와서 독서를 하며 기다리다 먹는 손님도 있었다. 하지만 처음 오는 손님은 기다리다 화를 내기도 했다. 정말 해결해야만 했다. 맛은 있는데 조리시간이 오래 걸리고, 대기가 너무 많이 걸렸다. 손님은 기다리다 지쳤다. 조리시간을 줄여야 했지만 방법이 없었다. 그럼 다른 막강한 무기가 있어야 하는데, 팥죽을 이용해 무기를 만드는 데에는 한계가 있었다.

재료비 상승까지 겹쳐 경영은 더욱 악화되었다. 결국 투잡으로 새벽에 학교 급식 배송 아르바이트를 하다 교통사고가 나서 무릎 연골수술로 병원에 입원하게 되었다. 이때 이 소장님의 〈식당의 정석〉을 다시 읽게 되었고, 용기를 내어 소장님에게 연락을 드려 기어이 [맛있는창업]의 식구가 되었다.

○
〈효심이팥죽〉에서 〈고장난 소바〉로 변신을 꾀하다

"신에게는 아직 12척의 배가 있습니다(今臣戰船 尙有十二)."

조선 수군이 미약하니 육군에 의탁해 싸우도록 하라는 수군 폐지 내용에 대해 이순신 장군이 올린 장계다.

"소장님, 저는 현재 운영 중인 〈효심이팥죽〉과 열심히 할 자신, 그리고 엄마의 꿈을 이루어 드리고 싶은 간절함이 있습니다."

나의 이런 마음이 소장님을 움직였는지 소장님은 한달음에 광주로 내려왔다. 가게를 본 후 예쁘다고 했지만 팥죽이 어려운 메뉴이다 보니 메뉴를 변경해 보자는 제안을 했다. 예전부터 메뉴에 대한 고민을 가지고 있었기에 메뉴 변경에 대해 결정을 내리는 시간은 오래 걸리지 않았다. 최종적으로 일본 정통의 맛을 가진 '소바'와 '돈가스' 두 가지 메뉴로 새로운 식당을 준비하게 되었다.

하지만 소바를 한다고 하니 주변에서 다들 걱정을 했다. 문 닫는 소바집도 많은데 잘 생각해서 하라고… 겨울에는 안 먹는다고… 팥죽은 그대로 하고 메뉴만 추가를 하라고… 걱정도 하고 훈수도 많이 들었지만 나는 확신이 있었다.

물론 메뉴를 바꾸는 동안 영업을 못하다 보니 조바심도 들었다. 자금상황도 넉넉지 않아 하루하루가 고비였다. 당장 생활비와 임대료 그리고 주방설비, 식기, 간판, 초도 식자재비 등 지출할 돈도 많았다. 타고 다니던 차도 팔고 대출도 최대한 받았다. 그리고 정말 최소한의 지출을 위해 인건비라도 줄이자는 마음으로 주방설비도 직접 했다. 하지만 이렇게 줄인 비용으로 그릇만큼은 정말 신경을 써서 준비했다. 확실히 투자를 해야 할 곳과 정말 필요한 부분에는 과감히 투자를 했다.

소바와 돈가스, 투톱엔진을 달다

팥죽만 만들던 효심이가 절대 고수에게서 소바와 돈가스, 야끼만두와 슬러쉬 딱 4가지만 제대로 배워 준비한 〈고장난소바〉를 오픈했다.

재오픈 날, 팥죽집인 줄 알고 왔다가 그냥 간 손님도 많았다. 그럴수록 자리에 앉은 손님들에게 가서 스킨십을 했다. 식당 공부를 하며 배운 스킨십을 응용해 손님들에게 "맛있죠!" "괜찮죠!" "훌륭하죠!"라는 긍정적인 질문을 계속했다. 손님들도 맛있다고 괜찮다고 훌륭하다며 음식이 나오면 사진부터 찍기 바빴다. 빠듯했던 자금상황에서도 "와~ 대박이다!"라고 할 정도의 세팅을 한 게 좋은 결과로 이어졌다. 나는 〈고장난소바〉의 성공요인으로 다음 세 가지를 꼽고 싶다.

첫째, 천원을 더 받고, 더 많이 제공하기로 했다. 광주의 평균 소바가격은 5,000~6,000원 사이였다. 하지만 나는 소바가격을 7,000원으로 책정했다. 남들보다 천원을 더 받은 것이다. 더 받은 천원으로 유부초밥을 기본으로 제공하고, 고명에 더 신경을 썼다. 다른 소바집의 경우 유부초밥을 추가 주문하면 남기는 손님이 많았다. 이를 보고 소바 한 그릇에 유부초밥 한 개 정도 주면 좋을 것 같다는 생각이 들어 적용시켜 보았다. 또 고명이 많은 우동과 달리 소바는 고명이 없다 보니 소바 국물의 맛을 해치지 않으면서 맛도 훌륭한 가마보꼬 어묵을 고명으로 올렸다. 그리고 물은 생수병으로 준비했으며 소바와 돈가스에 슬러쉬를 서비스로 제공했다. 신비로운 슬러쉬가 마지막 신의 한수이자 마무리 투수였다.

둘째, 소바 외에 돈가스를 추가했다. 온리원으로 소바만을 할까 하다 소바의 짝꿍으로 돈가스를 추가했다. 다만 대충 튀긴 냉동 돈가스가 아닌 국내산 냉장 등심을 직접 즉석에서 튀겨 주는 정통 돈가스를 추가한 것이다. 이것저것 여러 메뉴가 아닌 정말 제대로 된 두 가지 메뉴가 준비된 것이다.

셋째, 조리시간이 짧아졌다. 소바 한 그릇, 돈가스, 야끼만두 이 3가지가 한 세트처럼 대부분의 2인 기준 주문은 이렇게 들어온다. 그러면 2명씩 8개의 테이블에서 동시에 주문이 들어와도 15분 이내에 모든 음식이 준비되어 나갈 수 있다. 팥죽집을 할 때는 상상도 못하는 시간이다.

선순환 그리고 날마다 신기록

　단골이 생기고 단골에서 팬이 되고, 점심에 왔다 또 저녁에 오고, 평일에는 직장동료와 점심을 먹고 주말에는 가족과 함께 외식을 하는 식당이 되었다. 그렇게 점점 자주 찾아주는 분들과 각종 SNS에 올라온 후기들로 인해 대기가 걸리고 준비된 그릇이 부족해지는 정말 행복한 순간들이 계속 되었다. 당연히 매출은 상승으로 이어졌고 선순환이 계속되었다. 손님이 많아져 직원도 늘어났고, 직원들에게 더 많은 급여와 성과급도 줄 수 있게 되어 웃으면서 일하는 가게가 되었다. 다음은 우리 가게에 걸린 문구다.

　"손님이 많으면 월급도 많아집니다. 웃으면서 일하면 손님이 늘어납니다."

　현재는 매일매일 매출의 신기록을 갱신하고 있다. 그 기록의 끝이 어디까지 될지 모르겠지만 초심을 잃지 않고 더욱 더 노력하고 공부해 나갈 것이다.

〈고장난소바〉의 김현민 사장은 [맛있는창업]의 회원 중에서 연령대가 가장 어린 쪽에 속한다. 김 사장보다 더 어린 친구도 두엇 있기는 하지만, 하여간 어린 나이는 분명하다. 필자가 강의 때 본 기억도 있고, 무엇보다 [맛있는창업] 식당을 탐방했다는 소식을 들었기에 더더욱 잊을 수 없다. 그리고 그것보다 [맛있는창업]에서 처음 만든 소바집을 멋지게 성공시켜 주어 고맙고 기쁘다는 말을 먼저 하고 싶다.

계산을 잘하는 스타일임에도 필자의 권고처럼 [맛있는창업]식 산수를 잘 구현하고, 인테리어도 직접 할 정도로 재주나 능력이 뛰어나다. 거기에 필자의 조언대로 손님과의 스킨십에 집중해 주니 식당이 잘되는 것은 당연하다. 김 사장의 어머님과 필자의 나이 차이는 4살이다. 김 사장보다는 어쩌면 어머니와 잘 통하는 연배라서 가끔 만나면 누나처럼 말을 거는데 어머님이 꽤 재미나시다.

"메뉴를 이것저것 팔았는데, 3명이 들어와서 칼국수 하나 시키고, 팥죽 하나 시키고, 거기에 비빔국수라도 하나 시키면 진짜 돌아버린다. 입에서는 절로 쌍시옷이 뱉어지고, 제마다의 음식이라서 시간은 또 오래 걸리니까 만드는 나도 애가 타죽어. 그 작은 주방에서 돌겠더라."

필자의 강의는 쉬운 편이다. 많이 배우지 못했으니 현학적으로 말할 수 없다. 그래서 있는 그대로, 날것의 단어로 강의를 하니까 쉽다. 그런데 그 쉬움이 곡해되는 것도 참 쉽다. 너무 적나라하게 노하우를 말해주니까 그것만으로도 충분히 컨설팅을 대체할 거라는 믿음까지 주는 오류를 가지게 하는 나쁜 강사다. 이야기가 다소 새지만 필자의 강의를 듣고, 자기가 해낼 수 있는 것만 따내어 따라 하는 분들이 있다. 이를테면 피자를 가지고 상차림을 놀라게 하라고 해서 해봤는데 매출은 하나도 오르지 않더라는 것이다. 그 이유는 뻔하다. 2인분 주문하

<고장난소바>의 '김현민' 입니다.
저희 주소는 광주광역시 광산구 왕버들로 137
전화번호는 062-951-7240 입니다.

면 10인치 크기로 만들어 주고, 3인분 주문하면 12인치로 좀 더 크게 만들어 줬기 때문이 이유이기도 하고, 좋지 않은 재료로 피자 흉내만 내어서이기도 하고, 1인 1식으로 할 때 2인분, 3인분 주문이어야 피자를 서비스로 내주는 방식 탓이기도 하다.
좋은 결과를 얻기 위해서는 단서가 많아서도 안 되고, 고비가 여럿이어도 안 된다. 제한이 많을수록 손님들은 아예 관심을 두지 않는다. 모 프랜차이즈 부대찌개집에서 이제야 필자처럼 라면 사리를 무한정 제공한다는 것을 노출했는데, 작은 글씨로 1인 1식에 한해서라고 적어 두었다. 그리고 나중에는 그것마저도 아까운지, 주말에는 라면 사리 서비스가 되지 않는다고 또 한 줄을 써놓았다. 주려고 마음을 먹었다면 그냥 줘야 한다. 이것저것 따지지 말고 줘야 한다. 뭐 해주면 이렇게 주고, 뭘 더 해주면 나도 이만큼 줄게는 흥정일 뿐이다. 그 흥정이 손님에게 가소로우면 매출은 발생하지 않는다. 한 테이블에 5명이 앉아서 4인분 시키는데 레이저로 쏘아 볼 건 아니다. 드럼통 테이블에 6명이 앉아서 고기 3인분 시킨다고 뒤돌아서 흉볼 시간이 없다. 그들이 팔아주는 술을 생각하면 얼마나 고마운가?
필자의 지금까지 쓴 13권의 책을 보고 따라 하는 건 좋다. 다만 따라 하고서 그 결과에 대한 책임을 필자에게 전가하지는 말았으면 한다. 방향이라는 것은 개개인의 특성과 가게 크기, 분위기, 객단가, 직원의 수에 따라 달라진다. 같은 죽집을 컨설팅해도 어디는 죽에 포인트를 확 주라고 말을 하지만, 어디는 죽보다는 반찬을 더 깔아줌으로 차별화를 꾀하라고 권한다. 모든 컨설팅이 공식처럼 정해진 이야기를 읊어서 해결된다면 세상은 복잡할 것도 없고 실패할 까닭도 없다. 특히 프랜차이즈 가맹점들은 모두가 성공해야 함이 옳다. 실패하는 게 말이 되지 않다. 하지만 현실은 제각각이다. 그 점을 명심해야 한다.

직장에 사표 내고 돌고 돌아 결국 식당을 준비하다

'회사 때려치우고 장사나 하지…'라는 말, 지금은 그처럼 뭘 모르고 이야기하는 사람들이 있으면 걱정이라도 해주지만 그때는 그리 쉬운 생각을 하던 사람 중에 나라는 사람도 포함되어 있었다.

다소 늦은 나이에 일본계 회사에 들어갔다. 그때나 지금이나 취업이 어려운 시절이었으니, 그래도 얘기하면 누구나 아는 회사에 입사했다는 사실만으로도 내게는 이미 너무 아름다운 인생의 시작이었다.

신입사원으로서의 수습기간을 지나 정사원이 되고, 내가 관리할 유통망(대리점)과 제품군이 생겼다. 매출 증대를 위한 대리점 관리, 내리점의 요구와 시장 파악을 기초로 국내로 해당 장비들을 수입하고 대리점을 중간유통자로 해서 국내 소비자에게 제품을 유통하는 구조의 업무였다.

남들보다 빠른 대리 진급, 또 한 번 남들보다 빠른 과장 진급의 열매를 따냈다. 빠른 진급을 했지만, 항상 가슴속에 남아있는 커다란 막힘이 있었다. 무얼까? 답답했다.

일 년 또 일 년이 지나면서 넘어가는 해와 함께 선임의 업무가 바뀌고, 팀장의 업무 장소가 바뀌었다. 좋은 업무나 위치라면야 축하할 일이지만 그렇지 못한 게 현실이었고, 그럼에도 쓴 소주 한잔 마시고 회사의 결정에 따라야만 하는 인생을…. 오늘로 마지막이 아닌 앞으로의 남은 인생도 그렇게 살아야 했다. 운이 잠시 따라 주었지만 내 주위의 동료, 선임, 윗분들과 나의 인생이 크게 다르지 않았다.

내 인생의 주인은 누가 뭐라 해도 나인데, 나는 항상 회사의 결정에 따라야 했다. 그게 내 인생(?)이었다. 결국 나는 퇴사를 결정했다.

새로운 팀장에게는 공부를 하겠다고 했다. 그냥 가장 적당히 둘러댈 핑계였던 거 같았다. 앞으로 나의 평생직업을 위해 투자할 시간이 이번이 마지막이라는 생각이 들었다. 그래서 요리 공부를 선택했다. 요리학원에서 요리도 배웠다. 식당 장사는 나에게 언젠가는 반드시 시작해야 할 마음속 직장이었고, 만류하는 퇴사를 했으니 이제는 남의 시선을 의식하지 않고 나의 길을 갈 수 있을 거라고 생각했다.

30대 중반에 시작한 요리 공부는 남들보다 더 열정적이어야 했고, 소질이 있어야 했다. TV나 잡지에서의 그들은 그렇게 성공했고, 그렇게 멋이 있었다.

멋진 직장을 때려치운 그들의 달콤한 결과였다. 나에게도 해당될 거라는 꿈이 있었다. 말 그대로 꿈이….

희망적인 꿈에 들며 시작한 요리는 흥미나 소질을 논하기에 앞서, 하루 종일 한 장소에 갇혀 있는 것 자체가 쉽지 않은 도전이었다. 혼란스러웠고, 그렇게 2년이란 시간이 훌쩍 지나갔다. 스스로에게 '너는 식당업이 맞니?'를 수없이 되물으면서, 퇴사할 때의 호기는 점차 사그라들었고 불안해지기 시작했다. 그래서 2년의 공백기를 가진 후에는 수제화를 제작해 해외에 팔기도 했고, 벤처기업을 창업하기도 했다.

시작할 때의 희망, 즐거움, 들뜬 꿈과 함께 실패도 항상 같이 찾아왔다. 페이스북 안에 쇼핑몰을 구축하겠다는 목표를 가지고 창업한 회사가 망한 후에는 긴 한숨만 나왔고, 또 다른 희망이나 꿈을 품기에는 스스로의 자신감도 사라져 있었다. 나 스스로 무언가를 만들어갈 자신감이 없어졌다. 불안했다. 퇴사시의 내 마음을 다시 떠올렸다. 무얼 하려고 퇴사했었는지, 내가 지금 선택할 수 있는 게 무엇인지를….

다시 음식 장사를 생각했다. 회사에서의 업무, 어쩌면 나에게 맞지 않는 업무였지만 나의 강점을 찾아 나를 중심에 두고 내가 환경을 핸들링할 수 있었던 그때를 생각하려 노력했다. 그렇게 이 안에서 다시 나의 강점을 만들어보자고 마음먹었다.

프랜차이즈에서 또 한 번 희망을 잃다

경험이 없었던 터라, 그때는 내 스스로 파고들어 공부한 후의 창업보다는 나보다 나은 누군가의 경험치를 활용하자는 생각이 더 컸고, 그렇게 프랜차이즈 본사를 찾아가 작은 우동집을 창업하게 되었다. 가끔은 기대어 조언도 받고, 좋지 않은 매출에 대한 해결책도 같이 고민할 수 있는 본사이길 바랐다. 멘토가 되어줄 거라 생각했다. 그렇게 본사도 상생을 목적하고, 함께 커나감을 목표할 것이라고 생각했었다.

하지만 무한리필을 컨셉으로 하는 본사의 식자재 비율은 감당하기 어려울 만큼 높았고, 본사 제공의 낮은 퀄리티의 주재료 가격은 훨씬 나은 대기업의 시장가격과 같았다. 그렇게 또 2년의 세월이 지나갔지만, 장사의 나아짐은 보이지 않았다. 포기할 형편도 아니었다. 좋지 않은 매출의 연속…. 해결책을 찾고자 본사 직원과의 통화 중 "본사 대표는 매출이 안 오르는 매장의 매출은 보지도 않아요"라는 말에 참으로 많은 생각을 했다. 나아짐을 위한 투자의 시간이 아닌 연명의 시간이었다.

가맹점으로서의 우동집 운영은 너무 힘들었다. 먹고사는 문제도 문제였지만 건강이 좋지 않은 부모님을 모시고 병원에 갈 시간적 여유조차 없었다. 경영을 통해, 그렇게 가족과 직원들에게 비전이란 걸 줄 수 있는 사람이 되고 싶었는데, 나 스스로 연명의 시간을 보내고 나 스스로에게도 뭔가 떳떳함의 시간이 아닌 듯한 생각이 드니 버티기가 힘들었다. 정말 이대로는 안 되겠다는 생각뿐이었다. 그러다 뭔가 꿈틀거려야 한다는 생각으로 바뀌고, 그렇게 생각을 실행으로 옮겨야겠다는 마음을 먹기 시작했다.

창업 서적을 뒤적이게 되었다. 그중에는 건물을 사서 장사하라는 내용의 책도 있었고, 상권분석에 관한 책도 있었다. 유망 아이템에 대한 내용도 있었던 거로 기억한다. 어느 서적을 봐도 현실과 동떨어진 내용, 지금의 나를 개선해 줄 내용은 보이지 않았다.

그러던 중 한 권의 책을 보는데, 그냥 고개가 끄덕여지며 책장이 술술 넘어갔다. 기존의 내용과는 달랐다. 그래도 전문서적인데 이렇게 쉽게 이해되고 수긍이 되도 되나 싶을 정도의 서적이었다. 저자의 이름을 확인했다. 그리고 이메일 주소를 찾아 메일을 보냈다.

그렇게 [맛있는창업]과의 인연이 시작되었다. 홈페이지의 글을 보며, 같은 처지에서 시작한 사람들의 성공도 함께 즐거워했다. 나에게도 할 수 있다는 자신감이 생겼다.

포화된 시장, 하지만 초밥집을 선택하다

없는 돈, 있는 돈… 힘겹게 모을 수 있는 만큼 모았다. 다시 시작하고 싶었다. 본사에 종속된 가맹점의 한계에서 벗어나 나만의 음식과 컨셉을 가진 장사, 본사에 의지하는 장사가 아닌 스스로 만들어 가며 아픈 시간조차 연명이 아닌 개선과 성장의 시간이 되어가는 장사, 그렇게 손님과 오랫동안 같이 늙어가는 장사를 하고 싶었다.

자신 있던 우동집을 염두에 두고 자리를 알아보기 시작했다. 준비한 돈이 번화가에 자리할 수 없는 금액이기에 동네 상권 위주로 알아보며 시간을 보냈다. 한적한 상가주택, 외진 도로 등등을 찾아다니다 어느 날 하얗고 예쁜 카페가 눈에 들어왔다. 사실 예전 첫 장사를 위해 자리를 알아보던 시절, '절대 이 동네에서는 장사하지 말아야지' 하던 그런 한가한 상가주택지의 가게였다. 또 한 번 내 상황에 맞춘 스스로와의 타협인 건가? 속으로 많이도 고민했다. 하지만 시간이 지나도 이상하리만큼 하얀 카페 자리가 머릿속에 계속 남았다.

처음 생각한 우동이라는 아이템의 자리로 어울리는지부터 차근차근 다시 고민했다. 결론은 생각한 아이템의 장소로는 부적격했다. 가진 돈의 한계는 어디를 가도 풀리지 않을 문제라는 생각이 들었다. 그렇다면 아이템을 변경해야 했다.

누구나 좋아하지만 맘껏 먹기에는 다소 부담되는 금액의 음식, 그런 음식으로 든든한 외식을 부담가지지 않게 할 수 있다면 등등 수많은 고민을 했다. 그리고 고민 끝에 초밥으로 메뉴를 결정하고 [맛있는창업]과 의논을 했다. 이미 한참 늘어나고 있는 초밥집이었다. 하지만 이 소장님도 흔쾌히 해볼 만하다며 동의했다. 시작도 하기 전에 든든한 말 한마디로 용기를 얻었다.

그렇게 해서 말 그대로 가족들과 함께 부담없이 즐길 수 있는 '우리 동네 꽤 괜찮은 초밥집'의 컨셉을 가진 〈스시생선가게〉가 만들어졌다. 내 인생에서 지울 수 없는 상호, 피자도 슬쩍 제공하는 〈스시생선가게〉가 시작된 것이다.

〈스시생선가게〉의 성공요인

한 고개를 넘으면 또 다른 한 고개가 생기는 게 어쩌면 당연하다. 포화상태인 초밥집 창업, 초밥집 경험도 없는 초보자의 창업…. 당연히 스스로도 걱정이 되었다. 자리가 한적하니까, 그런 곳에 초밥집이 그리 많지는 않으니까, 가성비가 좋으니까 등의 이유로만 성공한다면 성공이란 것이 너무 쉽지 않을까? 잘되고 나서 잘되는 이유를 나열하기는 너무나 쉽다. 반대로 안 되는 가게 또한 안 되는 이유를 나열하기도 너무나 쉽다.

첫 오픈을 준비하며, 포화상태의 초밥집에서 살아남을 수 있는 전체적인 컨셉을 만들었다. 흔하디 흔한 미소장국과 락교를 없애고 어묵탕과 무 피클을 만들었고, 손님들이 먹고 싶은 와인은 가져와 무료로 먹을 수 있는 어디에도 없는 컨셉을 만들었다. 또 아이들도 즐길 수 있는 식당이 되도록 피자와 나의 경험을 살린 우동까지 추가했다. 얼핏 들으면 이것저것 파는 식당 같지만 이 모든 게 '온리원 메뉴'라는 큰 틀에서 구성되었다. 거기에 더해 나의 절박함도 입혔다.

지금의 〈스시생선가게〉는 소위 흔히들 말하는 대박가게다. 연 매출 10억원이 넘는 법인 형태의 가게로 발전했다. 하지만 〈스시생선가게〉 오픈 후 하루 7만원의 매출로 마감을 했던 적이 있다는 건 아무도 모른다. 월 4천만원이 넘어가는 매출을 달성하기 위해 1년 정도의 시간이 걸린 것도 대부분 모른다. 지금 직원들과 호흡이 맞아가기까지 얼마나 많은 직원들의 스침이 있었는지, 또 그때마다 얼마나 아픔이 있었는지도 사람들은 모른다.

감히 성공이라는 표현을 쓰기는 멋쩍지만, 지금의 성과는 흔하지 않은 컨설턴트, 상대방의 속까지 염두에 두는 컨설팅에 첫 번째 이유를 두고 싶다. 거기에 지치지 않고 포기하지 않는 점주의 역할과 절박함에 두 번째 이유를 두고 싶다.

○
외식사업가로서 꿈과 포부

'작은 가게' '힘든 가게' '가맹점주로 시작해서 여기까지 왔다'라는 표현이 꽤 거창하게도 들리는 듯 싶어 쑥스럽지만 먹고사는 문제를 걱정해야 했을 때를 생각해 보면 꽤 성장했다.

매장을 늘리고 관리하는 것은 또 다른 도전이자 어려움이다. 2014년 분당에서 〈스시생선가게〉 정자 본점을 오픈하고, 2015년 서현점을, 2016년에는 영등포의 〈초밥오타루〉를 인수·운영하게 되었고, 2017년 네 번째 가게인 〈엄마는 스테이크〉라는 스테이크 전문점을 용인에 오픈했다. 2018년에도 직영점은 아니지만 제주도에 〈스시생선가게〉 가맹점도 오픈 예정에 있으니, 지금까지 일 년에 하나씩 매장을 오픈하고 있는 셈이다. 각 매장이 자리잡는데 1년 이상의 시간이 걸렸음을 짐작하면 1년에 하나씩 오픈했다는 것은 꽤 쉬지 않고 달려왔음을 말해준다.

앞서 말했듯이 오픈 후 안정기에 들어서기까지 항상 일 년 이상의 시간이 걸려왔다. 그 기간의 스트레스나 피로함은 쉽지 않은 견딤이지만 매장 하나하나의 오픈을 통해 '우리 동네 꽤 괜찮은 식당'의 컨셉을 만들어 가고 싶다. 내 아이가 '매일 가고 싶다'고 말하는 그런 정감 어린 식당을 늘리고 싶다. 손님에게는 그런 가게를 통해 우리 동네의 편안한 가게에서 만족스러운 외식을 제공하고 싶다.

동참하는 우리 직원들과는 합리적으로 수익을 배분할 수 있는 시스템을 만들고 싶다. 그래서 요식업이 지루하고 비전 없는 서비스업이 아닌 스스로 즐거울 수 있는 동기가 생길 수 있는 환경을 만들고 싶다. 그리고 이를 바탕으로 조금씩 더 나은 복지나 환경을 논하고 싶다.

'~~하고 싶다'고 표현했듯 아직은 해야 할 것들이 많다. 남들보다 잘해오고 있다, 낫다고 생각하면서도 바뀌는 근로조건을 아직은 쫓아가느라 바쁘다. 아니 버겁기도 하다. 언젠가는 근로조건을 이끌어 가는 외식사업가가 되고 싶다. 그렇게 직원이 즐거울 수 있는 식당을 만들어, 그 즐거움이 손님에게 전달되는 선순환의 동네 가게를 만들고 싶다. 거창함은 접어두고서 말이다.

〈맛있는 창업〉의 훈수
TO. 〈스시생선가게〉

〈스시생선가게〉의 문석현 사장을 만난 지도 벌써 5년이 지났다. 10평이 겨우 넘는 우동집에서 하루하루가 힘들다던 점주였는데, 지금은 여러 개의 식당을 운영하며 멋진 꿈을 꾸는 외식사업가가 되었다. 노력과 정성을 다해도 하루 50만원이 벅차던 우동집은 권리금을 꽤 주고 들어간 자리였다. 창업자들이 큰돈을 써야 하는 것 중 하나가 바로 권리금이다. 권리금의 가격은 내놓는 사람의 마음이고, 중간에서 거래를 조정하는 사람의 마음이고, 최종적으로 사는 사람이 감당할 크기일 때 계약이 성사된다. 하지만 권리금이 매출을 약속해주는 시대는 지났다. 좋은 자리여서, 유동량이 많은 자리여서 무조건 장사가 되는 시대는 2015년쯤을 기점으로 꺾였다고 봐도 좋다.

그렇게 시세보다 높게 준 권리금의 가게를 포기하고, 한적한 주택가에서 지금의 매출로 반전시킨 것은 정말로 놀랍다. 10평이 갓 넘는 작은 초밥집(서현점)에서 월 매출 7천만원을 넘긴다는 것은 정말 믿기 힘들다. 정자동의 그 치열한 동네 상권에서 20평 초밥집 매출이 1억원을 웃돈다는 것도 설명하기 어렵다. 하지만 사실이다. 5년 전 필자를 만날 때는 먹고사는 것이 걱정이었던 30대 후반의 가장이, 이제는 여러 개의 식당으로 먹고사는 것이 아니라 올바르게 사는 법에 대해 염려하는 40대 중반의 가장이 된 것이다. 불과 5년 만에 이뤄낸 인생의 변화다.

인생은 힘들다. 때로는 죽는 게 낫다고 생각할 만큼 힘들 때도 있다. 그 고비를 넘어서는 일이 말처럼 쉽지 않다는 것을 너무 잘 알기에 대부분은 연명을 선택한다. 입에 풀칠하며 사는 것에 만족하기도 한다. 필자 역시 39살 남양주로 이사왔을 때 가진 전 재산이 300만원이었고, 그래서 부모님의 그늘에서 네 식구가 입에 풀칠을 해야 했고, 컨설팅으로 한 달에 500만원

<스시생선가게>의 '문석현' 입니다.
저희 주소는 경기 성남시 분당구 불정로77번길 4-6
전화번호는 0507-1430-8946 입니다.

버는 것이 소원인 적도 있었다. 그때도 컨설팅 11년 차였고, 책도 7권이나 썼던 전문가였는데 말이다.
<스시생선가게>를 보면 늘 그런 생각을 하곤 한다. 사람이 하고자 하는 뜻을 품으면, 길을 잘 잡으면, 흔들리지 않고 정진하면 반드시 이뤄낸다는 것을 말이다. 물론 모든 가장이 생각하고 행동하고 나아지려고 애를 쓴다. 그런데 모두가 좋은 결과를 얻는 것은 아니다. 50만원 매출에 허덕이던 점주가 5년 만에 식당 4개를 하는 열매를 얻은 것처럼, 누구는 반대로 외제차를 몰다가 경차 유지비도 걱정할 정도로 5년의 시간차는 다르기 마련이다. 노력은 누구나 한다. 그래서 노력만으로 변명하기에는 가장의 자격이 미달이라고 생각한다. 결과를 내야 한다. 나아짐의 결과를 반드시 내서 가족을 책임지는 것이 가장이다. 아무리 노력해도 나아짐이 없다는 말은 거짓일지 모른다. 정말로 노력했는가? 정말로 눈물 나게 애를 써봤는가? 정말 가족을 위해 모든 부끄러움과 자존심을 감수하고 길거리에 나서 봤는가?
물론 필자도 그 질문에 당당히 답할 자신은 없다. 그렇게 해서 지금이 완성된 것이 아니라는 것을 스스로 잘 알기 때문이다. 그러나 식당은 정직하다. 점주가 흘린 땀이 결과를 말해준다. 흘린 땀의 농도가 진하지 않다면 식당 매출은 나아질 수 없음을 너무 잘 아는 탓에, 매출이 몇 배나 뛴 식당을 보면 존경심이 저절로 든다.
이 책에 등장하는 식당 모두는 필자를 만나기 전보다 훨씬 큰 성장을 이뤘다. 이 책에 등장하지 않는 다수의 [맛있는창업] 식당들도 마찬가지다. 그들은 정말 간절함과 끈기, 그리고 배짱으로 식당을 운영하는 고수가 되었다. 강한 자가 이기는 것이 아니다. 이기는 자가 강한 것이다. 이겨내자. <스시생선가게>처럼 이겨서 과거를 추억으로 가지고 놀자.

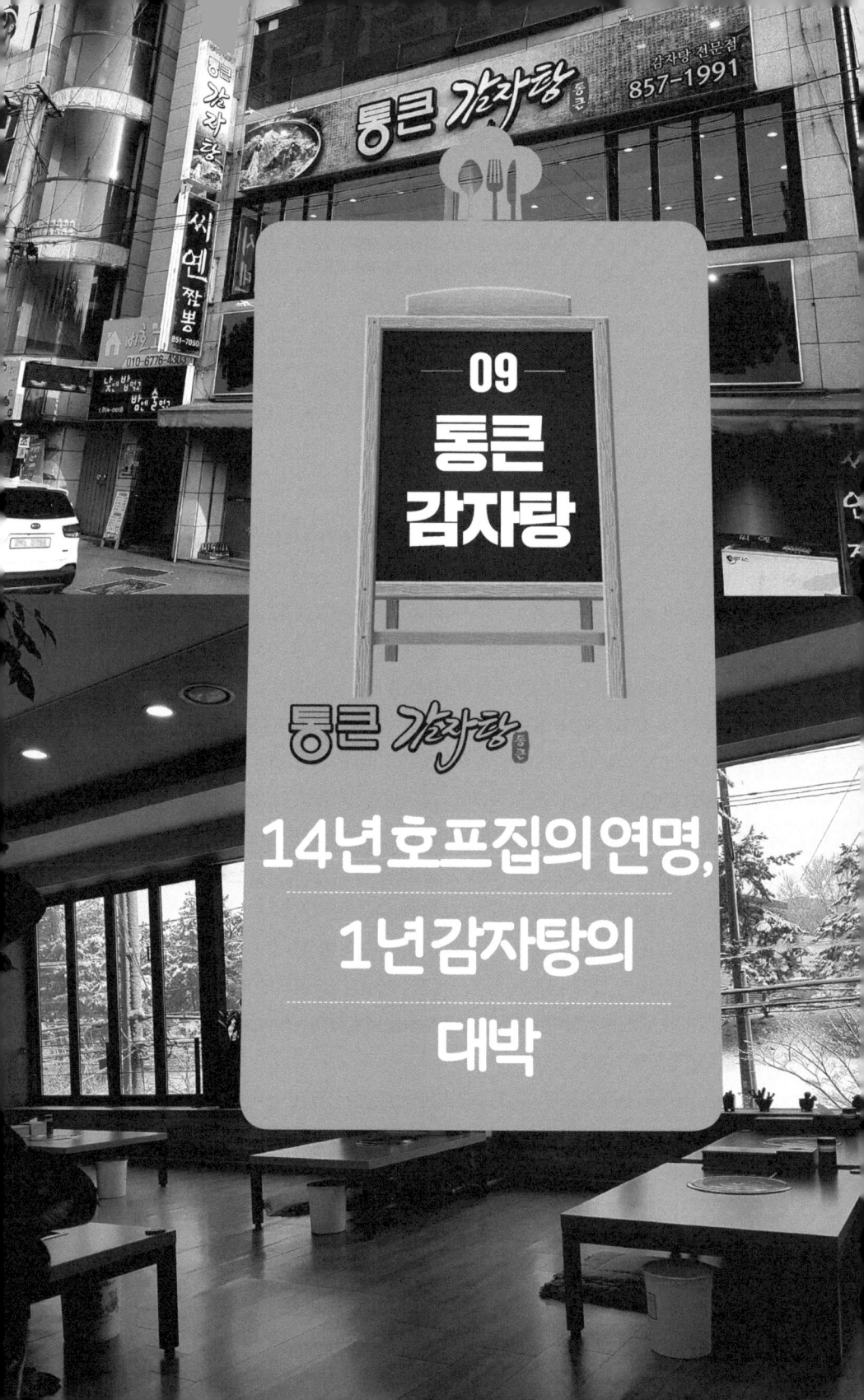

참으로 힘들고 지루했던 14년의 시간

나의 첫 장사는 호프집이었다. 직장생활 5년 만에 IMF 외환위기로 회사가 부도나는 바람에 졸지에 퇴직을 하고 친구와 함께 조그마한 오퍼상을 운영했다. 하지만 그 당시는 무엇을 해도 어려운 시기였다. 그러던 중 대구 외곽의 대학교 인근 2층에 자리가 나서 장사의 길로 접어들게 되었다. 여기는 시내에서 멀리 떨어져 있었고 들어오면 되돌아 나가야 하는 막힌 곳으로, 학교 정문 앞에는 4층짜리 건물이 20여 동 모여 있었다. 1층에는 주로 밥집이, 2층에는 술집이, 3층과 4층에는 PC방과 당구장들이 자리잡고 있었다. 그 당시 술집은 20개 정도가 영업 중이었다.

다른 술집들과 차별화를 하면 승산이 있을 것 같아 당시 유행했던 춤을 출 수 있는 록카페 스타일로 오픈을 했는데, 처음에는 장사가 꽤 잘되었다. 하지만 1년이 지나지 않아 경쟁업체에서 식품위생법 위반으로 민원을 넣는 바람에 무대를 철거하고 결국 20개 술집들과 똑같은 호프집이 되어 버렸다. 이후 매년 새로운 술집들이 하나둘씩 새로 생기면서 매출은 계속 떨어졌고, 얼마 지나지 않아 현상유지에 급급한 상황이 되었다.

대학 주변이다 보니 90% 이상이 학생 손님이라 주말에는 부모님 집으로 가는 학생들이 많아 주말 장사가 약했고, 시험기간과 방학 때도 매출이 많이 떨어졌다. 학기 중에는 하루 매출이 50만원 정도 되었는데, 당시는 미혼이라 위기감도 느끼지 못한 채 특별한 처방도 없이 매년 매 학기를 보내고 있었다. 또 술을 무척 좋아하는지라 영업을 마칠 때쯤이면 손님들이나 주변 업주들과 매일 술을 마시며 하루하루를 보냈다.

그렇게 시간이 흘러 10년이 지나자 생활은 한계에 이르렀고, 심지어 자동차 책임보험에 가입할 돈도 없을 지경까지 도달했다. 그제야 이렇게 계속 가서는 안 되겠다고 느껴 진지하게 미래를 고민하게 되었다.

경쟁이 심한 술집은 더 이상 가능성이 없었고 밥집은 아직도 상권에 비해 숫자가 작고 다양하지 않아 업종을 바꾸면 성공할 가능성이 보였지만 이미 돈줄은 마를 대로 말라 빌릴 데도 없었고, 호프집은 부동산에 내놓아 보았지만 입질도 없었다. 결국 이 자리에서 다시 한 번 제대로 호프집을 운영하며 차근차근 준비를 해보기로 마음먹고, 밤에는 영업을 하고 낮에는 다른 식당 주방에 취직해 밥장사 노하우와 음식을 배우기 시작했다. 방학 때는 가게 문을 닫고 막노동 등 닥치는 대로 일을 하며 돈을 모았다.

4년을 그렇게 보낸 거 같은데, 참 지루하고 힘든 시간이었다. 하지만 한 번에 이루어지는 건 아무것도 없다는 생각에 작은 거 하나라도 차근차근 악착같이 이루자고 단단히 결심을 하고 나를 계속 채찍질했다. 그렇게 일당 8만원씩이 모이고 모여 목표한 6,000만원의 자금이 만들어졌다.

또 하나 그 힘든 시간 동안 꾸준히 식당 공부를 했다. 10년 동안 장사를 주먹구구식으로 해왔는지라 장사 노하우를 공부하기 위해 도서관에서 창업 관련 책을 꾸준히 보았는데, 그때 큰 도움이 된 책이 〈살아남는 식당은 1%가 다르다(개정판)〉였다. 이 책을 통해 [맛있는창업]을 알게 되면서 식당을 보는 눈을 조금씩 키워 나갈 수 있었다.

감자탕으로 새로운 도전을 시작하다

힘들고 지루했던 4년의 시간이 지나고 자금은 부족했지만 80% 정도는 준비가 되어 [맛있는창업]에 컨설팅을 의뢰했다. 우선 지금 호프집 자리인 2층에서 감자탕집이 가능한지 확인이 필요했다. 감자탕은 점심과 저녁 장사로 무난하고, 또 술 손님도 볼 수 있어 주 고객층인 학생들에게 잘 어울릴 거라는 확신을 가지고 있었다. 이 소장님은 감자탕은 항아리상권이라 2층도 괜찮고, 다른 국밥집에서는 사이드 메뉴로 하고 있기에 온리원 메뉴로 감자탕만 한다면 이쪽으로 몰릴 것이리고 시원하게 답을 채주었다. 그리고 며칠 뒤 메뉴판과 인테리어 등을 정리한 컨설팅 보고서를 보내주었는데, 색다른 컨셉에 한참을 미친놈처럼 웃었던 기억이 난다.

보고서에는 사리와 수제비 무한리필에 인원수대로 주문시 뼈 추가 1회 공짜라는 것이 있었는데, 이 일대에서는 한 번도 시도하지 않은 전략이었고 학생들을 대상으로 강력하게 어필될 거 같았다. 메뉴는 뼈해장국, 감자탕전골의 두 가지가 전부였고, 만두(5,000원이 아닌 3,000원)와 공깃밥 반공기(500원)도 추가했다.

메뉴가 결정되자 본격적으로 호프집을 철거하고 그동안 준비한 대로 감자탕집으로 변신을 시작했다. 밖에서도 훤히 보이게 조명을 밝게 하고, 2층 창은 폴딩으로 해서 소통을 강조하고, 간판은 LED 채널로 했다. 또 실내는 목재와 무늬목을 많이 써서 객지생활을 하는 학생들에게 따뜻한 집 분위기가 나도록 연출하고, 21개 테이블은 좌식으로 준비했다. 특히 그릇은 학생들 상대이기는 하지만 음식의 값어치를 높이기 위해 멜라민이 아닌 사기로 준비했다. 음식은 인근 대형 감자탕집에 위장취업해 배웠기 때문에 자신이 있었고, 여러 식당을 거치면서 요리에 대한 공부도 많이 했었다. 특히 회사 식당에서 국물요리를 담당하면서 쌓은 내공은 큰 도움이 되었다.

그때 그렇게 철저하게 할 수밖에 없었던 이유는 이번에 실패하면 다시는 장사를 하지 않을 거라고 배수의 진을 치기도 했지만, 솔직한 심정으로 다시는 이렇게 힘들게 오랜 시간 동안 준비할 자신이 없었기 때문이었다.

온리원 메뉴와 가성비로 대박이 나다

모든 준비가 끝났지만 좀 더 점검을 하기 위해 예정보다 5일 늦게 가게문을 열었다. 그런데 점심시간도 되기 전부터 손님이 밀어닥쳤다. 초기에 예상한 일매출은 100~150만원 정도여서 거기에 맞춰 주방을 꾸몄는데, 고기 삶는 것이 밀려오는 손님을 감당하지 못할 정도였다. 주방도 서빙도 감당을 못해 일부러 고기가 떨어졌다고 하면서 돌려보내기 일쑤였다. 어떤 손님은 4번이나 왔는데 올 때마다 되돌아갔다며 항의하기도 했다. 그래서 급하게 비어있던 3층을 임대해 주방을 추가로 꾸미고 대형국솥을 두 개 설치하고 나니 고기 삶는 문제는 해결되었고, 서빙 인원도 점심시간에 아르바이트를 추가로 투입하여 무난하게 돌아가며 자리를 잡기 시작했다.

당시 반응이 폭발적이었던 이유를 지금 생각해 보면 몇 가지 요인이 제대로 작용한 거 같다. 우선 고기는 다른 가게보다 살이 더 맛있고 비싼 목살만 썼고, 크기도 1.5배 정도 크게 나갔다. 그리고 인테리어와 간판 등 모든 것들이 그 상권에서는 가장 세련되었다. 또 우리 상권은 밥집 숫자가 적고 다양하지 않기도 했지만, 국밥집과 고깃집에서의 사이드메뉴가 아닌 전문점 간판을 걸고 감자탕 한 가지 메뉴만 한 것은 처음이었다. 또 사리와 수제비의 무한리필이 폭발력에 도화선이 되었다. 특히 학교 앞이라 입소문이 빠르게 확산되면서 강력한 오픈 효과로 이어지게 되었다.

지방대학가 상권에 대한 조언

처음 지방대학 앞 상가에 들어온 뒤 오랫동안 섬에 유배되어 왔다고 자조 섞인 얘기를 많이 했다. 어쩌다 들어와 청춘 다 보내고 돈도 못 벌고 고생만 하고 있다고 생각했다. 하지만 지금은 여기만큼 장사하기 좋은 상권은 없어 보인다. 번화가는 임대료도 비싸고 경쟁도 심해 잘되면 바로 물타기하는 가게가 생기는데, 거기에 비하면 대학가 주변은 구매력은 약하지만 항아리상권이라 한번 선점하면 쉽게 같은 업종이 따라올 가능성이 적다. 특히 경험이 있는 고수들은 시장이 작다고 들어오지 않고, 장사 초보들은 대부분 준비도 없이 똑같은 호프집과 커피집으로 들어 왔다 백기 들고 나가는 경우가 많다. 그렇다 보니 정확한 메뉴 선정과 온리원 메뉴로 가성비를 높이면 입소문이 굉장히 빨라 빠른 시간 내에 자리를 잡고 롱런할 수 있는 곳이기도 하다.

2년 전 가게를 준비할 때 바로 앞 갈빗집 사장님이 "여기 학교 앞은 투자 많이 할 거 하나도 없어요. 그걸 뽑는데 시간이 얼마나 걸리는 데요. 여기는 싸게 양만 많이 주면 되요"라고 했는데, 결국 그 갈빗집이 몇 달 전에 권리금의 반도 못 건지고 나갔다. 지금의 학생들은 싸고 양을 많이 줘도 맛이 없으면 외면한다. 하지만 싸지 않더라도 제대로인 가성비 있는 메뉴에는 기꺼이 지갑을 연다. 이 점을 공략해야 하는 것이다.

〈맛있는 창업〉의 훈수
TO. 〈통큰감자탕〉

〈통큰감자탕〉의 '심재춘' 입니다.
저희 주소는 경북 경산시 진량읍 대구대로 252-5
전화번호는 053-857-1991입니다.

"대학가 앞에서 10년 이상을 장사했는데 나아짐이 없다. 오히려 더 나락으로 떨어지는 느낌이다."

필자가 〈통큰감자탕〉의 심재춘 사장을 만났을 때 들었던 그 말을 아직도 기억한다. 호남형의 심 사장은 어딘가 외로워 보였고 기운도 없어 보였다. 호프집을 컨설팅해 달라는 것이 아니라 업종을 바꿀 생각이라는 점도 의외였다. 업종을 바꾸는 일은 해보지 않은 식당에의 도전이고, 그래서 10년 호프집도 힘들었는데 새로운 식당이 잘될 거라는 기대감도 높지 않았다. 특히나 필자가 지독히 어려워 하는 2층이라는 점도 문젯거리였다.

필자의 그런 조언에 귀를 기울이면서도 책임은 본인이 질테니 방향만 잡아달라고 했다. 메뉴의 선택도 점주였고, 공사도 직접 알아서 했다. 상호도 본인이 정했고, 가격대도 본인 스스로 결정했다. [맛있는창업] 가입비조차 여유가 없었기에 오직 필자의 컨설팅 보고서만 참고서 삼아 진행했다. 그 결과는 글의 내용대로다. 대박이 터진 것이다.

감자탕 하나만 전문으로 팔고, 감자탕에 뼈 한 대접 서비스한 것이 주머니 사정이 얇은 학생들에게 통한 것이다. 넉넉한 인심이 대학가에서 먹힌 것이다. 물론 10년 동안 학생들과 맺어온 점주의 친분도 그 밑거름이 되었을 것이지만, 어쨌든 2층 식당에서 필자의 예측과는 전혀 다른 성공으로 필자를 오히려 가르쳐준 셈이다.

아마도 이 책이 나올 무렵이면 심 사장은 결혼을 앞두고 있을 것이다. 식당의 열매와 더불어 인생의 열매도 드디어 따게 되었다는 소식을 들었다. 지금은 [맛있는창업] 대구 모임에서 가장 큰형 노릇을 하고 있고, 두 번째 식당도 준비 중이다. 10년 호프집으로 세월만 죽이던 장사꾼이 과감한 결단과 베품의 인심을 식당에 적용하여 인생역전이라는 홈런을 때린 것이다. 또 한 번의 홈런 역시 충분히 기대된다.

금융업에서 승승장구하다

그리 오랜 시간이 필요하지 않았다. 정말 찰나처럼 다가왔다. 투자회사 경영보다 식당을 준비하는 과정이 결코 더 쉽지 않다는 걸 깨닫는 데 그리 오랜 시간이 걸리지 않았다는 말이다. 나는 다소 엉뚱하게도, 투자회사를 잘 경영하다가 멀쩡한 회사를 그만두고 나와 식당업에 뛰어든 사람이다. 조금 쑥스럽지만, 이제부터 그 이야기의 한 자락을 풀어볼까 한다.

스물여덟의 나이, 나는 보험세일즈맨으로 사회생활을 시작했다. 세일즈를 시작해서 1년 정도 지나고부터는 돈을 꽤 괜찮게 벌었다. 영업왕까지 차지할 실력은 안 되었지만, 그래도 사무직으로 일하는 또래 친구들보다 두세 배의 돈을 벌었다. 하루 몇십 만원의 술값이 대수롭지 않았고, 작은 돈을 지출하는 데 군이 스트레스를 받지 않아도 되었고, 부모님께 용돈도 드리고 빚도 어느 정도 갚아드렸다. 두 남동생에게도 후하게 인심 쓰기에 넉넉할 만큼 돈을 벌고 있었다. 불과 나이 서른 즈음부터 한 달에 돈 1,000만원씩을 벌게 되니 무척 성공한 것 같은 마음에 우쭐하던 시기였다. 지금 생각하면 우습지만 그때는 그랬다.

그리고 동업이라는 형태를 통해 신뢰할 수 있는 형님과 함께 투자회사를 세웠다. 내가 영업관리와 내부관리를 맡았고, 함께하는 형님이 자산운용과 신사업 기획과 진행을 맡았다. 사업은 꽤 순항했고, 이를 통해 경제적인 상황은 꽤 안정을 찾았다. 대단한 부자는 아니지만, 경제적 빈곤으로부터는 완전히 벗어날 수 있었고 많은 직원들이 좋아해 주는 오너이자 경영자가 되었으며 주변의 부러움과 존경도 조금씩 얻고 있었다. 그렇게 내 삶은 안정궤도에 진입했으며, 서서히 주변으로부터 인정받는 젊은 사업가로 인식되기 시작했다. 그것은 꽤 근사했고, 자존감이 충만한 삶이었다. 한 마디로 폼나고 여유로웠다.

○
금융업을 그만두고 식당업에 뛰어든 이유

그러다 어느 날 갑자기 나는 회사의 이사회에서 퇴직을 하고, 다니던 대학원까지 휴학하면서 식당 준비에 돌입하게 된다. 동업자와 큰 갈등이 있었다거나 관계가 틀어진 것도 아니다. 금융업 자체에 흥미를 잃은 이유도 있지만, 30대 중반부터 꼭 한 번 식당업을 해보고 싶었던 터라 일을 저지른 것이다. 회사를 나올 때에도 모두가 만류하는 걸, 내가 박박 우겨서 나온 모양새가 되었다.

이 이야기는 그리 오랜 옛날 이야기가 아니다. 회사를 나온 것이 2017년 6월의 일이고, 글을 쓰는 지금으로부터는 불과 일 년 전의 일이다. 그 일 년 동안 정말 많은 우여곡절이 있었다. 하루에 우동 네 그릇 팔고 타들어 가는 가슴으로 퇴근한 날도 있었고, 영업시간을 이대로 계속하는 게 좋은지에 대해 몇 날 며칠을 밤새워 고민한 적도 있었다. 지금도 이런저런 고민이 없는 것은 아니지만, 대체로는 다 일희일비에서 오는 과장된 공포가 컸던 것 같다. 하나씩 하나씩 생각하고 개선해 가면서 시간이라는 터널을 의연히 지나야 함에도 불구하고 뭔가 빨리 큰 성과를 내고 싶은 그 조급증에, 쓸데없이 크고 깊게 고민을 한 적이 한두 번이 아니다. 내가 식당업에 뛰어든 데에는 크게 두 가지 이유가 있다.

우선 첫 번째 이유는 내가 이 일을 너무나 좋아하고 동경했기 때문이다. 나는 먹는 것을 좋아하고, 특히나 좋은 사람들과 함께 음식을 먹고 술잔을 나누며 이야기 섞는 것을 인생 최고의 즐거움이자 의미로 여기고 사는 사람이다. 그러기에 근사한 식당을 차려서 사람들에게 좋은 음식을 대접하고 감사와 칭찬의 말을 나누는 것은 나에게 너무나 좋은 그림으로 다가왔다. 내가 좋아하는 것을 업으로 하여 돈도 벌고 즐거움도 느낄 수 있다면, 그것보다 세상에 더 좋은 일이 어디 있을까? 내게 식당업이란 그 정도 사이즈의 돈을 벌 수 있으면서도, 일에서 의미와 즐거움을 찾을 수 있는 새로운 대안으로 너무나 매력적인 일로 다가왔다.

내가 식당업에 뛰어든 두 번째 이유는 그것에서 성공을 할 수 있다는 자신감이었다. 물론 나는 요리를 잘하지 못한다. 잘하지 못하는 정도가 아니라, 주방과 요리에 대해서는 거의 완벽하게 무지하다고 보는 것이 사실에 가깝다. 그런 내가 식당을 해서 감히 성공할 자신이 있다고 말한다. 내가 식당을 잘할 수 있겠다고 자신감을 가지게 된 데에는 사실 오랜 영업과 회사경영이라는 나의 배경이 깔려있다. 나는 내가 요리를 못해도 요리사는 얼마든지 채용하여 쓸 수 있다고 생각했기 때문이다. 좋은 파트너로써 동기부여와 신뢰형성을 통해 요리 부분은 충분히 해결해 나갈 수 있다고 생각했다.

○
〔맛있는창업〕을 만나다

그러나 어쨌든 식당은 내가 한 번도 경험해 보지 못한 미지의 세계였다. 나는 파편적인 경험과 생각만을 가지고 있을 뿐, 식당의 실질적인 운영과 내용에 대해서는 아는 것이 없었기 때문에 식당 운영 전반에 관해 개략적인 틀을 조금이라도 잡고 접근하고 싶었다. 그래서 언제나 그랬던 것처럼 식당에 관한 책을 읽기 시작했다. 그중에서 가장 먼저 눈에 띈 책이 〔맛있는창업〕의 이경태 소장이 쓴 〈식당의 정석〉이라는 책이었는데, 책의 표지가 상당히 깔끔하고 정갈한 느낌이었다.

하루 뒤에 택배로 날아온 〈식당의 정석〉은 나의 시선을 단숨에 사로잡았다. 첫 문장을 읽어 내려가는 순간부터, 나는 뭔가 진짜를 잡았다는 느낌을 본능적으로 받았다. 단 하루 만에 책을 다 읽고 저자가 운영하는 〔맛있는창업〕 홈페이지에 들어가 저자가 권하는 대로 게시판의 글을 몇 시간 동안 넋을 잃고 읽었다. 그리고는 확신했다. '이 사람과 시작을 함께해야 한다!' 그렇게 나는 [맛있는창업]의 이경태 소장을 만나게 되었다. 그것은 내가 책을 다 읽은 지 불과 하루 만에 이루어진 일이었고, 그것은 내 식당 인생의 가장 큰 행운이었다. 만일 주변인들의 한두 마디 거듦과 나의 판단만으로 식당을 시작했다면 엄청나게 많은 에너지와 자금을 낭비했을 것이 뻔하기 때문이다.

그렇게 나는 100일간의 준비 끝에 2017년 9월 12일 〈북한산우동집〉을 오픈했다. 아직 채 1년도 되지 않았지만, 그간의 고민과 오만가지 생각들은 살아오면서 몇 년간 해야 할 것들을 다 해치운 것처럼 깊고 치열했다. 하지만 몇십 년을 식당 하나에 바쳐 운영해오신 분들도 많은데 열 달의 경험으로 이야기를 풀어나가자니 어쩐지 쑥스러운 구석이 없지 않다. 하지만 뭐 세상사가 꼭 경험과 시간으로만 다 이루어지는 것도 아니니, 나는 그냥 내가 느끼고 생각하고 실천한 것들을 담담히 써내려가 보고자 한다. 마치 소주 한잔하며 주고받는 친구와의 얼큰한 대화처럼, 그런 기분으로 하나하나씩 실타래를 풀어보고 싶다.

식당이든 무엇이든 간에 일은 사람이 한다

나는 무엇을 하든 어떤 사람과 어떤 관계 속에서 어떤 비전을 공유하며 일을 하느냐가 무엇보다 중요하다고 생각한다. 그래서 〈북한산우동집〉을 오픈하기 전부터 직원채용에 무척이나 세심하게 신경을 쓰고 진행했다. 채용공고문 자성부터 시작해 직원에 대한 처우와 급여 책정까지, 종합적인 요소들을 고려하여 깊이 생각했고 그에 따라 결정하고 실행했다.

　우선 직원에 대한 처우를 상당히 좋은 수준으로 설정하여 채용공고를 냈다. 비록 급여의 총액 자체가 그리 많은 편은 아니지만, 영업시간 자체가 짧기 때문에 그건 어쩔 수 없는 부분이 있었다(시급으로 따져 계산하면 업계 평균보다 훨씬 높다). 우리 〈북한산우동집〉은 월화수목에는 오후 4시에 영업을 종료하기 때문에 다른 식당들에 비해 영업시간 자체가 매우 짧다. 직원들의 근무시간이 주당 50시간이 채 안 되고, 한 달에 한 번씩 월차를 보장해 주기 때문에 다른 식당에 비해서는 근무시간 구성이 상당히 여유로운 편이다. 식당 직원치고, 이 정도로 자기 시간을 충분히 가지면서 일하는 사람은 흔치 않을 것이다.

　나는 채용 면접을 할 때 직원과 함께 나아갈 미래의 청사진에 대해 상세하게 제시하고 설명했다. 이 덕분인지 오픈 때 그 덕을 톡톡히 보았다. 오픈이 계획보다 많이 늦어져 채용이 결정된 직원들에게 2주를 더 기다려야 일을 할 수 있다고 공지했음에도, 단 한 명의 직원도 다른 곳으로 가지 않고 4명 모두가 2주를 기다려준 것이다. '한두 명은 기다려 주겠지'라고 생각했지만 모두 다 2주를 우리 식당에서 일하기 위해 기다려준 것은 정말 의외였고 동시에 감동적인 일이었다. 덧붙여 우리 식당의 직원들은 손님에게 '사장님 가족이세요?'라는 말을 종종 듣는다. 이것은 직원의 업무몰입도가 엄청나게 높다는 걸 말해주는 확실한 증거다. 이런 게 다 이러한 면접과정에서 생긴 신뢰와 인간적인 대우를 통해 생기는 긍정적인 근무기강과 문화가 아닐까 생각한다.

피할 수 없는 메뉴 추가의 유혹

숱한 우여곡절을 거쳐 막상 식당을 시작해 보니 지인과 손님들의 훈수와 조언이 홍수처럼 흘러넘쳤다. 다른 일은 몰라도 식사를 하고 음식을 먹는 일은 한 명의 예외도 없이 모두가 매일 반복하는 일이기 때문에 많은 사람이 다 자기만의 생각과 취향을 가지고 있는 탓이다. 보통 다른 일들은 대체로 자기 분야가 아니면 잘 모른다고 여기기 때문에 사람들이 훈수와 조언을 쉽게 하지 않는다. 그 일을 하는 당사자가 자기보다 훨씬 더 많은 지식과 경험을 가지고 있다고 인정하기 때문이다. 그런데 식당은 그렇지 않다. 하루 세끼를 세상 모든 사람이 반복하며 먹기 때문에 이를 만들어 파는 식당업을 전문분야로 인정하기보다는 별로 어렵지 않게 할 수 있는 일로 여기는 경향이 짙다.

나는 식당을 오픈하고 지금까지 수도 없이 많은 훈수와 조언을 받았다. 그중 가장 많은 것이 바로 새로운 메뉴나 새로운 세트의 구성이 더 필요하다는 내용이었다. 매운갈비찜이 맛은 있는데 매운맛을 못 먹는 사람이 있으니 안 매운맛도 필요하지 않느냐, 매운갈비찜의 가격이 부담스러우니 점심특선을 만들어 작은 양을 팔아야 하지 않겠느냐, 우동의 종류가 너무 적어서 선택권이 없으니 우동의 종류를 늘려야 되지 않겠느냐, 우동집에 소바는 왜 없느냐, 아이들이 와서 마땅히 먹을 것이 없으니 아이들을 위한 튀김이나 돈가스 메뉴가 있어야 되지 않겠느냐 등등 이루 말할 수 없이 많은 훈수들이 쏟아져 들어왔다. 게다가 이런 종류의 조언 뒤에 실제로 그러한 항의를 제기하는 손님을 만나게 되면 이 조언은 정말 심각한 이슈로 부상하게 된다. 마치 그것 때문에 장사가 안 되는 것처럼 생각이 되는 탓이다. 더군다나 지인들의 이러한 조언은 모두 다 나름의 일리와 설득력을 가지고 있었다.

　물론 적재적소의 메뉴 추가는 식당의 성장에 도움이 될 수도 있을 것이다. 그걸 부정하지는 않는다. 하지만 그것보다 더 중요한 것은, 하나의 식당이 자리매김을 하기까지는 반드시 요구되는 절대적인 시간이 필요하다는 점이다. 그것을 간과한 메뉴 추가는 독이 될 뿐이다. 매출이 부진해 마음이 힘들어도 필요한 시간이라면 그 시간을 견뎌내야 한다. 그 과정에서 중요한 것이 바로 단기적인 매출상승에만 집착하여 식당의 정체성을 잃어가는 것을 경계하고 멀리하는 자세이다. 나 역시도 우동 서너 그릇 팔고 집으로 돌아가는 길에 이게 맞나 하고 머리를 쥐어뜯은 적이 한두 번이 아니었다. 하지만 이제는 적어도 그런 걱정은 하지 않는다. 일 년이라는 시간 속에서 메뉴의 집중화에 대한 신념이 확고하게 굳어졌기 때문이다. 그건 경험만이 가르쳐주는 확신이다.

○
손님과의 스킨십

　식당을 하면서 손님과의 스킨십, 즉 대화를 하고 친분을 쌓는 일은 아무리 강조해도 지나침이 없는 듯하다. 나는 오랜 영업사원 생활과 비즈니스의 경험 덕에 이 부분에 있어서는 별 어려움이 없다. 아니 오히려 손님과의 대화를 즐기고 말을 걸고 거기에서 반응을 떠보는 것에 재미를 느끼고 즐거워하는 편이다.

　손님에게 말을 걸 때에는 일단 메시지가 깊이 전달되도록 하는 것이 중요하다. 건성으로 "어서 오세요" "안녕히 가세요"를 반복하는 것은 앵무새의 재잘거림에 지나지 않는다. 인사의 목적은 반가운 '감정'을 전달하는 데에 있다. 말은 소리가 아니라 감정의 교류이기 때문이다. 따라서 손님에게 말을 걸 때에는 그 감정을 전달할 수 있는 방식으로 해야 한다. 목소리는 힘 있고 경쾌해야 하며, 시선은 반드시 손님의 눈을 향해야 한다. 쳐다보지도 않고 하는 기계적인 인사는, 아무런 울림이 없는 소음일 뿐이다. 나는 손님에게 인사를 할 때 그의 눈을 쳐다보며 눈이 마주치길 기다린다. 그리고 사장이 이렇게 모범을 보이면 직원들은 자연스레 따라 하게 되어 있다.

손님과의 대화와 말을 즐기다 보면, 참고할만한 좋은 피드백이 많이 들어온다. 맛있게 먹었다는 것도 그냥 맛있게 먹었다는 것이 아니라 '정말 너무 맛있게 먹었습니다'라는 반응으로 돌아온다. 이 정도의 반응이면 그 손님의 만족도는 매우 높다고 판단해도 무방하다. 건성으로 '맛있었냐'고 묻고 건성으로 '맛있네요'라고 대답하는 대화 속에는 아무런 정보가 없다. 진짜 정보는 손님과의 대화가 진정한 감정의 교류일 때에 나타나기 때문이다.

실례로 나는 이런 손님과의 소통을 통해 우동국물의 온도를 재조정하는 개선을 했다. 특히 우동국물의 온도를 5도 높여 음식을 내어주니 손님들의 만족도가 더 높아진 것은 매우 흡족한 일이다. 그리고는 다음 번에 우리 식당을 다시 찾아준 그 손님에게 당신의 의견이 반영되어 우리 식당에 변화가 일어났으며 좋은 결과를 얻었다고 피드백을 해주었다. 그런 과정을 통해 그 손님은 우리 식당을 자주 찾는 단골이 되었다.

식당은 단순히 맛있는 음식만을 파는 곳이 아니다. 음식은 목적을 위한 도구이며, 최종적인 목적은 찾아온 손님에게 맛있는 '시간'을 주는 것이다. 그렇기에 손님과의 대화와 스킨십은 아무리 강조해도 결코 지나침이 없는 식당의 핵심경쟁력이다.

○
〈북한산우동집〉을 통해 느낀 몇 가지 이야기

    식당을 하기 전에는 그냥 지나쳤거나 중요하지 않다고 생각했던 것들 중에 식당을 경험하면서 중요성을 느낀 것들이 몇 가지 있다.

    첫 번째는 바로 메뉴판이다. 메뉴판은 하나의 예외도 없이 손님 모두가 유심히 보는 식당의 대표적인 얼굴이다. 손님이 관심을 가지고 한 자 한 자 꼼꼼히 읽어보는 것이 바로 메뉴판이며, 기다리는 시간 동안 손님과 긴 소통을 할 수 있는 것도 메뉴판이다. 그래서 이 메뉴판에서 어떤 이미지를 주느냐와 어떤 메시지를 어떻게 손님에게 전달하느냐 하는 것은 굉장히 중요한 일이다.

    식당을 처음 찾는 손님은 그 식당에 대한 정보가 전혀 없다. 오로지 음식만을 먹으러 왔을 뿐, 그 식당의 주인이 어떤 사람인지, 어떤 철학으로 음식을 만들고 파는지, 이 식당이 중요하게 생각하는 포인트는 무엇인지를 전혀 모른다. 바로 이런 점들을 식당 점주가 메뉴판을 활용하여 손님에게 알리고 소통할 때에 비로소 식당의 신뢰도는 올라가고 손님의 머릿속에 좋은 이미지도 각인되는 게 아닌가 싶다.

    나는 열 달간의 영업기간 동안 메뉴판을 세 번이나 전면교체했다. 한 번은 메뉴 변경, 한 번은 포장 추가, 한 번은 디자인 변경이었다. 메뉴판을 자주 바꾸면 돈은 들어가지만, 한 번 한 번 바꿀 때마다 손님과의 피드백 속에서 얻은 교훈이나 현장의 경험 속에서 얻은 지혜들이 메뉴판에 녹아들어 점점 더 업그레이드되는 것을 알게 된다. 사소한 것이라고 치부하기엔, 메뉴판은 정말 너무도 중요한 식당의 얼굴이다.

두 번째는 서비스를 내어주는 명분과 타이밍에 관한 것이다. 모든 손님들은 서비스로 음식이나 음료를 내어주면 다 좋아한다. 그런데 아무 의미도 없이 생뚱맞게 서비스가 나오면 으레 다 내어주는 것이겠거니 하면서 당연한 것으로 받아들인다. 이 차이는 하늘과 땅 차이다. 그 식당을 고마움과 배려로 기억하느냐, 그냥 다른 식당처럼 평범한 식당으로 기억하느냐의 중요한 교차점이다.

나는 서비스를 내어줄 때 반드시 이유를 이야기한다. 이를테면 '음식이 매울 텐데 입가심하시라고 특별히 드립니다'라고 하면서 음료를 주던지, 아니면 '아이가 너무 귀여워서 안 줄 수가 없네요' 하면서 내어주던지, 혹은 '이 시간에 여기까지 와주셨는데 이거라도 드려야죠' 하면서 내어준다. 어떻든 중요한 건 서비스를 내어주는 특별한 이유를 들면서 준다는 점이다. 그렇게 할 때 손님은 그것을 고마움으로 받아들이고 특별한 배려와 대우를 받았다고 느끼기 때문이다. 그리고 그것은 식당의 재방문으로 이어지고 소개와 동행으로 이어져 결국 식당의 고객 풀을 늘리는 중요한 역할을 하게 된다고 믿는다.

오픈하고 3주쯤 되었을 때 이런 일이 있었다. 우리 식당은 갈비찜은 포장해서 판매하지만 다른 메뉴는 포장판매를 하지 않았다(물론 지금은 약간 바뀐 점이 있다. 아주 초기에 그랬다는 말이나). 그런데 한 날은 어떤 손님이 가마보꼬우동이 너무 맛있다며 포장을 해달라는 거였다. 그런데 그 손님이 말하는 분위기를 가만히 보아하니 우동은 포장이 되지 않는다는 것을 전혀 인지하지 못하고 있는 눈치였다. 그래서 한마디 거들고 포장을 해드렸다. "손님, 다른 손님들은 우동 포장을 안 해드리지만 저희 집에 벌써 두 번째 오시는 거니까 특별히 해드리겠습니다." 다른 손님은 안 해드리는데 당신만은 해주겠다는 말은 특별대우를 받는 느낌을 준다. 하지만 내가 여기서 "원래 우동은 포장이 안 되는데 그냥 이번은 해드리겠습니다"라고 했다면 그 손님은 별로 기분이 좋지 않았을 것이다. 왜냐하면 이 말은 '당신이 해서는 안 되는 부탁을 했다'는 뜻을 내포하기 때문이다. 결국 이 손님은 포장을 기분 좋게 해가셨고, 이 분 역시 이제 우리 식당의 단골이 되었다.

그래서 사람을 상대하는 일은 늘 '아' 다르고 '어' 다르다는 것을 깊이 염두에 두어야 한다. 식당은 특히 더 그런 게 중요한 업종이다. 왜냐하면 손님 입장에서는 와도 그만 안 와도 그만인 게 식당이기 때문이다. 지천으로 널리고 널린 게 대한민국의 식당들이다.

세 번째는 냉정하고 경험이 풍부한 제3자가 필요하다. 나는 얼마 전에 우리 식당의 영업시간이 과연 이대로 좋은가에 대해 깊이 고민한 적이 있다. 〈북한산우동집〉은 영업시간이 좀 복잡하다. 월화수목은 오후 4시까지, 금토일은 저녁 8시 30분까지이다. 사정이 이렇다 보니 오시는 손님 중에 벌써 두세 번을 왔다가 그냥 갔다고 하는 분들이 있다. 그럴 때면 왠지 모르게 손님들께 미안한 마음이 들고 이렇게 영업을 하는 게 맞나 하는 생각이 들곤 했다. 그러던 차에 가까이 알고 지내는 친한 형님으로부터 영업시간이 이렇게 복잡해서야 장사가 되겠느냐는 충고를 듣게 되고, 몇몇 분들이 또 거기에 맞장구를 치니 정말로 영업시간 때문에 장사가 안 되나 싶어 아주 심각하게 고민되었다. 그러다가 이렇게 혼자 고민하지 말고 경험이 많은 전문가에게 물어보는 게 낫겠다 싶어 [맛있는창업]에 이에 대한 조언을 구해 보았다. 답변은 너무나 단순했다.

"그 정도는 다 기억한다. 걱정 꺼라."

나는 이 말을 듣고 웃음이 너무 나서 참을 수가 없었다. 내가 고민한 깊이에 비해 답이 너무나 쉽고 빠르고 간결하게 왔기 때문이다. 좀 허탈하면서도 동시에 안심이 되고 내가 뭐했나 싶은 그런 기분이 확 들어서 정말 웃음을 참을 수 없었다. 무수히 많은 경험과 전문적인 식견을 가진 제3자의 적재적소 한마디는 정말 사막의 오아시스 같은 시원스러움이 있었다. 나는 이 말을 듣자마자 영업시간에 대한 고민을 완전히 머리에서 지워버렸다.

〈북한산우동집〉은 그렇게 그렇게 하여, 이제 숙성 10개월 차가 되었다. 나는 이 숙성의 과정이 즐겁다. 우리 직원을 믿고 우리 음식에 확신이 있고 내 식당의 미래에 대한 전략이 뚜렷하기 때문이다. 그간에 벌써 그 큰 식당을 꽉 채우는 만석도 여러 번 해보았고, 손님이 대기하는 희열도 맛보았다. 하지만 〈북한산우동집〉은 아직도 꿈꾼다. 장사가 잘되는 식당 중 하나가 아닌 압도적인 매력과 스토리를 지닌 명소로 자리매김하는 찬란한 그날을 꿈꾼다. 누구보다도 더 절실하고 또박또박하게 걸어갈 것이기에, 그 꿈은 이루어지리라 믿는다.

필자에게 걸려온 김대영 사장의 상담 전화는 조금은 건방졌다. 건방지게 전화를 걸었던 것이 아니라 자신이 나를 선택했다는 점을 부각시키는 대화를 복기하면 어딘가 내 맘에는 건방지게 느껴졌다. 왜 그랬는지는 만나고 나서야 젊은 사업가의 기질 탓이었음을 이해할 수 있었지만 처음에는 그랬다.

필자의 책을 본 수많은 사람들이, [맛있는창업] 홈페이지를 방문한 그 수많은 사람들이 인연이 되지 못하고 스쳐 흘러간 것은 마땅하고 당연하다는 〈북한산우동집〉 김 사장의 표현은 일견 맞는 말이었다. 단박에 고수를 알아보는 사람이 있는 반면, 고수가 공짜로 훈수를 해줘도 시큰둥하는 사람도 흔한 것이 사실이었기 때문이다.

식당이라고는 아무것도 모르는 초보였지만, 장사의 개념을 놀라울 정도로 파악하고 있다는 점에서 꽤 흥미로운 사람이었다. 이런 사람도 있기는 하구나를 만날 때마다 새삼스레 감탄을 했다. 그러면서도 한편으로는 '그 자신감이 꽤 많은 경험을 사서 하게 될 거야'라는 속마음도 있었다. 많이 알면 알수록, 하나하나 일일이 직접 확인을 요하고 체험을 통해 몸으로 받아들이는 형식은 그간 많이 봐온 탓이었다. 특히나 장사 경험이 많을수록 전문가의 말을 곧대로 따르지 않고 한 번은 자기 식으로 풀어본 후에, 그 후에나 필자의 조언을 따르는 과정을 수없이 봐왔기 때문이었다.

좋은 가게를 단박에 구하는 솜씨는 마치 고수의 그것이었다. 장사 경험이 풍부한 사람들도 가든 자리 하나 구하는데 여러 달이 걸렸는데, 김 사장이 필자에게 보여준 매물들은 모두 합격점을 받았다. 단지 거리가 너무 멀어서 초기 의욕에는 출퇴근이 가능하지만 시간이 지나면

<북한산우동집>의 '김대영' 입니다.
저희 주소는 경기 고양시 덕양구 북한산로 639
전화번호는 02-354-0818입니다.

지치니까 포기하라고 한 자리도 있었고, 본인이 예상하는 자금보다 더 많은 자금이 들어감을 인지한 필자의 권고 덕에 포기한 자리도 있었다. 어쨌든 지금의 <북한산우동집>은 필자를 만나서 한 달이 되기 전에 결정한 자리다. 매물도 5번째 정도에서 아주 빨리 결정을 했다. 거기까진 아주 좋았다. 그런데 똑똑이는 사서 고생을 하기도 한다.

함께 계약을 하러 가자고 해서 갔더니 혼자 알아서 다 하고 있었다. 그러다 잔금일자를 한 달 후로 미루라는 필자의 말을 까먹고 계약일자에서 일주일 뒤로 잔금일자를 잡은 것이다. 임대료는 잔금을 치르고 열쇠를 넘겨받는(공사를 하려면 열쇠를 받아야 하니까) 그 순간부터 계산된다. 그래서 그 시간을 아끼려면 잔금은 통상 계약일자로부터 한 달 후가 좋다. 그래야 그 안에 실측을 하고 공사계획을 세우고 로고를 만들고 하는 일들을 할 수 있기 때문이다. 그런데 김 사장은 잔금을 서둘러 주고, 아무것도 하지 않는 시간에도 월세를 내겠다는 계약서를 쓴 것이다. 필자가 눈앞에 있으면서도 일사천리로 건물주와 진행하는 과정에서 스톱을 할 겨를이 없었다. 아니 어쩌면 마음 한구석에서는 '이것도 장사를 배우는 과정이니까 지금 겪는 게 180만원이라는 높지 않은 월세니까 도움이 될 거야'라는 필자의 판단이 있었는지도 모른다.

식당을 하기 전에 손님으로서 장사의 맥을 잡는 것과 내 돈이 '억'이 넘게 투입되면서 바라보는 장사의 개념은 완전 다르다. 그건 아무리 설명한들 이해될 수 없다. 닥치면 알게 되고, 막히면 깨닫게 되는 게 식당 창업이다. 그러나 정말 가시 말아야 할 길이리면 막는 게 컨설턴트의 일이고, 가급적 작은 난관도 겪으면서 거기서 무너지지 않게 조율하는 것도 컨설턴트의 역할이라고 생각한다.

나의 창업 메뉴는 국밥

내 나이 올해로 36세, 토끼 같은 와이프 그리고 더 토끼 같은 두 아이와 함께 살고 있는 대한민국의 평범한 초보 아빠다. 그리고 작은 식당의 주인이기도 하다.

3년 전까지만 해도 나는 상호만 들어도 알만한 레스토랑에서 50여 명의 인력을 관리하는 주방의 총책임자, 흔히 말하는 쉐프였다. 당시에는 나름 동료들 사이에서도 뒤지지 않는 경력과 스펙으로, 조직에서도 승진과 함께 그에 따른 연봉과 여유로운 근무시간 속에서 일을 하는 그런 조건 속에서 살았다. 하지만 그 당시 항상 마음 한 구석에 풀리지 않는 의문점이 하나 있었다.

'왜 현장에는 40대 중후반 이상의 남자가 없는 걸까?'

분명 20대에는 느끼지 못했던 그 의문점이 30대에 접어들며 생기기 시작했고, 그 후로도 몇 년간 정확한 답을 찾지 못하다 결혼 이후 '아빠'가 되면서 자연스럽게 알게 되었다. 현장에서 40대 중후반의 남자들은 대부분 조직을 스스로 나갔거나 몇몇은 퇴출을 당하는 구조였다. 답을 찾게 되니 이대로 나의 40대를 맞이할 수는 없었다. 나 또한 선배들을 밀어내고 이 자리에 섰던 것처럼 몇 년 후에는 누군가가 나의 자리를 차고 올라올 것이고 나도 어느 날 갑자기 조직을 떠나야 하는 혹은 떠나게 되는 그런 사람이 될 수밖에 없었다. 그 후 나는 조용히 창업을 준비하게 되었다.

당연히 창업에 대한 자신은 있었다. 나름 경험도 풍부하다고 생각했고 경력도 뒤지지 않는다고 생각했으며 회사 시절 여러 신규 매장을 오픈해 본 경험도 있고 무엇보다 내가 직접 음식을 할 수 있었기에 나는 창업을 하면 나쁠 것이 하나도 없다고 생각했다. 당시에는 정말 그렇게 생각했었다.

나는 작은 식당을 하고 싶었다. 그 중에서도 누구나 편하게 찾고 먹을 수 있으며 든든하게 먹을 수 있는 서민적인 한 그릇이 내가 원하는 아이템이었고, 그런 나의 생각들이 모여 내린 결론이 바로 국밥이었다.

회사를 그만두고 주변 지인의 도움으로 국밥에 대한 기본기와 노하우를 배우며 국밥집 주방에서의 노하우와 비상시 상황대처능력들을 몸소 익혔다. 그리고 직접 발로 뛰어다니며 상가를 물색하고 그중 내가 원하는 평수의 상가를 아주 저렴하게 계약했다. 그리고 부족한 오픈비용을 감당하려면 신품으로 기기를 구매할 수 없었기에 가격 대비 성능이 좋은 중고물품들도 미리 다 구해놨다. 가게 인테리어의 경우 페인트칠도 직접 하고 기술자들의 보조역할을 자처하며 인건비를 아껴 아주 저렴하지만 정말 만족스럽게 인테리어 공사를 진행했다. 나는 역시 경험이 많고 외식업에 잔뼈가 굵었으니까 가능한 일이라고 생각했고, 그렇게 성공하여 예전 회사 사람들이 나를 부러워할 정도로 성공할 것이라고 믿었다. 나에게 실패나 어려움이 생길 것이라고는 단 한 번도 생각하지 않았고 전혀 의심하지도 않았다. 나만의 우물 속에서 말이다. 아마 내 인생에서 최대로 우쭐했던 시기는 그때가 아니었을까 생각하곤 한다.

위기감에 시작한 신메뉴와 가격 할인

나는 그렇게 창업을 했다. 공사비용과 보증금 명목으로 부족한 돈을 대출받기는 했지만 결혼 후부터 그간 열심히 모았던 돈이 어느 정도 있었기에 힘들지 않게 창업을 할 수 있었다.

오픈은 무지하게 더운 한 여름날이었다. 단순하게 생각해도 더운 여름날 뜨거운 국밥을 누가 얼마나 먹겠냐 싶겠지만, 그래서 나는 한여름에 오픈을 강행했다. 왜냐하면 나는 나름 외식업의 베테랑이었고, 이것 또한 나만의 전략이라고 생각했다. 상대적으로 한가한 비수기에 오픈을 하면 처음 내 가게를 찾는 손님들이 뜸할 것이고 그 손님들과 차분하게 스킨십과 대화로 친해지면 어느새 확실히 내 손님으로 만들 수 있는 여유가 있을 것이라는 과거의 경험에서 나온 판단 때문이었다. 이뿐만 아니라 여러 가지 상황에서 나는 나만의 생각과 고집이 있었기에 오픈 초기 매출이 부진한 것은 당연한 것이고, 이 또한 영업의 전략이며 더 나은 내일을 위한 투자라면서 내가 가고 있는 방향이 무조건 옳다며 고집을 피웠다. 나의 매장에 그리고 나의 어깨에 내리고 있는 가랑비를 느끼지도 못한 채 말이다. 그렇게 고집을 내세우다 오픈하고 세 달쯤 지났을 때에야 비로소 위기감이 느껴졌다.

마음이 급해지다 보니 이대로 가만히 있을 수 없었다. 뭐라도 해야만 했다. 먼저 나의 요리 실력을 믿고 새로운 메뉴 개발에 도입했다. 새로운 메뉴를 선보이면 그 메뉴 때문에 손님들이 늘어날 것이라 자신했고, 기존의 국밥에 갈비를 넣어 만든 갈비 국밥을 신메뉴로 만들었다. 다행히 그것은 아주 맛있었다.

하지만 이것만으로는 뭔가 부족했다. 신메뉴 한 가지만으로는 손님을 끌어모으기에 역부족이라는 생각이 들었다. 그래서 결국 남들과 같이 가격 할인을 시도했고, 주말에는 소주 할인과 평일 점심에는 국밥 할인을 강행했다. 할인을 하면 달라질 것이라 생각했었다. 하지만 사람들이 깜짝 놀랄 만큼의 할인 금액도 아니었고, 고작 1~2천원을 할인해 주는 것에 대해 사람들은 크게 흥미나 관심을 갖지 못했다. 그깟 몇 천원 할인해 준다고 손님들이 그 돈을 아끼려고 일부러 나의 가게를 찾아오거나 천원을 할인해 줘서 고맙다는 손님은 정말 어쩌다 한두 명이 전부였다. 그저 밥 한끼 먹으러 왔다가 생각지도 않았던 천원을 그냥 더 돌려받은 셈이었다.

점점 주방은 더 복잡하고 힘들어지는데 매출은 이상하게 더 낮아지고 있었고 할인으로 인해 나의 가게는 싸구려 이미지만 더 늘어날 뿐이었다. 그리고 점점 바닥을 보이는 내 여유자금과 함께 나는 매월 신용카드 값과 말일 거래처 결제를 걱정하는 그런 '사장님'이 되어가고 있었다.

생각의 전환 그리고 우산

나는 이 가랑비를 더 이상 이대로 계속 맞고 있기 힘들었다. 소리 없이 조용히 계속 나를 적셔가는 가랑비가 싫었다. 낡고 작은 우산 하나라도 있으면 좋겠다는 생각이 들었다. 나의 근황을 물어보는 주변인에게는 '괜찮다. 걱정 안 해도 된다' '장사 잘되고 있으니 걱정말라'고 이야기했지만 나의 말과 표정은 달라도 한참 달라 보였나 보다. 답답한 마음에 답을 찾으러 다녔다.

1년 사이에 대박가게로 탈바꿈한 동네 아귀찜집을 찾아가 사장님께 조언을 구했다. 분명 그 식당도 처음에는 장사가 안 되고 힘들었던 것으로 기억하는데 가게 외관을 바꾸고 무언가를 바꾸고 난 뒤부터는 점점 손님이 늘기 시작하더니 매일같이 사람들이 줄을 서고 있었다. 우리 손님들의 입을 통해서도 그 집에 대한 이야기를 종종 듣고 있었다. 처음부터 장사가 잘되고 대박가게였다면 모르겠지만 분명 그 집도 힘든 시기가 있었고 나와 비슷한 시기를 겪지 않았을까? 그 시기를 어떻게 현명하고 슬기롭게 이겨냈을까? 그 답을 듣고 싶었다.

사장님께 솔직하게 나의 상황을 이야기하며 지난 1년 동안 엄청난 성장을 하게 된 비결이 뭔지, 나는 어떻게 하면 되는지 여쭤봤더니 그 사장님은 나의 절박함이 보였는지 나에게 한 권의 책을 추천해 주었다. 사장님은 책을 읽어 보고, 다시 보고, 또 정독하여 개념을 이해한다면 분명 가게에 도움이 될 것이라며 꼭 책을 읽어 볼 것을 권했다. 〈식당의 정석〉이라는 책이었다. 나는 바로 책을 구입해 읽었다. 기존의 내 생각과 다른 점에 너무 놀랐다. 책에서는 이렇게 이야기하고 있었다.

첫째, 메뉴는 주력메뉴 한 가지만 해라. 한 가지가 안 된다면 되도록 메뉴의 가짓수를 줄여라.

둘째, 1인 1식을 강요하지 마라.

셋째, 원가에서 자유로워 져라.

넷째, 할인보다는 가격을 인상하라.

다른 내용도 많지만 지금 당장 나에게 적용할 수 있는 것들은 이 4가지였다. 내가 알고 있던 것과 달라도 너무 달랐다. 분명 회사에서는 이렇게 가르쳐 주지 않았고 나도 그렇게 배운 적이 없었다. 메뉴가 많아야 여러 손님을 다 만족시킬 수 있을 것이고, 기본 1인 1식이어야 한 테이블에 4명이 와서 2인분만 주문하고 테이블을 다 차지하는 걸 방지할 수 있으며, 원가는 판매가의 35%만 넘어도 분석을 해서 본사에 보고를 하고 그에 따른 액션과 함께 원가절감을 해야만 했다. 가격은 자칫 잘못 인상하면 기존 손님들의 반감을 살 수 있어 가격인상이 아닌 가격할인이라는 카드로 손님들을 유인하는 게 보편적이었다.

나는 책을 보며 '과연 이게 정석이 맞나?' 하는 의문이 들었다. 이 의문을 풀지 않으면 안 될 거 같아 책을 다시 보고 또 읽어보고 또다시 정독했다. 그렇게 책을 4번을 보고 나서야 깨닫게 되었다.

'맞다! 나는 사업주다! 사장님이다! 나는 이제 더 이상 매니저가 아니다.'

메뉴를 줄였다고, 1인 1식을 강요하지 않는다고, 원가가 35%를 넘었다고, 그리고 가격을 마음대로 인상했다고 나에게 책임을 물을 본사도 없었고, 그것에 대해 보고서를 쓰지 않아도 되고 피드백을 하지 않아도 된다. 내가 사업주이기 때문에 내가 하고 싶으면 하면 된다. 그 누구의 눈치를 볼 필요도 없으며 모든 책임은 그저 내가 지면 되는 것이다.

　더 이상 내가 관리하던 50여 명의 주방인력은 이곳에 없다. 메뉴가 많으면 그만큼 인원이 많으면 좋겠지만 혼자서 주방을 도맡아 하고 있는 나에게는 메뉴를 줄이는 게 주방을 위해 좋을 것 같았다. 없어진 메뉴를 좋아했기에 우리 매장에 왔다가 되돌아가는 손님도 있겠지만 메뉴 가짓수가 많다는 이유 때문에 그 어떤 손님도 점심, 저녁을 매일 우리 가게에서 먹지 않는다.

　그리고 손님이 혼자 와도 혹은 연인이 와도 아니면 가족이 와도 테이블 1개를 차지하고 밥을 먹는다. 혼자 왔다고 기사식당처럼 합석을 요구하지도 않는다. 그리고 테이블이 부족할 정도로 줄을 서는 식당도 아닌데 왜 테이블을 아까워 해야 할까? 넓게 앉게 하면 더 편하게 식사를 할 수 있을 텐데. 그리고 4명이 와서 2인분만 시키면 그냥 그 테이블은 2명이 온 테이블이라고 생각해 버리면 그만이었다. 2인분만 시켰다고 눈치 줄 필요가 없었다.

　원가는 지금 내가 절감한다고 해서 이익이 많이 남아 당장 부자가 될 것도 아니고 그것도 손님이 많을 때의 이야기지 지금 비어 있는 테이블도 많은데 원가타령 하고 있을 상황이 아니었다. 지금보다 푸짐하게 주자. 그냥 푸짐하게 주는 것이 아니라 하나를 주어도 정말 먹을 만한 것으로 돈이 아깝지 않을 한 그릇을 내어주자. 원가가 35%를 좀 넘어가면 어떤가. 원가 40%, 50% 된다고 법적으로 위반사항도 아니고 내가 더 준다고 누가 내게 손가락질하겠는가? 지금처럼 계속 한가하다 망하나 식재료를 아낌없이 퍼부어 마진이 안남아 망하나 어차피 매한가지일 것을….

　마지막으로 책을 다 읽은 날, 나는 바로 가게 앞에 걸려있던 가격할인 현수막을 떼어 버렸다. 가격인상까지는 아니지만 이대로 계속 할인가격으로 판매해도 한가하고 주방만 바쁠 거라면 '내 판매가는 아직도 할인가격이다'라는 생각으로 할인금액만큼 손님의 한 그릇에 고기 한 주먹, 야채 한 주먹을 더 넣어주었다. 이런 작은 고정관념의 변화는 그동안 가랑비에 흠뻑 젖어버린 나에게 우산이 되어 줄 것이라는 기대감으로 바뀌었다. 물론 이런 변화를 시도한다고 매출이 오를 거라는 보장은 없었다. 손님이 늘어날 거라는 보장도 없었다. 하지만 이것들은 지금까지 내가 한 번도 해보지 못했고 생각지도 못했던 것들이기에 이 변화의 결과에 대해서는 나는 아무것도 예측할 수 없었다. 다만 그저 즐거웠고, 매일 똑같은 한가한 일상에 무언가 숙제가 생겼고, 나는 그 숙제를 잘 풀어보고 싶은 욕심이 생겼다. 이렇게 활력이 생긴 건 참 오랜만이었다.

○ 우산을 쓰고 나면 보이는 것들

나의 변화가 시작되었다. 〈식당의 정석〉을 시작으로 여러 관련 서적을 계속하여 읽고 공부하기 시작했다. 생각해 보면 회사생활 때도 승진이라는 명분이 있었지만 회사를 위해 그렇게 공부를 했으면서 왜 정작 내 가게를 위해서는 한 번도 공부를 하지 않았을까? 그렇다고 지금 와서 후회한들 뭐 하겠는가? 중요한 건 지금부터다. 지금부터의 나의 마음가짐과 실천이다.

손님들의 반응은 흥미로웠다. 메뉴판을 정리하니 메뉴판 보기가 어지럽지 않아 좋고 우리 가게에서 잘하는 게 뭔지가 바로 보여 메뉴 선택이 쉬워졌다는 것이었다. 그리고 2명이 와서 1인분만 주문하며 미안하다고 이야기하는 손님에게 웃으며 괜찮다고 바로 준비해 드리겠다고 하니 손님들은 더 좋아했다. 분명 일행 중 배부른 사람도 있을 터인데 억지로 안시켜도 되고, 한 그릇만으로 즐거운 식사를 할 수 있어 고맙다고 말해 주었다. 손님들의 긍정적인 말들은 나를 더욱 신나게 해줬으며 나의 공부를 계속 지속할 수 있도록 도와주었다.

책을 통한 나와 내 가게의 변화는 점점 피부로 느낄 수 있었다. 나는 지금의 좋은 변화를 계속 더 오래 지속하기 위해 〈식당의 정석〉을 쓴 저자를 만났다. 그리고 〈남일국밥〉의 컨설팅을 의뢰했다.

가게의 변신은 말 그대로 파격적이었다. 수많던 메뉴는 딱 3가지, 아니 실상 따져보면 딱 2가지 메뉴로 줄었다. 그동안 내가 만든 음식들이 맛이 없거나 형편없었다고 생각하진 않는다. 다만 평범할 뿐이며 세상에서 제일은 아니라는 것이다. 내 음식들이 그랬던 것이다. 국밥집의 간판을 걸고 영업을 하고 있었지만 내 가게에는 주력 메뉴가 없었다. 손님들은 반찬도, 메인 음식도, 곁들임 음식도 맛있는 집을 기억하기보다 한 그릇을 깨끗하게 비웠던 기억을 더 선명하게 기억한다. 이것저것 수많은 메뉴로 손님들의 기억을 어지럽히기보다는 확실한 한 가지를 잘하는 집에서 그 한 그릇을 깨끗하게 비워낸다면 그 손님의 머릿속에 그 가게는 엄청나게 각인될 것이다. 그래서 나는 전문가의 조언을 듣고 과감히 메뉴의 숫자를 대폭 줄이게 되었다. 그로 인해 주방은 엄청나게 편해졌으며 2가지 메뉴만을 위한 식자재 구매는 기존의 여러 가지 소량구매에서 단 몇 가지의 대량구내로 이어지며 식자재 가격은 저절로 저렴해졌다.

그리고 거의 모든 식당들이 천편일률적으로 똑같이 내어주는 것들을 특별하게 내주기 시작하자 손님들의 반응은 놀라웠다. 그것들이 무엇이냐고? 바로 공깃밥, 물, 김치다. 모두가 똑같이 주는 것을 특별하게 내어주는 것과 우리 집의 주력메뉴가 특별한 건 다르다. 집집마다 주력메뉴는 어딜가나 특별하기 마련이다. 하지만 거의 모든 집들이 플라스틱 물통에 담아내는 정수기물, 아침에 대량으로 지어 스텐레스 그릇에 꾹꾹 눌러 담아 온장고에 보관한 공깃밥을 제공하며, 김치는 공장에서 만들어진 담금김치를 썰어 내어 주는 게 전부다. 물론 아닌 집들도 많겠지만 가만히 생각해 보면 거의 대부분이 그렇게 장사를 하고 있다. 나는 이것들만 조금 특별하게 바꿔줬는데도 손님들은 생각 이상으로 좋아하고 만족해 했다. 그렇게 기존과 큰 틀은 바꾸지 않은 상태에서 약간의 변화만으로 손님들은 좋아했고, 그렇게 한두 번 오던 분들이 새로운 사람들과 함께 재방문을 해줬다. 또 소문 듣고 왔다는 손님, 누가 추천해 줘서 왔다는 손님도 있었다.

 매출이 하루아침에 크게 늘지는 않았지만 조금씩 긍정적인 피드백을 주는 손님들 덕분에 점점 출근하는 길이 더 이상 힘들지 않고 즐거워졌다. 거의 1년여 만의 일이었다. 몇몇 사람들은 내 이야기를 보고 지금쯤이면 내가 돈을 많이 벌어 엄청나게 성공을 하여 이 글을 쓰고 있다고 생각할 수도 있겠지만, 내가 변신을 시도한 건 불과 반 년 전의 일이다. 아직 매출을 공개하기에 자랑스러운 수치는 아니다. 그저 나 혼자 만족하는 정도다. 크게 부족한 돈 없이 말일이면 거래처 결제하고, 나와 내 가족이 부족한 거 없이 먹고, 매일 조금씩 적금을 모으고, 나의 두 아이들과 아내에게 부족함 없이 필요한 것들을 다 해주고 그러고도 돈이 아주 조금 남을 정도다.

새로운 도전, 〈남쪽마을돌짜장〉

나에게 새로운 목표가 생겼다. 그동안 나의 직장이자 가족 같은, 때로는 친구 같은 〈남일국밥〉을 가슴에 묻고 새로운 시작을 준비하게 된 것이다.

내가 식당에 대해 공부를 하면서 가장 크게 배운 점은 바로 '무엇을 파느냐보다는 어떻게 파느냐'라는 판매의 기술이다. 나는 지금까지 내가 어떻게 국밥집을 운영했는지에 대한 이야기, 국밥을 맛있게 만드는 방법에 대한 이야기를 하고자 했던 것이 아니다.

[맛있는창업]의 컨설팅을 통해 〈남일국밥〉이 나름 선전을 했다. 하지만 공부를 통해 장사에 대해 알게 되고, 식당이 잘되다 보니 메뉴의 한계가 느껴졌다. 이때 [맛있는창업]에서 국밥이 아닌 다른 메뉴로 업종변경을 권유했고, 가든식당에서 새로운 메뉴를 시작하게 되었다.

나의 두 번째 도전은 짜장 한 가지만 제대로 만드는 〈남쪽마을돌짜장〉이다. 양식을 전공했던 전직 쉐프가 돌연 국밥집을 창업하더니 이제는 중식을 한다고 의아해 하지 않았으면 좋겠다. 중요한 건 '무엇을 파느냐보다는 어떻게 파느냐'이기 때문이다.

국밥집을 운영하며 외롭고 힘들었던 처음 1년과 공부를 하며 다시 도약의 발판을 마련했던 1년, 그렇게 2년 동안 그 어떤 것과도 바꿀 수 없는 경험을 했고 이제는 그 경험을 바탕으로 정말 맛깔나는 〈남쪽마을돌짜장〉을 시작한다. 앞에서도 말했지만 나는 대단한 성공을 한 사람이 아니다. 그저 대한민국의 평범한 자영업자이고 초보 아빠이고 한 가정의 가상이다. 이런 평범한 사람의 이야기를 나와 비슷한 길을 가려는 다른 평범한 사람에게 들려주고 싶었다.

○
느리더라도 한걸음씩 나아가는 나는 느린 거북이

불과 1년이다. 〈식당의 정석〉을 읽고 그간의 내 고정관념을 버리고 그때부터 나와 내 가게를 위해 매일 공부를 하며 하나하나 나를 바꿔간 것이 고작 1년 전이다. 그간 나에게 일어난 많은 변화는 분명 악순환이 아닌 선순환이었고, 그 선순환들은 계속해서 더 나은 방향으로 그리고 올바른 방향으로 나를 안내해 주었다. 인생도 그렇겠지만 장사 또한 그런 것 같다. '속도보다는 방향'이 중요하다. 어차피 세월은 누구에게나 하루 24시간을 선물한다. 빨리 가도 혹은 느리게 가도 하루이고 한 달이며 일 년이다. 하지만 올바른 방향을 알고 가는 사람은 중간에 되돌아 다시 방향을 잃는 일은 없을 것이다. 방향의 중요성을 모르고 속도만 생각하는 사람들은 방향설정이 잘못되어 여러 번 목적지를 수정하며 돌아가기도 하고 뒤로 가기도 할 것이다. 내가 그랬었다. 속도가 중요하다 생각했고 가게를 오픈하면 저절로 많은 돈을 벌 수 있을 거라고 생각했었다. 하지만 1년 여 만에 다시 목적지를 설정했고 지금은 느리더라도 그 목적지를 향해 꾸준히 나아가고 있다.

나는 지금도 매일 아침 30분씩 공부를 한다. 그리고 정기휴일인 매주 월요일에는 가족들과 좋은 음식을 먹고 좋은 곳에 가서 좋은 것들을 보고 온다. 일주일에 6일 동안 가게에서 생활을 하는 나에게, 그리고 그런 남편과 아빠를 둔 아내와 아이들에게 일주일에 하루만큼은 아빠로서 남편으로서 소소한 선물을 하는 것이다. 그리고 동네 사람들의 관심과 사랑으로 얻어진 우리 가게의 수익으로 다른 관심이 필요한 분들에게 식사나눔과 기부도 꾸준히 하고 있고 앞으로도 계속할 것이다.

지금 내가 하고 있는 이런 것들은 나에게 올바른 방향을 제시해 주고 있고 나는 비록 느리더라도 그 방향을 따라 한걸음씩 걸어나가고 있다. 이러한 나의 변화와 방향이 2년 전 나에게 주어졌다면 어땠을까? 후회나 아쉬움은 없다. 지금이 중요하며 나는 매우 즐겁고 행복한 하루하루를 살고 있다.

아내와 아이들이 일어나기 전 아침에 일어나 나의 가족들을 바라보며 하루를 시작할 수 있음에, 매일 아침 나와 내 가게를 위한 공부를 할 수 있음에, 공부를 하며 나의 가게를 지속할 수 있음에, 가게를 지속하며 부끄럽지 않은 아빠가 될 수 있음에 감사하고, 더 나은 내일을 꿈꿀 수 있음에 감사한다. 그래서 오늘도 나는 행복하다. 오늘도 느리더라도 한걸음씩 나아가는 나는 느린 거북이다.

〈맛있는 창업〉의 훈수
TO. 〈남쪽마을돌짜장〉

이 책이 만들어지는 과정에 〈남일국밥〉을 정리하고 〈남쪽마을돌짜장〉이라는 돌짜장 하나만 파는 온리원 식당이 시작되었다. 2017년 가을 서정우 사장을 처음 만나고 1년도 되지 않는 사이 나는 서 사장의 식당에 3천만원을 대가없이 투자할 정도로 신의가 생겼다.

〈남일국밥〉을 1년 동안 하면서 혼자 별별 궁리를 다했다고 들었다. 나름 쉐프에, 대기업의 외식사업부에서 성적 좋은 관리자였으니 온갖 자료를 가지고 시도했음은 보지 않아도 뻔하다. 그럼에도 서 사장의 국밥집은 매출이 오르지 않는 신기한 현실을 보여주기만 했다고 후일담으로 들었다. 그러다 바로 옆에서 장사를 하던 〈탱고아구찜〉이 필자에게 컨설팅을 받은 후 1년 만에 비약적인 발전을 하는 것을 눈으로 지켜보고, 본인도 컨설팅을 받기 위해 하루에 3~4만원씩 일수를 찍듯 돈을 따로 모았다는 말을 들었다.(월 매출 2천만원이 채 안 되던 평범한 아귀찜집이 〈탱고아구찜〉이라는 간판을 달고 필자의 훈수대로 열심히 고비를 넘긴 덕에 지금은 광주에서 1위의 인지도와 월 매출은 억대를 넘보는 가게가 되었다)

하루하루 컨설팅비를 모으기 위해 혼자서 1시간씩 더 연장영업을 했다고 들었다. 그렇게 모은 돈으로 [맛있는창업] 회원에 가입하고, 클리닉 비용을 마련했기에 첫 만남부터 남다른 인상으로 다가온 사람이 〈남일국밥〉의 서 사장이다. 필자의 클리닉으로 가게는 훨씬 더 자신감이 붙었고 매출도 오르긴 했지만, 내심 필자의 염려가 머리를 떠나지 않았다. 바로 국밥과 전골이라는 메뉴에 대한 시간적 고단함을 너무 잘 알고 있던 터라 사실은 업종 변경이 더 필요했다고 결국은 털어놓았다. 다른 음식에 비해 국밥과 전골은 사람들에게 널리 알려지려면 시간이 오래 걸리고, 특히 국밥의 경우 내용물이 국물에 담기는 태생적 모양의 한계로 인해 가성비를 보여주기 어려운 메뉴이다. 그래서 국밥집은 아무나 하는 메뉴가 아니다.

하지만 서 사장은 업종을 바꿀 돈이 없었고, 필자는 어떻게든 좋은 식당으로 만들어 주고 싶

 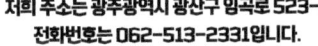

었다. 그래서 시설투자를 하지 않아도 되는 가든을 혹시 보게 되면 그쪽으로 가게를 이전하고, 내가 절반의 돈을 투자하기로 약속을 했다. 적으면 3천만원, 많으면 5천만원이었다. 본인이 현재의 국밥집을 정리하면 그 돈은 충분히 준비할 수 있었기 때문에 시설만 멀쩡한 가든을 얻는다면 충분히 도전할 수 있는 일이기에 제안을 했고, 그것은 거짓말처럼 현실이 되었다. 예쁜 정원이 있는 양옥집 식당을 헐값에 얻을 수 있었고, 원래 시설을 그대로 사용하면서 도배 정도만 바꾸는 것으로 새로운 가든식당을 오픈하게 되었다.

그리고 이 책이 출간될 무렵 이미 줄서는 식당이 되었고, 방송까지 탔다는 것은 크게 중요하지 않다. 서로 생면부지의 사람이 만나서 1년도 안 되는 사이에 적지 않은 돈 3천만원을 얻을 만큼의 신용을 가지게 한 사람이 서 사장이라는 점이 중요한 포인트다. 5년, 10년을 만나도 늘 선을 그으면서 만나는 사이도 흔하다. 특히 필자처럼 컨설팅이 업인 사람들은 필자의 도움을 빌미로 눈에 드는 행동을 하는 사람들이 많기에 사람에 대해 특히나 조심을 하는 편이다. 하지만 이번 <남쪽마을돌짜장>은 거의 확실했다. 여기서도 사람을 틀리게 봤다면 21년 컨설팅은 헛으로 한 거나 마찬가지일테니 말이다.

이만한 사람을 만나는 일은 살면서 정말 굉장한 행운이다. 그렇게 다가온 사람이라서 이 책 Part 1의 마지막을 장식하는 것도 함께 영광스럽다. [맛있는창업]식 장사, [맛있는창업]스럽게 하는 장사를 잘 보여주리라 믿는다. 동갑인 아내와 아들, 딸을 위한 멋진 아빠가 될 것으로 기대한다. 저녁이 있는 식당을 만들어서 6시면 퇴근하는 식당, 온리원으로 오직 돌짜장해야만 하는 식당, 필자에게 매달 적지 않는 수익금을 안겨줄 식당, 그런 식당이 되기를 학수고대는 아니고 슬쩍 부담을 줘보고 싶다.

Part 2
왜 우리 동네에는 갈만한 식당이 없을까?

Part 2는 〈맛있는 창업〉
이경태 소장의 글이다.
여기에서는 동네에서
자주 가는 식당을 통해
식당의 기본기에 대한 이야기를
풀어 보고자 한다.
짬뽕집만 메뉴를 줄여야 하는 게 아니고,
짬뽕집은 좋은 쌀을 쓰지 않아도 된다는 말이
아니라는 것쯤은 알 것이다.
모든 식당이 기본으로 지켜야 할 것들을
한 식당을 빗대어 설명하자니
미안함이 들어서,
특히 부족한 식당들을 모델로
이야기를 전달하려고 계획했을 뿐이다.
여기에 나오는 10가지 제목들은 어쩌면
식당 주인이라면 반드시 알고 있어야 할,
무조건 실천해야 할 기본기들로 보면 좋다.
등장한 식당의 업종은 중요하지 않다.

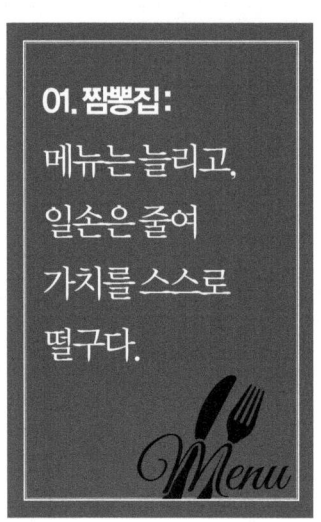

01. 짬뽕집:
메뉴는 늘리고,
일손은 줄여
가치를 스스로
떨구다.

동네에서 오랜만에 좋은 짬뽕집을 찾았다. 홍합만 산더미처럼 쌓인 흔한 짬뽕이 아닌, 고명이 잔뜩 올라가 있고 불맛도 제대로여서 풍미가 남다른 짬뽕집이었다. 그래서 동네여서가 아니라 진심으로 고마운 마음에 가끔씩 찾곤 하던 식당이었다. 특히나 요리류를 제외하면 짬뽕과 짜장면, 탕수육 정도만 하는 심플한 메뉴판이어서 더욱 마음에 들었다. 다만 짜장면은 짬뽕에 비해 훨씬 떨어지는 맛인데, 구색 맞추기로 파는 것이 아쉬웠다.

하지만 역시나 시간이 흐르면서 조바심을 내는 흔한 식당으로 변하는 모습을 보게 되었다. 면 외에는 없던 그곳에 어느 날 볶음밥 메뉴가 추가되었다. 특별함 없이 그저 어디서나 볼 수 있는 그런 볶음밥이었다. 덕분에 아내는 짜장면 대신에 볶음밥을 시킬 수 있다면서 좋아했다. 그래도 2명이 가서 여전히 2인분을 시키는 패턴에는 변화가 없었다. 한 번은 짬뽕과 짜장면을, 한 번은 짬뽕과 볶음밥을 시킨다는 차이가 있을 뿐 지불하는 값은 동일했다. 이렇게 손님이 지불하는 가격에는 변화가 없지만 주방은 바쁠 것이다. 특히나 볶음밥이란 것이 태우지 않게 팬을 지켜봐야 한다는 점에서 조리시간을 늘리는 원흉이 된다는 것을, 수십년 주방장이 몰랐을까? 물어보고 싶다. 물론 주방장의 메뉴 추가라고는 생각지 않는다. 맛있는 짬뽕을 파는 데도 매출이 늘지 않음에서 오는 주인의 조바심 탓이었을 것이다.

많은 식당 주인들이 착각하는 것이 메뉴를 늘리면 안 오던 손님마저 올 것이라는 기대감이다. 혹은 더 다양한 손님이 몰려서 매출이 나아질 거라는 무모한 환상에서 깨어나지 못한다. 하지만 필자의 20년 경험으로 볼 때 메뉴가 늘어날수록 주방은 바쁘고 힘들어지지만 매출은 늘지 않는다. 손님의 수가 다소 늘어날 수는 있겠지만, 길게 보면 그 손님들의 충성도는 모래알처럼 값어치가 없다. 두 명이 가도 '짬뽕' 두 그릇을 시키고, 다섯 명이 가도 '짬뽕' 다섯 그릇을 시키는 식당이어야 한다. 그래야 장사의 긴 호흡에서 살아남을 수 있다. 오직 그것 때문에 찾아가는 손님이 늘어야 한다.

"여긴 아무 때나 가도, 누구와 가도 괜찮아. 메뉴가 즐비하니까 대충 골라 먹으면 그만이야."

손님이 이런 이유로 찾는 식당은 반드시 망하게 된다. 수많은 메뉴 중에서 그거 하나를 제대로 하는 경쟁자가 나타나면 그 시간은 훨씬 더 빨라질 것이고, 그런 경쟁자가 다행히 등장하지 않는다 쳐도 하루하루 연명하면서 가랑비에 젖듯 견딜 거 같던 적자의 물방울이 늪이 되어 나중에는 헤어나오지 못하게 된다. 메뉴를 줄이는 것이 유일한 답이라고 아무리 말을 해도, 열에 아홉은 메뉴 늘리기로 생존을 꿈꾼다. 그래서 진짜 고수들은 한 가지로 승승장구하고, 무늬만 고수들은 수많은 메뉴를 늘리며 스스로 지옥에 뛰어든다.

필자가 애정하던 그 짬뽕집이 올해 신메뉴를 하나 더 출시했다. 바로 울짬뽕이다. 이제는 짬뽕도 새로운 메뉴로 선택지를 더 넓힌 것이다. 대신 그 맛있던 짬뽕은 조리 속도가 빨라졌다. 전에는 주문과 동시에 끓여내던 짬뽕이, 메뉴가 늘어나면서 자연스럽게 준비된 짬뽕이 되어버린 것이다. 주문을 하면 바로 짬뽕이 나온다. 당연히 뜨거움이 약하다. 거기에 짬뽕의 고명들은 모두 숨이 죽어있다. 그것만이 아니다. 조리사는 3명에서 2명으로 줄었다. 아마도 인건비 탓일 것이다. 그리고 인원이 줄다 보니 짬뽕은 주문과 동시에 끓이는 방식을 버린 것이다. 수년 동안 그 자리를 버티게 해준 그 짬뽕은 이제 아무런 특징이 없어졌다. 그것을 대체하기 위해 손님들이 울짬뽕에 길들여지려면 시간은 또 얼마나 걸릴까? 왜 맛으로 인정을 받던 짬뽕을 버리면서 새로운 울짬뽕으로 돌파가 가능하다고 생각하는지 정말 궁금하다. 짬뽕을 잘하면서 울짬뽕을 잘하는 것과 짬뽕을 맛없게 하면서까지 울짬뽕은 왜 하는지를 묻고 싶다.

이런 식당은 대한민국에 흔하다. 대한민국 모든 식당이 여름이 다가오면 '냉면' 깃발을 매달고, 대한민국 모든 식당이 저녁에 '삼겹살'을 메뉴판에 넣는 게 바로 이 반증이다. 아니라고 우겨봐야 소용없다. 해가 갈수록 단골이 늘기는커녕 오던 손님도 안 오고, 발길을 돌린 단골 대신 새로운 손님을 잡기 위해 전단지를 뿌리고 블로그에 돈을 주고 광고를 하는 당신의 식당이 여기서 아니길 바라는 것은 손바닥으로 하늘 가리기다.

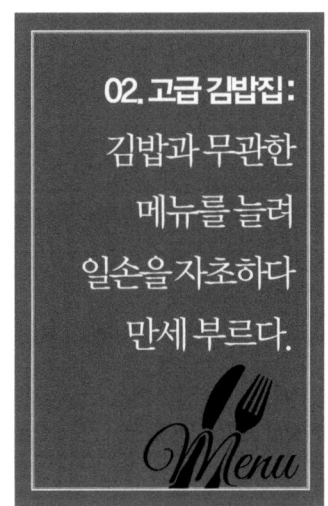

물론 프랜차이즈 가맹점인 김밥집 이야기다. 그렇다고 일반 김밥집이 다르다는 건 아니다. 똑같다. 어느 브랜드 김밥을 꼬집기 위함이 아니고, 그렇다고 일반 김밥이 잘한다고 칭찬하고자 쓰는 글도 아니다. 이야기의 핵심은 체인점이나 개인이나 간판(김밥집)에 걸린 메뉴(김밥)에 주력하지 않고, 엉뚱한 다른 메뉴로 승부하다 제풀에 쓰러져 전 재산을 털어먹는 것에 대한 이야기다. 메뉴 돌려막기로 버티고 버티다 문을 닫아가는 과정을 보면 어찌나 그리 비슷한지 마음이 아프다.

김밥집에 사람들은 무엇을 먹으러 갈까? 김밥을 먹으러, 라면을 먹으러 가는 정도는 이해가 간다. 김밥집에 끝내주는 국수를 먹으러 가는 사람, 끝내주는 비빔밥을 먹으러 가는 사람이 과연 얼마나 될까? 김밥집에서 가성비가 남다른 육개장, 곰탕, 갈비탕을 만들었다고 그게 궁금할 손님이 과연 얼마나 될지 곰곰이 생각해 보자. 육개장이 먹고 싶으면 그거 잘하는 집을 찾고, 국수가 당기는 날에는 국수 잘하는 곳을 찾는다. 식당 주인도 어느 날 그게 먹고 싶으면 그런 식당을 찾으면서, 자기 식당 메뉴판에는 온갖 것을 다 넣으려고 하니 그 점이 컨설팅 20년을 하면서도 참 아이러니하다.

　프리미엄 김밥집의 바람이 한창 불다 최근에는 잠잠하다. 수년 전의 활황세와 비교하면 폭풍 후의 처절함마저 느껴질 정도다. 일반 김밥과 프리미엄 김밥의 차이는 조리과정에 있다. 일반 김밥집은 김밥을 잔뜩 만들어 둔다. 빈 시간에 만들어 두고 바쁜 시간에 여러 줄, 수십 줄을 팔아낸다. 그러나 프리미엄 김밥집은 주문과 함께 만들어야 한다. 따라서 주문 양을 맞추기 위해서는 일손이 많이 필요하고, 그 일손은 식당 지출에서 가장 큰 인건비 부담이 된다. 솔직히 프리미엄 김밥집의 가장 큰 고통은 그것인데, 그것을 다른 식으로 접근해서 풀려고 애를 쓴다. 바로 엉뚱 메뉴들이다.

　기존의 일반 김밥집들이 수십 가지의 메뉴를 이미 선점하고 있기 때문에, 거기서 만들지 않는 메뉴를 애써 개발해 메뉴판에 집어넣었다. 유사메뉴다. 세상에 없는 메뉴가 아니다. 하지만 일반 김밥집과 차별화를 유지하기 위해 프리미엄 김밥집의 엉뚱 메뉴들은 당연히 손이 더 가고 준비가 더 필요하다. 거기에는 일반 김밥집의 가격보다 더 받아야 한다는 명분도 숨어 있다. 그러다 보니 김밥은 김밥대로 주문과 함께 만들어야 하고, 김밥과 무관한 엉뚱 메뉴까지 만들어야 하니 일손을 줄일래야 줄일 방도가 없다. 개인이 만든 프리미엄 김밥집도 여기서 벗어날 수 없다. 패턴은 항시 비슷하다. 망해가는 과정도 비슷하다. 당사자만 불가항력이라고 변명할 뿐이다.

'프리미엄 김밥의 가치에 맞는가?'로 풀었으면 어땠을까? 김밥 한 줄에 5천 원 가까운 가격을 줘야 한다면 정말 그 가치를 채우고 있는지 반성해야 한다. 도저히 5천원 값어치를 맞추기 힘들다면 2천원짜리 김밥으로 새벽부터 수천 줄을 파는 김밥집을 생각했어야 한다. 2천원으로 수익을 남기기 어려운 월세라면 3천원이나 3,500원에 기꺼이 지불할 가치를 만들어 거기에 집중했어야 한다. 주문과 동시에 만드는 김밥은 포기하는 게 낫다. 장사를 하면서 파악한 구매패턴 시간에 맞게 적당량을 미리 만들어 두어 즉시 조리에 따른 인건비 부담을 해결해야 한다.

김밥과 이질적인 메뉴를 늘림으로 인해, 간판은 김밥집인데 파스타나 피자로 손님을 호객하는 것은 절대 옳은 방법이 아니다. 많은 창업자들이 살기 위한 돌파구로 신메뉴를 머리에 담는 것을 탓하지는 않는다. 사람이라면 그럴 수 있고, 그런 노력과 갈구는 반드시 필요하니 말이다. 그러나 일고의 연관성도 없이 오직 눈에 띄기 위한 메뉴 늘리기, 신메뉴 개발은 아무런 도움이 되지 않는다는 말을 독하게 전하고 싶다. 간판에는 삼겹살이라고 붙여놓고, 파스타를 잘 만들어 판다고 손님이 올까? 삼겹살 기름때가 가득한데 거기서 우아하게 파스타를 먹게 한다고 '분위기 참 독특하네'라며 주문을 할 손님이 있을까? 간판에 냉면전문점이라고 붙여놓고 족발을 끝내주게 만들었다고 그게 팔릴까? 간판에 청국장이라고 써두고서 샐러드를 팔면 사먹을까?

물론 살기 위해 추가 메뉴를 만드는 것은 비겁하지 않다. 그러나 뜬금없는 이질적·이국적 메뉴를 무기로 돌파하려는 것은 전혀 도움이 되지 않는다. 특히나 김밥집처럼 지출해야 하는 가격대가 정해진 곳이라면 8~9천원짜리 신메뉴는 팔리지 않는다. 김밥집에서 기대하는 음식은 오직 김밥이기 때문이다. 프리미엄 김밥집들이 과한 가격대의 신메뉴를 경쟁하듯이 공개적으로 드러내는 꼴을 보면, 간판부터 떼어야 하는 게 아닌지 괜한 안쓰러움이 든다. 진정으로 생존하고자 신메뉴를 만들겠다면 간판을 바꿀 각오를 하고 만들어야 한다. 기어이 간판을 바꾸는 게 옳다는 것을 증명할 수 있도록 제대로 만들어야 한다. 어정쩡한 메뉴는 단골이 되지 않을 손님들에게는 적당한 선택지가 될 수 있다. 하지만 진정 그 음식을 좋아하는 손님들은 점점 실망감에 그 좋아하던 음식마저 외면을 시작한다.

대한민국에는 방방곡곡 너무 많은 식당들이 간택을 기다리고 있다. 그거 하나는 확실히 제대로 된 음식을 갖고 파는 게 아니라서 문제일 뿐이지, 하여간 식당은 차고 넘친다. 열에 여덟이 망한다는 것을 익히 알고서도 공부 없이 창업자들이 뛰어들기에 프랜차이즈 본사들이 그렇게 많은 것이다. 그들에게는 그런 창업자들이 솔직히 봉이다.

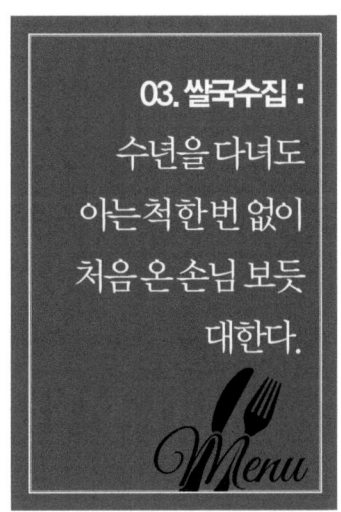

동네에서 경쟁자가 없는 메뉴를 꼽으라면 쌀국수와 파스타가 있다. 두 음식을 좋아하는 편은 아니지만, 쌀국수는 국물이 있는 메뉴라서 파스타보다는 자주 찾는다. 특히 해장을 하는 날에는 간이 쎈 짬뽕보다는 매운 쌀국수가 더 적격이라 술로 인한 재방문이 제법 잦은 편이다. 그렇게 동네 쌀국수집을 다닌 지 벌써 7년쯤 된 거 같다. 그런데 아직도 필자 부부는 그 식당 부부와 면을 트지 않았다. 필자 부부가 쑥맥인 탓도 있겠지만, 아는 체 하지 않는 식당 주인에게 먼저 아는 체를 하기도 멋쩍어서다.

좀 더 이야기를 구체화해 보자. 동네에서 대낮에 대충 입은 복장으로 쌀국수집을 자주 방문한다면 그 손님은 동네 사람이 맞을 것이다. 어쩌다 오는 외지인이 아니라 자주 마주칠 확률이 높은, 그래서 내 식당의 단골로 잡아낼 수 있는 동네 사람인 것이다. 내가 오라고 한 것도 아닌데, 자신들이 자발적으로 와서 내 식당의 밥을 팔아준다면 고맙지 않을까? 그것도 동네 사람이 말이다.

하지만 불행히도 이 식당은 7년이나 다닌 우리를, 많을 땐 한 달에 두세 번도 가는 우리를 항상 처음 온 손님 대하듯 한다. "안녕하세요"가 인사고, "맛있게 드세요"가 인사다. "고맙습니다. 또 오세요"가 마무리다. 적어도 몇 년만이 아니라 수개월 동안 자주 보는 얼굴이라면 "또 오셨네요" "이번엔 좀 오랜만이네요." "오늘도 해장으로 얼큰 쌀국수인가요?" "이거 본사에서 알려준 신메뉴인데 드셔 보실래요?" "커피는 늘 안 드시던데 오늘은 좀 드시고 가세요. 손님도 없는데…" "아이가 많이 컸어요" 이런 말을 건네는 게 힘든가? 쑥스러운가?

덕분에 우리 부부는 언제나 음식만 먹기 위해 갈 뿐이고, 간절한 생각이 없으면 가지 않는다. 다른 사람과는 가지 않는다. 그냥 우리 둘이서만 간다. 7년씩이나 다녔는데도 주인이 우리를 알아보지 않는 모습을 남들에게 들키고 싶지 않다. 그건 어쩌면 손님인 우리의 쑥맥 탓으로 흉잡힐 수 있기 때문이다.

'식당은 맛있어야 한다.' 맞는 말이다. 그러나 대단한 맛은 필요 없다. 한 번 먹고 또 그 자리에서 또 먹고 싶을 만큼의 맛을 가진 식당은 반평생을 살면서 한 손에 꼽는다. 따라서 그걸 기대하고 식당에 가지는 않는다.

'식당은 친절해야 한다.' 그것도 지극히 맞는 말이다. 그러나 나는 손님, 당신은 주인이라고 무조건 주인더러 친절해야 한다고 우기는 것은 손님의 갑질이다. 손님도 예의를 갖춰야 한다. 부를 때는 공손히, 추가는 더 정중하게 말하는 것이 옳다. 그런 손님에게 식당이, 주인이 친절해야 한다. 하지만 실상은 그렇게 살가운 친절도 없는 것이 현실이기에 그게 없다고 재방문을 끊거나 하지는 않는다. 필자도 7년째 다니듯이 말이다.

'식당은 위생적이어야 한다.' 역시나 맞는 말이다. 그러나 그 위생이라는 것은 주방을 보지 않는 한 확인할 길이 없으니 이것 역시 식당이 품어야 할 아주 중요한 단어는 아닐지도 모른다. 일단 식탁에 오른 음식이 깨끗하고 정갈하면 된다. 만든 과정까지 알려고 덤비는 손님은 없다.

그러나 손님들은 식당 주인이 나를 알아봐 주기를 원한다. 어떤 음식을 먹던, 얼마짜리를 먹던 나를 알아보고 안다는 것을 표현해 주기를 바란다. 뭔가를 얻어먹고 싶어서가 아니다. 사람은 누구에게나 기억되고 싶고 인정받고 싶다. 그게 내가 소비를 하는 곳이라면 더더욱이다. 돈을 받는 일도 아니고, 돈을 쓰는 일인데 나를 알아보지 못하는 곳에서 소비를 자주 해야 한다는 것은 어쩐지 손해 보는 느낌이다. 같은 돈을 쓰더라도 나를 단골로 인정하는 집이라면 그 소비의 가치가 유효한데, 생전 처음 본 얼굴로 돈을 받는 주인이라면 당연히 음식값으로 지불한 돈이라 할지라도 아깝다. 아까우니까 자주 들리지 않고 마지못해 필요할 때에만 들리게 될 뿐이다.

필자는 이 쌀국수집의 음식이나 맛에 대해서는 딱히 할 말이 없다. 그냥 내가 먹기에 적당하니까 7년이나 다니는 중이다. 아내와 가끔 둘이서만 먹을 때 가는 집이니까, 그 소비가 얼마 크지 않으니까 다른 걸 기대하지는 않는다. 단골로서 더 주거나 할인·이벤트 이런 것은 감히 바라지도 않는다. 그저 얼굴 보고 알아봐 주기를 바랄 뿐이다. 인사 하나라도 다르게 나누는 사이가 되고플 뿐이다. 어려운 요청도 아닌데 그걸 간과하고 묵살하는 식당이 너무 많으니, 그 쉬운 길을 놔두고 맛이나 새로운 메뉴로 손님을 잡으려고 동동거린다. 그걸로는 전대 단언코 통하지 않는데 말이다.

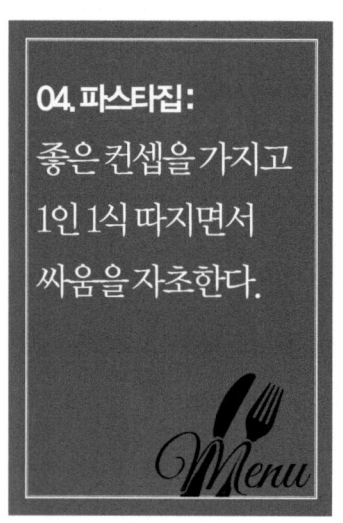

04. 파스타집:
좋은 컨셉을 가지고 1인 1식 따지면서 싸움을 자초한다.

수년을 하던 파스타집이 버거워 컨설팅을 의뢰했다. 우연히 한 동네라 필자도 몇 번 스쳐 지났던(파스타를 즐기지 않는 탓에) 식당이라 반가웠다. 평소에도 아쉽게 생각했던 식당인지라 멋지게 손을 봐줬다. 하루 25만원 팔던 식당을 한 달 후 150만원까지 일체의 홍보나 소문 없이 만들어 주었으니 멋지게 했다고 생각한다. 어떤 식으로 했는지는 여기서는 논외로 하자. 그저 이 식당을 통해 1인 1식에 대한 이야기를 하고플 뿐이다.

필자는 컨설팅을 할 때 제발 1인 1식을 버리자고 권한다. 그거야말로 스스로 발목을 잡는 족쇄이기 때문이다. 손님들은 배가 부르면 셋이서 2인분도 시킬 수 있고 배가 고프면 둘이서 3인분도 시킬 수 있는데, 왜 어딜 가나 1인 1식을 강요하냐고 볼멘 소리를 한다. 물론 식당의 입장도 충분히 이해한다. 오죽 여럿이서 작게 시키는 진상 손님들이 많으면 그럴까 충분히 이해는 한다.

한정식집에서 인원수보다 덜 주문하고 찬도 아닌 요리를 리필해 달라는 진상 손님들, 성인만큼 먹는 덩치 큰 초등학생에게 서비스로 배를 채우는 진상은 필자도 흔하게 봤고, 실제 빈번한 골칫거리이기도 하다. 오죽하면 '아동 요금은 초등 3학년까지입니다'라는 표식을 붙여야 했을까 이해는 한다. 그래서 필자도 단품으로 제공되는 음식이나 한정식처럼 손님 수대로 나가야 하는 음식일 경우마저 1인 1식을 깨라는 소리는 하지 않는다. 그런 음식은 당연히 인원수대로 받는 것이 옳다. 식당하는 게 죄도 아니고, 절절 맬 까닭이 없음에 100% 공감한다.

하지만 탕이나 찌개는 인원수를 정할 이유가 없다. 감자탕 小자가 2인분이라고 우긴다면 손님은 뚝배기 2개를 먹으면 된다. 그게 훨씬 싸다. 7천원짜리 2개면 되는데, 굳이 2만원이 넘는 小자를 시킬 이유가 없다. 물론 모든 식당이 메뉴판에 강력하게 小는 2인분, 中은 3인분, 大는 4인분이라고 써넣지는 않는다. 그렇게 멍청하게 메뉴판에 드러내고 적는 식당은 드물다. 그런데 3명이 小를 시키고, 4명이 中을 시키면 탐탁치 않은 표정을 드러낸다. 그 말은 3명은 中을, 4명은 大를 시켜야 하는 게 아니냐는 뜻이다. '알 만한 사람이 왜 그렇게 못나게 주문하냐?'고 힐난하는 것이다. 그래서 손님들도 눈치를 본다. 그 눈치가 싫을 땐 인원수를 속여서 주문하고, 뒤늦게 한 사람이 식당 문을 연다. '이미 주문이 들어갔으니까 한 명 더 왔지만 어쩔 건데?'라고 손님도 똑같이 응대하는 것이다.

파스타집은 단품으로 파는 음식임에도 필자가 묘책을 부려 컨셉을 잡아준 식당이다. 인원수와 상관없이 2인분 주문시, 3인분 주문시 손님에게 혜택이 돌아가도록 한 것이다. 식당이 손님을 끌기 위해 파스타 가격을 천원씩 내릴 생각이었다는 말에, 거꾸로의 계산법으로 오히려 천원을 더 올려서 인원수 주문의 걱정을 덜어내게 만든 것이다. 그런 비책 탓에 하루 25만원 매출이 150만 원으로 뛴 것이다.

그런데 이 파스타집은 장사가 잘되자 필자와의 약속을 저버렸다. 2명이 오면 2인분, 3명이 오면 3인분을 주문받으려고 했다. 손님이 너무 없어서 분명히 값을 내릴 생각이었던 식당이 손님이 있으니까 인원수대로 주문하라고 배짱을 부린 것이다. 그래서 메뉴판에는 인원수와 무관하다고 해놓고 왜 이렇게 주문을 받냐는 실랑이가 끊이지 않았다. 손님이 없을 땐 어떻게 해서든지 끌어 모으고 싶고(물에 빠지니까), 손님이 늘고 줄까지 서니까 이제는 두당 하나씩 파스타를 팔고 싶은 마음(화장실에서 나오니까)을 모르는 바는 아니지만, 그 후 폭풍을 간과했다. 필자의 조언을 무시하고 이제는 많은 손님이 있으니까 자기 식대로 방침을 바꿔 버렸다. 그래서 필자는 과감히 손을 놔버렸고, 덕분에 그 파스타집은 아직도 연명은 하고 있지만 직원도 없이 알바를 쓰는 건 고사하고, 그 알바에게 밥 주는 것도 아까워(힘들어) 한다는 소리를 들었다.

손님에게 1인 1식을 권하지 않아도 되는 음식은 먼저 선수를 쳐야 한다. 이 한마디면 된다. "4인분은 팔지 않아요." 이 말 한마디면 손님이 스스로 무장을 해제한다. 셋에게 3인분을 팔 것인가까지는 알려주지 않겠다. 그 정도의 판단과 결단은 식당 주인의 몫이다. 인생은 조삼모사다. 4명 손님을 셋이라고 생각하면 아무것도 아니다. 자기 눈에 보이지 않아서 셋에게 3인분을 주문받는데 뭐가 아쉬운가? 아까울 것도 없고 서운할 것도 없다. 그렇게 식당은 그런 맘먹는 묘미가 있다.

　감자탕, 해물탕, 동태탕, 김치찌개, 부대찌개 같은 것들은 4인분에 3인분만 담아주고 돈을 버는 식당도 있고, 4명에게 3인분만 먹게끔 배려해서 돈을 버는 식당이 있다. 어느 식당이 될 것인가는 당연히 본인의 선택이다. 그 길을 수년째 알려줘도 안하는 식당이 80%이고, 못하는 식당이 10%다. 그래서 식당 장사로 1등 하는 길은 의외로 지름길이 많다. 해보면 왜 동네 1등 하기가 이처럼 쉬웠는지 깨닫게 될 것이다.

04. 파스타집 : 좋은 컨셉을 가지고
1인 1식 따지면서 싸움을 자초한다.

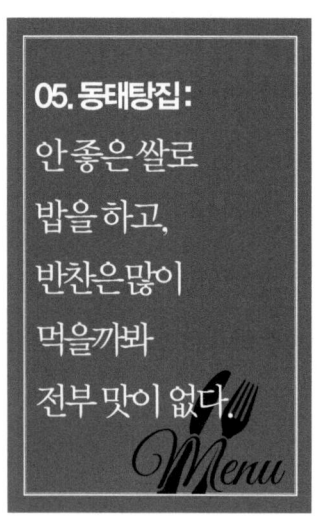

　동태탕집 역시 동태탕 맛이나 양, 가격에 대해서는 언급하지 않겠다. 다만 식당의 기본이 갖춰지지 않고서는 맛있게, 양을 많이 준다고, 혹은 싸게 이벤트 가격으로 판다고 손님이 늘어날 리 없다는 점을 냉정하게, 싸늘하게 말하고 싶을 뿐이다.

　필자가 존경하는 만두집이 있다. 비싼 만두전골을 파는 것도 아닌데 항상 최고급 재료를 가져다 쓴다. 만두소에 넣는 배추도 가장 좋은 것을 쓰고, 고춧가루나 기타 채소들도 가정집도 고심 끝에 사는 최상품을 재료상에서 선점한다. 그리고 이 가장 좋은 상품은 부잣집이 아니라 이 만두집 것으로 따로 빼놓을 정도다. 만두집은 "손님이 주실 돈으로 미리 재료를 사는 것뿐. 그러니까 내 돈으로 사는 게 아니라 손님 돈으로 재료를 사는데 아낄 이유가 뭐가 있냐."고 말한다. 맞는 말이다. 그러나 그런 마음을 먹을 수 있다는 게 참 존경스럽다. 장사꾼이라는 것이 적은 투자로 큰 이문을 남기는 거라고 경영학에서 배웠지만, 거상 김만덕처럼 사람을 남기는 장사를 한다는 것은 사실 아무나 도달할 수 없는 일이란 것을 너무 잘 알기 때문이다.

대부분의 컨설턴트들은 기교를 알려준다. 좋게 말하면 스킬이고, 노골적으로 꼬집으면 꼼수다. 그걸 마케팅이라는 그럴듯한 이름으로 포장해서 눈 가리고 아웅하는 방법을 귀띔해주고 돈을 받는다. 필자 역시 과거 그것이 컨설팅의 정답인 줄 알았지만, 만두집처럼 진짜배기 고수를 만나면서 깨달은 바가 장사의 개념을 바꾸는 것이야말로 성공하는 지름길이라는 것이다.

재활용을 감행해서 아낀 재료비로도 돈을 벌 수 있고, 추가 음식에 처음 내주던 찬은 모른 채 주지 않아서 그 차이로 돈을 벌 수도 있다. 4명에게 3인분 찌개를 4인분이라고 우겨서 돈을 벌 수도 있다. 얼마든지 눈 가리고 손님 돈을 뜯어낼 방법은 지천이다. 대신 들키지 말아야 한다. 들키는 순간 손님은 흔적도 없이 떠나버린다.

아무리 밥을 잘해도 묵은 쌀은 냄새가 나고, 색도 다르다. 말로는 고급 쌀로 밥을 짓는다고 허풍을 쳐도 먹어보면 손님은 이내 알아챈다. 매일 아침에 밥을 새로 짓는다고 다짐을 보여도, 먹어보면 지난 밥인지 손님 입이 안다. 식당에서 먹는 음식에서 가장 기본은 밥이다. 밥 없이 찌개만 먹을 수 없고, 밥 없이 재료만 비벼 먹을 수 없다. 그리고 그 밥은 좋은 쌀이 기본이다. 음식의 기본이 밥이듯, 밥의 기본은 쌀이다. 그런데 그 쌀을 아껴서 어쩌자는 걸까? 20kg 쌀 2만원짜리를 5천원 더 싼 걸로 바꾼다고 치자. 2만원짜리 쌀일 때 공깃밥 하나의 원가가 300원이라면 15,000원짜리 쌀로 밥을 지으면 한 공기의 원가는

25%가 줄어든 225원이다. 75원을 더 버는 셈이다. 75원을 100명에게 아끼면 7,500원이다. 이걸 진정으로 아껴야 할까? 아껴서 티끌 모아 태산을 만들어야 할까?

거기에 하나 더 해보자. 반찬은 언제나처럼 변함이 없다. 맛있는 반찬이 변함없다면 좋으련만, 두 번은 리필하기 힘든 반찬으로 변하지 않는다. 그래서 리필이 없고, 그래서 반찬값이 많이 지출되지 않으면 식당이 좋은 일인지 따져보자. 손님이 맛있게 먹지 않은 기억을 담고 그 식당에 가야 하는 이유가 있을까? 찬을 많이 만들라고 하지는 않는다. 그건 힘든 일이다. 그리고 낭비다. 노동력의 낭비, 재료비의 낭비, 환경오염에도 일조하는 일이다. 많이가 아니라 제대로 만들어야 한다. 찬이라고 허투루 함부로 만들지 않고 한두 가지 적은 반찬이라도 제대로 만들어 또 달라게끔 해야 한다. 맛있게 먹은 기억을 담고 식당을 나가게 해야 또 한 번의 재방문을 기대할 수 있다. 그게 없다면 매번 새로운 손님을 낚시질하기 위해 홍보비를 써야 한다. 블로그에 페북에 인스타에, 가깝게는 전단지를 뿌려서 우리 식당의 단점을 모르는 사람들이 찾아오도록 돈을 써야 한다.

재료비를 아껴 축적한(이득을 본) 돈과 매번 새로운 손님을 낚기 위해 어쩔 수 없이 지출하는 광고비용 중 어느 것이 더 비쌀까? 진정 이 계산을 따지지 못한다면 어쩔 수 없다. 동네 동태탕집처럼 나쁜 쌀로 밥을 맛보이고, 반찬은 손도 대지 않고 되돌아와서 심지어 리필도 가능하게끔 내주면 된다. 그걸 남았다고 희희덕 거리면서 조만간 다가올 지옥을 마주치면 된다. 지옥이 별건가? 빈 가게에서 하루를 보내면 그게 지옥이다.

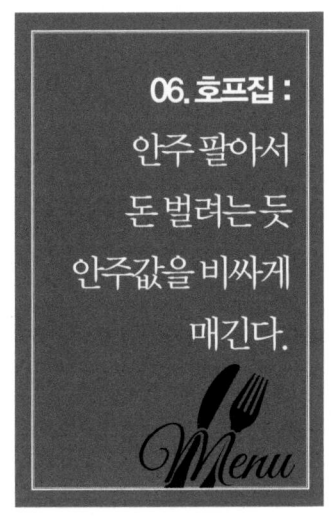

06. 호프집 : 안주 팔아서 돈 벌려는듯 안주값을 비싸게 매긴다.

동네에 흔한 식당이 호프집이다. 술집도 식당이다. 술을 먹는 곳이기 때문이다. 그런데 나만의 불만이 아니라, 호프집이 무엇을 위해 장사를 하는 건지 진심으로 알려주고 싶다. 술을 팔려고 차린 게 호프집이다. 안주, 즉 음식을 팔려고 차렸다면 그건 밥집을 해야 한다. 돈가스 안주를 많이 팔고 싶으면 돈가스집을, 치킨을 많이 팔려고 작정했다면 치킨집을 차려야 한다. 호프집은 호프를 많이 팔기 위해 포장마차가 아닌 호프집을 차린 것이다. 그러려고 인테리어에 투자를 많이 하고, 최대한 넓은 가게를 얻은 것이다. 그런데 간판은 '○○호프'라고 해놓고 안주에 공을 들인다. 안주를 많이 안 시키면 눈치를 준다. 그럴 필요가 없다. 손님이 안주 하나로 호프 5잔을 마시던, 안주 3개로 호프 2잔을 마시던 그 신경은 꺼도 그만이다. 중요한 것은 호프를 얼마나 마시고 즐기냐이다.

김치찌개집에서 김치찌개 대신에 돈가스가 더 많이 나가면 신날까? 칼국수 간판을 단 집에서 미니족발이 많이 나가면? 짬뽕전문점에서 볶음밥이 더 많이 나가면? 무조건 매출이 오르면 되니까 상관없는 일일까?

장사는 내가 팔려고 한 것이 많이 팔릴 때 내일이 기대되는 것이다. 우연히 오늘 엉뚱한 메뉴가 잘나갔다고 간판을 바꿀 수도 없는 일이고, 정작 주재료들은 남아서 썩어가고, 생각지 않은 것이 히트를 쳤다고 주방 구조를 바꿀 수도 없다는 것은 잘 알 것이다. 그런 것과 호프집 안주의 개념도 다르지 않다.

호프 한 잔을 마시러 왔다. 그 한 잔을 여러 잔으로 즐기게 하는 것은 여러 개의 안주가 아니다. 안주가 많으면 물론 술을 더 마시기는 하겠지만, 술을 더 마시자고 안주를 여러 개 시키는 손님은 드물다. 팔아주려고 작정하지 않은 이상 안주의 수는 한두 개가 전부다. 하지만 중요한 포인트는 안주가 없으면 술은 더 이상 마시지 않는다는 점이다. 그럼 어떻게 하면 될까?

배부른 안주는 가격을 낮춰서 주고, 배부르지 않은 안주는 양을 많이 주는 것이 비책이다. 배부른 안주가 가격까지 비싸면 주문을 망설인다. 꼭 그걸 안주로 먹어야 하는지 따지게 된다. 그래서 그런 안주들은 양을 상대적으로 줄여서 가격을 낮추는 센스가 필요하다. 그리고 원가도 낮고 배부름도 약한 마른안주들은 가격을 낮추기보다는 양을 많이 줘서 그 남는 양이 호프를 추가하도록 유인하는 것이 현명한 선택지다.

정상적인 가격과 정상적인 양으로 승부하기를 원한다면 이렇게 하자. 안주는 2개까지만 기대한다. 더 이상의 안주는 매출로 잡히지 않을 거라고 애초에 맘을 먹는다. 그런데 술은 더 마시게 해야 하니까 처음에 서비스 안주를 깔아주지 않고, 술이 떨어지는 타이밍에 서비스 안주를 날리는 것이다. 술집은 안주로 손님을 제압하는 것이 어쩌면 가장 쉬운 지름길인지 모른다.

호프집과 치킨집은 다르다. 같은 거 같지만 다르다. 그 간극을 깨닫지 못하니 실패를 사서 하는 것이다.

첫째, 호프집은 호프를 마시러 간다. vs 치킨집은 치킨과 호프 또는 소주를 마시러 간다.

둘째, 호프집은 안주에 대한 기대치가 없다. vs 치킨집은 어떤 치킨(브랜드)인가 선택을 한다.

셋째, 호프집에서 먹는 치킨은 아무래도 좋다. 안주일 뿐이다. vs 치킨집에서의 치킨은 자신의 입맛, 취향, 분위기에 맞는 치킨이어야 한다.

넷째, 호프집과 치킨집 모두 호프가 어디 브랜드인가는 크게 중요하지 않다. 수입 맥주나 하우스 맥주가 아닌 이상 대기업 국산 맥주일 뿐이다.

다섯째, 치킨집은 작아도 차릴 수 있지만(식당의 개념이 더 강해서) 호프집은 작으면 손님이 즐겨찾지 않는다(술을 마실 분위기가 더 중요하다).

식당 장사는 눈에 보이는 것이 전부가 아니고, 내가 알던 지식만으로 풀어서는 당해낼 수 없다. 업종이 가진 원칙도 있고 특징도 있다. 이름을 가져다 붙인다고 치킨집이 호프집이 되고, 호프집이 치킨집이 되는 게 아니다. 그래서 식당은 경험의 줄타기가 필요한 장사이다. 이론만으로 무장한 논리는 깨지기 쉽다. 현실 경험을 토대로 이론화가 될 때, 장사꾼으로 사는 삶이 행복해지는 것이다.

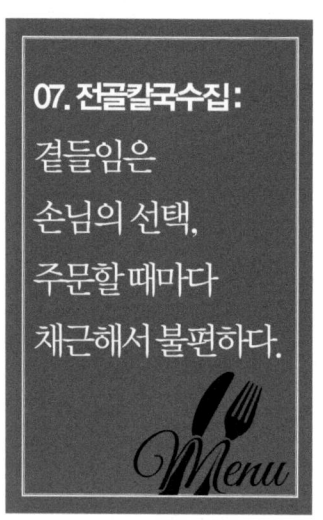

07. 전골칼국수집:
곁들임은 손님의 선택, 주문할 때마다 채근해서 불편하다.

주문은 손님의 권한이다. 메뉴판에 적힌 것을 보고 선택하는 손님에게 주문을 강요하거나 눈치를 주는 일은 금해야 한다. 고깃집에서는 인원수보다 첫 주문을 적게 시켜도 아무 말 안하는데, 식당은 왜들 그렇게 인원수에 맞춰 주문을 받으려고 혈안이 되는지 안쓰럽다. 게다가 곁들임을 처음부터 강요하는 식당을 보면 답답하다. 그것도 줄도 세우지 못하고 연명하는 수준임을 동네 사람이라서 뻔히 아는데 그러면 더 가관이다.

전골칼국수를 주문하면 "고기는 추가 안하세요?"라고 매번 묻는다. 그 멘트가 싫어 어지간해서는 가지 않는다. 그 멘트만 날리지 않아도 자주 갈텐데 식당이 오지 말라고 막는 꼴이라 문턱을 넘기 귀찮다.

전골칼국수 1인분은 8천원이고, 전골에 샤브처럼 넣어 먹는 고기도 1인분에 8천원이다. 두 명이서 칼국수 2인분에 고기 1인분이면 식당 입장에서야 참 좋을 것이다. 그런데 손님은 칼국수가 먹고 싶을 뿐, 고기는 생각이 없을 수 있다. 혹은 먹다가 고기를 추가하는 판단도 손님의 몫이다. 그런데 돈이 없어서 고기는 추가 못하냐는 의심의 눈초리가 싫다. 식당도 그런 의미까지는 절대 아니라고 하겠지만, 고기 추가를 거절하고 칼국수만 시키면 찜찜하다. 8천원이 아까워서 딸랑 칼국수만 먹는 좀팽이가 된 기분마저 든다. 그러니 먹다가 짜증이 올라오고, 계산하며 기분이 좋을 리 없다. 그런 이유로 재방문은 생각지 않는다. 기분 나쁜 소비를 권하는 식당에 또 가야 할 이유가 없다.

 고기를 먹는데 후식냉면을 시키지 않으면 그 손님이 나쁜 손님일까? 냉면을 먹으면서 왕만두 한 접시 시키지 않는 손님은 볼품없는 손님일까? 식당 주인은 항상 자신도 손님임을 잊지 말아야 한다. 다른 식당에 갈 이유가 평생 단 한 번도 없을 거라면 모르겠지만, 그렇지 않다면 그도 남의 식당에서는 손님이다. 그럼 자신도 어떤 소비가 편할지 생각하면 된다. 그 쉬운 일을 자꾸 내 식당에 적용하는 습관을 들이면 손님의 눈높이에서 모든 것을 결정하기 쉬워진다. 처음 주문을 받을 때 어떻게 받는 것이 손님을 편하게 하는지 알 수 있고, 추가 주문이 나왔을 때 어떻게 응대하고 가져다 주면 좋은지 알 수 있다. 반찬 리필은 새 그릇에 담는 게 좋은지, 먹던 그릇에 담는 게 좋은지도 내가 손님이라면 알 수 있다. 모든 것을 주인이 아니라, 돈을 내는 손님의 입장에서 바라보면 해답은 바로 찾을 수 있다. 다만 그걸 거스르기 때문에, 오직 손님은 되지 않을 것 같은 주인행세로 계산을 하니까 트러블이 생기고, 문제가 풀리지 않는 것이다.

 전골칼국수에 고기를 팔고 싶다면 고기의 양을 엄청 많이 주면 된다. 칼국수를 팔려고 차린 식당인지, 국물에 데쳐 먹는 샤브고기를 팔려고 차린 식당이

지 따져보자. 칼국수만은 먹겠지만 고기만은 먹을 수 없다. 그건 오직 칼국수를 주문하고서야 먹을 수 있는 곁들임일 뿐이다. 그렇다면 주문은 무조건 칼국수가 기초가 되어야 한다. 그리고 나서 손님 스스로가 고기를 추가하도록 유도하면 된다. 고기를 주문하는 게 이득이라고 손님이 생각하도록 보여줘야 한다.

8천원짜리 고기의 원가가 5천원쯤 되게끔 하면 된다. 원가율로 최소 60%쯤 채워주는 것이다. 어차피 고기만은 주문할 수 없으니 칼국수를 먹다가 고기를 추가 안하면 칼국수만 먹는 손님이 손해라는 인식을 심어주는 거다. "드실래요, 마실래요"라고 물을 이유가 없다. 손님 스스로가 옆 테이블에서 고기 추가해서 푸짐하게 먹는 것을 보고 따라 주문하게 하면 된다. 그럼 손님은 알아서 주문을 한다. 2명에서 1인당 4천원인 곁들임을 시키지 못할 가난은 없다. 그렇게 손님은 기꺼이 지갑을 연다. 그리고 포만감 가득한 식사를 하게 된다. 배부르게 먹었으니 당연히 재방문을 기약할 것이다. 식당도 시키지 않았으면 생기지 않았을 고기 1인분 덕분에 3천원을 벌었다. 8천원짜리 칼국수가 아니라 1인당 9,500원짜리 칼국수를 판 것이다. 게다가 그보다 더 큰 가치를 얻었다. 손님이 나가면서 "이 집은 언제나 배부르게 해줘요. 이렇게 퍼주고도 남아요?" 하는 것이다. 칼국수만 먹으면 도저히 할 수 없는 이 소리를, 손님이 제 돈으로 고기 추가하고서 이런 감탄사까지 날리면서 퇴장하는 것이다.

어떤가? 이 방법보다 지금처럼 첫 주문에 양도 얼마 되지 않아서 주는 손이 부끄러울 그 고기를 기어이 팔기 위해서 "고기는 안 드시나요?"라고 아무 생각 없이 그 멘트를 날려야 할까?

08. 쭈꾸미집:
맛이 너무 없다.
캡사이신 맛이
전부다.

    쭈꾸미집이 생겼다. 그래서 동네 사람이라 가봤다. 그리고 다시는 가지 않는다. 너무 매워서다. 그런데 그 매운 맛이 오로지 캡사이신이라서다. 그걸 환장하는 사람들은 환영할 테지만, 지나다 보면 언제나 한가하다. 염려가 깊을 정도로 한가하다.

    필자도 늘 식당은 조미료를 써야 한다고 말한다. 천연재료 어쩌고는 꿈도 꾸지 마라고 한다. 어차피 사람들은 나가서 먹는 음식에 길들여진 이상, 그 맛이 조미료가 강할수록 맛집으로 평가되는 작금의 상황에서 혼자서 고상한 척할 필요는 없다고 충고를 한다. 식당은 스피드의 싸움이고, 원가의 싸움이다. 눈에 보이는 원가를 많이 넣어야지, 눈에 보이지 않는 육수나 간장에 원가를 많이 투입하는 것은 바보짓이다. 조미료로 만든 육수나 온갖 재료를 듬뿍 넣어서 만든 육수나 그걸 입맛으로 구분할 장금이는 손님늘 중에는 없다. 그럴 바에야 고기 한 덩어리, 채소 한 웅큼을 눈에 드러나게 더 주는 게 식당에 이롭다.

다만 조미료를 써서 효율적인 식당 음식을 만드는 것에는 찬성하지만, 조미료만으로 완성된 음식은 피해야 한다. 특히나 매운 맛은 더욱 그렇다. 누구나 다 쉽게 매운 맛을 낼 수 있는 비책은 캡사이신이다. 그리고 그 맛은 어렵지 않게 구분이 된다. 손님은 캡사이신 덩어리라고 말하는데, 주인만 우리 집 비법 재료로 만든 양념이라고 해본들 소용이 없다. 손님이 식당의 그 말을 믿어야 할 까닭이 없고, 그게 사실이라고 해도 몸에 해로운 맛을 일부러 돈 주고 사먹을 사람은 없을테니 말이다.

조미료의 배합을 아는 것은 매우 중요하다. 같은 조미료라도 얼마나 잘 배합하는가에 따라 귀신같은 맛이 되기도 하고, 누구나 다 아는 뻔한 맛이 되기도 한다. 특히 쭈꾸미볶음 같은 음식은 매운 맛에서 결정되는 음식이기에 그 맛을 내기 위한 투자를 해야 한다. 조미료 티가 나지 않는 매운 맛을 배워야 하는데, 손쉬운 캡사이신으로 최선을 다한다. 그리고 하염없이 손님을 기다린다. 손님을 끌어당기는 것이 아니라 연명을 하면서 기다리는 것이다.

연애도 기다림은 실패할 확률이 높다. 쟁취해야 한다. 나를 보고 싶어 미치게 만들어야 한다. 식당도 마찬가지다. 그 식당을 가고 싶은 마음이 생기게 해야 한다. 정말 끝내주는 맛은 아니어도 된다. 입이 헐 것 같은 극강의 매운 맛이 아니어도 된다. 매운 맛의 강도는 손님 스스로가 정하게 해도 될 일이다. 심지어 진짜 매운 맛을 원하는 손님을 위해 '캡사이신 별도 제공'이라고 과감히 노출하는 게 차라리 나을지도 모른다. 매운 맛집이 전부는 아니다. 쭈꾸미집은 극강의 매운 맛이 전부일 필요가 없다. 적당히 매운 맛이어도 손님에게는 귀하다. 어차피 집에서 해먹자면 불편한 일이다. 집에서 칼국수를 만들지 못해서 식당에 가고, 김밥을 만들 줄 몰라서 식당에 가는가? 고기를 구할 수 없어서 삼겹살집에 가고, 스테이크 소스를 팔지 않아서 식당에 가는 게 아니지 않던가? 매운 맛에 대한 강점을 취할 이유는 있지만, 그것이 전부는 아니다. 식당은 어떤 맛 하나로 성패가 좌우되는 게임이 아니라는 점을 알아야 한다.

맛있게 먹게 하는 일은 매우 중요하다. 다음 편에서 거론하지만 식당 규모에 비해 일손이 적으니까 그 식당은 음식이 맛이 없는 것이다. 주인의 무표정한 얼굴도 음식을 맛없게 하고, 그릇을 소리 내어 내려놓아도 음식은 맛이 없어진다. 어떻게 하면 맛있게 먹게 할까? 식당은 그걸 고민하고, 공부해야 한다. 거기서 인생이 갈린다. 인생 후반전을 행복하게 살 것인가, 식당 차리기 전으로 돌아가고 싶은 되도 않을 꿈을 꾸면서 지옥을 견뎌낼 것인가는 맛이 아니라 맛있게 먹게 하는 식당 운영에 달렸다. 어렵지 않다. 손님의 눈높이에서 점검하자. 어떤 인사를 할 때 손님이 들어서면서 기분이 좋아지는지부터 생각해서 그 인사말 여러 개를 준비해 보자. 그게 어려운가?

08. 쭈꾸미집 : 맛이 너무 없다.
캡사이신 맛이 전부다.

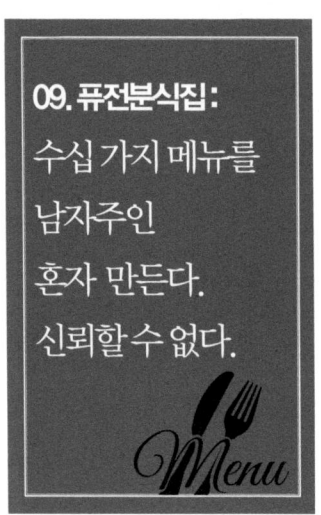

09. 퓨전분식집: 수십 가지 메뉴를 남자주인 혼자 만든다. 신뢰할 수 없다.

이번에는 식당에서 인력이 얼마나 중요한가에 대한 이야기를 해볼까 한다. 혼자서 일당백으로 운영하는 식당도 제법 있지만, 실제 그 정도의 내공은 흔치 않다. 그리고 그보다 더 큰 위험은 손님은 그런 식당을 선호하지도 신뢰하지도 않는다는 점이다. 손님이 일단 식당에 대한 믿음과 호감이 없는데 거기서 먹는 음식이 맛있을 거며, 또 가고 싶은 마음이 들 것인가에 대한 솔직한 담론이라고 봐주었으면 한다.

메뉴판에 메뉴가 많은데 그걸 주방에서 주인이든 주방장이든 혼자서 해낸다고 치자. 고수가 한다고 생각할까? 아니면 봉지를 뜯어서 하는 음식이라고 생각할까? 솔직히 어느 쪽인지 묻는 것조차 허망하다. 그 많은 음식을 혼자서 해낼 수 있는 고수라면 식당을 절대 혼자서 하지 않을 것이다. 고수라서 음식이 맛있고, 음식이 맛있으니까 손님이 많고, 손님이 많으니까 일손도 자연스레 많을 것은 자명한 일이다. 바로 그 반대라서 혼자서 만드는 거다.

우리 동네의 퓨전분식집은 주인이 바뀌었지만 그 간판은 여전히 이어져 연명하는 독특한 집이다. 그런데 앞뒤가 한결같다. 오픈 초기에만 주방에 사람들이 반짝하고, 그 뒤부터는 주인 혼자서 주방을 감당한다. 그 말은 그만큼 매출이 형편없다는 소리다. 혼자서 해낼 정도의 주문량이라서 주인은 점점 슈퍼맨이 되어간다. 주문도 받고, 음식도 하고, 계산도 한다. 홀 청소도 아침에 혼자서 해야 하고, 마감할 때 홀과 주방 청소도 혼자서 해야 한다. 그렇게 한 사람에 의해 의지되는 식당이라 지나면서 구경만 할 뿐 절대 손님으로 가지는 않는다. 동네 사람으로서 미안하지만 미안하다고 내 돈을 주고 그를 도와야 할 이유는 없다. 음식에 대한 실망감은 먹어봐서 알고, 그 뒤로는 먹지 않아도 알 수 있기 때문이다.

특히나 매장 규모가 큰 식당에 종업원이 적으면 더 불안하다. 아주 큰 규모의 낙지집을 갔는데 30개쯤의 테이블을 직원 혼자서 처리하고 있었다. 주방에는 도대체 몇 명이 있는가 살펴봤더니 두 명이서 정신없이 음식을 손질하고 있었다. 100평쯤 되는 식당에 홀 서빙이 한 명이라면 손님의 입장은 어떨까? 능력자가 지키는 식당이라고 안도의 숨을 내쉴 것인가?

손님은 식당 규모에 비해 빈약한 일손에 갑질의 본성을 깨운다. 자신이 고른 식당의 선택에 화가 나고, 앞으로 지출하게 될 음식값에 대한 걱정이 주문 전부터 생기기 마련이다. 그래서 정성을 다해서 내주고도 좋은 소리를 듣지 못하고, 타박이나 듣게 되는 것이다. 일손이 없다는 것은 사람을 못 구해서가 아니다. 그런 핑계를 대야만 하는 정말 외진 곳도 있겠지만, 실제 그 식당 주변을 가보면 다른 집은 있는데 그 집만 일손이 부족한 것을 보게 된다. 무언가 문제가 있다는 뜻이다. 급여가 적던지, 환경이 안 좋던지, 주인에 대한 평판이 별로인지의 문제다. 그래서 식당은 규모에 적정한 인력을 손님에게 보여주어야 한다. 정말 매출이 힘들어 인건비가 부담스럽더라도, 내가 더 나은 식당이 되기 위해서는 그에 걸맞는 투자를 해야 한다. 하다못해 식사시간 2시간 정도라도 알바를 두어야 한다. 시급을 올리고, 시간을 줄이는 강수를 둬서라도 식사시간에 손님의 음식을 밀리지 않게 내줄 수 있는 여건을 만들어 두어야 한다.

우리 집에 손님이 없는 이유가, 점점 줄어드는 이유가 빈약한 일손 탓이라고는 눈꼽만큼도 의심하지 않았다면 지금부터라도 반성해야 한다. 식당을 하기 위해 가게를 얻는 투자를 했다. 그리고 손님이 자리값을 내도록 식당 분위기에도 투자를 했다. 보다 빠르고 효율적인 음식을 만들기 위해 주방설비도 업소용으로 투자를 했다. 그릇도, 의자도 식당스럽게 투자를 했다. 이렇게 해놓고 정작 중요한 음식을 만드는 것에는, 음식을 나르고 응대하는 일에는 투자를 안하는 것은 뭔가 잘못되었다고 생각하지 않는가? 이 단순한 문장의 나열만으로 잘못을 느낄 수 없다면 그 식당은 미래가 없다. 모든 투자는 선불이다. 손님이 오기 전에는 식당에 대한 투자를 해야만 손님을 받을 수 있다. 유일하게 후불인 투자가 인건비다. 장사를 시작해서 손님을 받고 나서 한 달 후에 인건비를 치루는 유일한 후불 투자다. 선불 투자는 다 해놓고, 정작 손님과의 접점에서 싸워야 하는 인건비가 아까워 혹은 두려워 일당백 정신의 각오로 주인이 감당하는 식당들을 보면 안쓰럽고 답답할 뿐이다.

인건비에도 투자를 해야 한다. 정히 힘들다면 피크타임 알바라도 써야 한다. 그래서 손님에게 "우리는 손님이 원하는 음식 주문에 최선을 다할 태세가 갖춰져 있습니다"를 확인시켜 줘야 한다. 그래야 손님은 내 음식을 믿고 먹는다. 믿고 먹으니 맛을 음미하게 된다. 불신은 음미가 아니라 분석에 돌입하게 한다는 점을 명심해야 한다. 주인 혼자서 주방을 책임지면 손님은 누구와 눈을 마주칠 것이며, 다음에 왔을 때 나에 대한 대접을 어떻게 예측할 것인가를 생각하자. 주인이 없는 식당에서 손님이 그저 음식만 먹을 거라면 굳이 비싼 돈을 들여 식당에 갈 이유가 없다. 마트에 파는 레토르트 제품을 뜯어 데워 먹으면 그만이고, 편의점 도시락으로 때우면 그만이다.

〈심야식당〉을 생각해 보자. 음식을 팔기 전에 주인을 팔아야 한다. 그리고 주인은 손님과 마주해야 그게 가능해진다. 인건비를 위해 주방에서 전전긍긍하는 모습으로는 한 번 온 손님을 다시 재방문하게 할 수 없다. 재방문이 없으면 매출은 오르지 않는다. 아니 점점 떨어지는 것만 확인하게 될 것이다.

식당은 사람 간의 장사이고 거래이다. 사람에게 주문하면서 눈을 마주치고, 사람이 가져다주는 음식을 먹는 일이고, 먹고 나갈 때 사람에게 인사를 받는 과정이다. 그걸 시대의 흐름에 맞게 줄이는 것이 능사는 아니다.

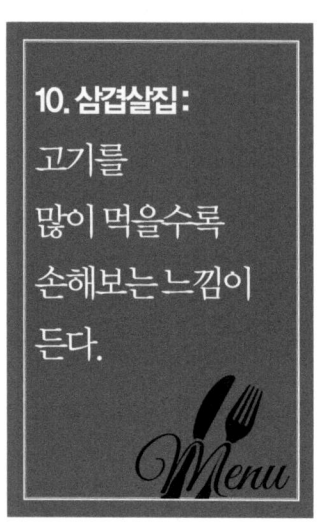

10. 삼겹살집:
고기를 많이 먹을수록 손해보는 느낌이 든다.

너무나 뻔한 이야기다. 그런데도 고쳐지지 않는다. 어쩌면 우리는 아주 당연한 것을 외면한 채 특별한 마케팅, 특별한 노하우로 매출 올리기에만 급급한 것이 아닌가 싶은 마음이 드는 것이 바로 이 내용을 통해 적나라하게 드러나지 싶다.

중국집 배달도 여러 개를 시키면 군만두를 서비스로 준다. 비싼 재료(개당 100원도 안하지만)가 아니지만 많은 주문에 보답하는 마음이라서 받는 사람도 기분이 좋다. 그런데 이 간단한 보답을 여간해서는 보기 어렵다. 호프집에서 술 여러 잔 먹을 테니 간단한 안주 하나 서비스로 달래야 겨우 준다. 눈치껏이 아니라 달래야 마지못해서 준다. 그런 사실을 필자는 깨고 싶다. 인원수대로 딱 시켰는데 뭘 더 주라는 소리가 아니다. 인원수에 비해 많이 시켰을 때, 그때는 제대로 더 주라는 것이다. 그 부탁은 손님을 위해서가 아니라 식당의 매출을 위해서다. 남는 거 없다고 말하지 말자. 인원수보다 많이 주문했는데 왜 남는 게 없는가?

　고깃집과 횟집은 찬을 먼저 깔아준다. 일명 스끼다시. 찬을 깔아주지 않고 고기를 팔고, 회를 파는 식당은 없다. 부가적으로 스끼다시는 반드시 필요하다. 고기와 회를 쌈 싸먹는 문화인 탓도 있을 것이다. 그런데 고깃집은 참 답답하다. 회는 추가가 없지만, 고깃집은 얼마든지 추가를 이끌어낼 수 있음에도 손님을 사로잡는 기술을 걸 줄 모른다. 처음 밑반찬으로 깔아준 된장찌개나 계란찜은 원가로 따지면 얼마 하지 않는다. 그 작은 원가의 음식으로 충분히 고기를 더 먹게 할 수 있음에도 딱 인원수대로만 먹고 나가게 하는 묘한 재주를 가지고 있다. 어느 고깃집이나 마찬가지다.

　한 번은 동네 지인들 열두 명이 3개의 상을 쓰면서 소갈비를 먹은 적이 있다. 첫 주문은 3인분씩 3상이다. 둘이라면 모를까 첫 주문부터 정인분대로 고기를 주문하는 일은 거의 없다. 추가로 2인분씩 더 주문했다. 그럼 4인상에 5인분씩 나간 셈이다. 1인분 매출이 더 오른 것이다. 그러면서 반찬으로 내준 양념게장을 리필해 달라고 했더니 돌아오는 대답은 3천원이라는 소리였다. 4명이 4인분을 겨우 먹으면서 양념게장을 리필하면 돈을 받아도 좋다. 그런데 고기를 더 추가한 손님에게 기어이 3천원이라고 말해야 옳을까? 그 말 한마디 덕에 그날 그 식당에서의 매출은 15인분에서 끝났다. 사실 그날은 동네 지인들과 작정하고 간 날이라 얼마든지 더 먹을 환경이었다. 모임이란 것이 단체일 때는 소비의 씀씀이가 더 큰 법이다. 그렇게 매출이 거기서 스톱한 것은 말하고자 하는 핵심이 아니다. 그날 이후로 필자는 그 식당을 단 한 번도 간 적이 없다는 것이 말하고 싶은 핵심이다. 필자만이 아니라 그날 모였던 사람들 대부분이 그랬다. 그들도 역시나 주인의 태도에 빈정이 상하고, 식당의 욕심에 실망했기 때문이다. 3만원에 육박하는 소갈비를 추가하는 데도 3천원에 목숨 건 주인이 꼴 보기 싫은 탓이다.

태릉의 대형 갈빗집에서 그 비싼 갈비를 먹다 추가까지 했는데, 계란이 올라간 파절이를 추가했더니 계란 노른자는 돈 받는다고 해서 먹다 일어선 일도 있었다. 동네 삼겹살집에서 3명이 고기를 6인분이나 먹는데 기어이 된장찌개 리필은 추가값을 내야 한다고 해서 주인을 불러서 핀잔을 준 적도 있다. 핀잔 그게 갑질일까? 대개의 경우는 태릉처럼 안가면 그만이니까 말하지 않는다. 그런데 동네 사람이라서 알려준 것이다.

"사장님, 제가 이런 소리를 해서 죄송하지만 생각해 보세요. 우리 세 명이 3인분 먹고 나가는 거와 6인분 먹고 나가는 거는 큰 차이가 있죠? 매출을 떠나 다음에 또 오고 안오고의 차이도 있지 않을까요? 우리가 3인분 먹고 계산하고 옆 테이블로 옮겨서 다시 3인분 주문한다고 생각해 보세요. 그런 일이 벌어지면 귀찮죠? 매출이 오르는 것보다 새로 상을 차려야 하는 귀찮은 게 더 크죠? 그럼 자리 옮기지 않고 추가 주문하는 손님에게 어떻게 하는 게 좋을까요? 찬을 전체적으로 새로 깔아주는 게 나을까요, 된장찌개 리필을 알아서 먼저 해주는 게 나을까요? 우리 가고 나서 한 번 생각해 보세요."

이런 설명에도 그 고깃집은 끄떡하지 않았다. 그래서 필자는 안 간다. 다른 손님들이 가건 말건 상관없다. 그 손님들이라고 그걸 몰라서 가는 건 아닐 거다. 알지만, 알면서도 다른 곳도 똑같은 행태니까 그러려니 할 뿐이다.

그래서 그런 식당들 덕분에 필자가 만드는 식당의 승률은 8할이 넘는다. 손님의 입장에서 생각하고 행동하라고 훈수를 두기 때문이다. 맛있는 고기를 재우고 숙성하는 방법은 알려주지 않는다. 그건 중요하지만, 절대적이라고 생각지는 않아서다. 고기를 재우고 숙성하는 그 노하우를 배우기 위해 큰돈을 지불하면서 기술을 익히는 시간과 비용보다는 고기 추가에 눈치껏 뭔가를 더 내줘서 다른 고깃집과 전혀 다르게 손님의 입장에서 손님을 기쁘게 만족시키면 그것이 더 중요한 가치다.

더 많은 손님을 오게 하는 것은 힘들다. 그만큼 광고비며 홍보비를 지출해야 한다. 그런데 찾아온 손님에게 더 많이 먹게 하는 건 쉽다. 값어치를 전달하면 지갑을 연다. 다른 집 가봐야 뭐 하나 살갑게 주지도 않고 인상 찡그리며 마지못해 주는데, 말하기 전에 알아서 내주고 없던 찬까지 고기 많이 먹는다고 일부러 만들어서 내주면 그 집을 재방문해야 하는 이유는 충분하고도 넘친다.

고깃집만이 아니다. 술집도 술 많이 마시면 안주 그거 하나 서비스로 줘도 남는 장사다. 쥐포 두 마리 구워주면 호프 한 잔을 또 팔 수 있다. 아귀찜집에서 한 개는 먹고, 한 개는 포장까지 해달라고 하면 찬스다. 어차피 그 손님에게는 한 개 파는 게 정답인데, 하나를 더 사주겠다고 하면 거기서 양을 더 담아 줘도 손해는 없다. 포장값 운운하면서 덜 주는 꼴이 아니라 양을 한 단계 업그레이드하면서 "여기서 드시고, 집에도 싸가신다니까 제가 더 넉넉히 담았습니다. 엄청 푸짐할 겁니다."라고 하는 이런 식당의 태도에 손님이 속으로 다음을 기약할까? 기어이 외면할까? 생각해 볼 일이다. 그 생각을 오래할수록 당신 식당의 생명은 위급한 시점이라는 것도 알아야 한다.

Part 3
식당은 서비스다!

Part 3은 한자리에서 12년 동안 〈볏짚삼겹살〉을 운영한 현병욱 사장의 서비스에 관한 이야기이다. 프랜차이즈로 고깃집을 시작했지만 주위에 새롭게 들어오는 큰 규모의 프랜차이즈 업체들을 보고 독립점포로 가게를 바꾸었다. 그리고 '식당 서비스'에 대한 고민을 새롭게 정립하며 행복을 찾았다. 그 서비스에 대한 단상을 이야기한다.

프랜차이즈로 고깃집을 시작했다. 하지만 시작한지 얼마 되지 않아 우리 고깃집 근처에 큰 규모로, 좋은 위치에 유명 고깃집 프랜차이즈들이 들어오기 시작했다. 경쟁은 점점 치열해졌다. 결국 독립점포로의 전환을 고민했다. 프랜차이즈에서 독립점포로 변경을 한다는 것은 모든 것을 건 큰 모험이었다. 그러나 위기를 기회로 바꿔냈다. 독립점포로 변경하자 스스로 할 수 있는 것들이 생겨났다. 수익도 늘었다. 근처 유명한 프랜차이즈 고깃집들이 먼저 무너졌다. 그리고 우리는 굳건히 버텼다.

볏짚으로 초벌구이를 만들다 가게에 불이 났다. 홀랑 가게를 태워먹을 뻔했다. 화재로 인한 불안과 위기가 엄습했다. 초벌구이를 하지 않는 방법이 필요했다. 초벌을 하지 않고 연기로만 훈연하는 볏짚삼겹살을 연구했고 만들었다.

다시 한 번 위기를 기회로 바꿨다.

결혼을 하면서 아내가 생기고 딸이 생겼다. 가정이 생겼다는 것은 안정과 함께 무거운 책임감이 생기는 것을 의미했다. 고기를 매일 자르다 보니 두통이 생겼고, 목과 어깨에 통증을 달고 살았다. 목과 팔을 움직이지 못할 정도로 몸이 나빠져 입원치료까지 하게 되었다. 딸들과 아내는 아빠와 많은 시간을 보내기를 원했다. 내 자리를 비울 수 없어 내 빈자리를 부모님과 나눴다. 휴무라는 것이 생기고 조금의 숨쉴 틈이 생겼다. 위기를 통해 쉼을 배웠다.

볏짚삼겹살의 맛을 본 사람들은 맛있다고 칭찬을 했지만, 내 입에는 미세하게 쓴맛이 느껴졌다. 늘 마음 한구석의 고민거리였다. 계속해서 새롭게 생기는 고깃집과 경쟁하기 위해서는 미세한 쓴맛을 잡아야 했다. 훈연재를 연구하고 훈연방식도 바꾸고 고기도 바꿨다. 숙성의 방식과 방법도 다양하게 적용시켰다. 미세한 쓴맛을 잡았고, 은은한 훈연향만 남게 되었다. 맛이 훨씬 좋아졌다. 스스로도 인정하게 되었고 자부심도 생겼다. 이렇게 내가 파는 음식을 인정하기까지 10년이 걸렸다. 이렇게 고민과 노력을 통해 고기의 맛은 향상되었지만 반복되는 문제와 쉼 없이 달려야 하는 고깃집에 대한 근원적인 회의감이 들었다. 어깨와 목의 통증은 여전했고, 두통도 늘 함께였다. 계속되는 고민의 시기였다.

식당생활 11년 차 책을 통해 [맛있는창업]을 알게 되었고, 새로운 꿈을 꾸게 되었고, 변화를 꾀했다. 그 노력이 행복하고 재미있는 장사를 할 수 있도록 도와주었다. 행복하고 즐겁게 장사를 하고 경제적·시간적 여유를 갖는 꿈을 꾸게 되었고, 이를 향해 달려가고 있다. 여기까지 오는데 12년이 걸렸다. 과거

11년의 변화보다 최근 1년 사이에 많은 변화가 일어났다. 행복한 꿈을 꾸게 되었고 그 꿈이 하나씩 이루어지고 있다.

내 꿈을 이룰 수 있도록 기회와 방향을 제시해 주는 것은 내 옆에 있는 모든 사람들임을 잊지 않으려고 한다. 내가 꾸는 꿈을 통해 내 딸들도 꿈을 꾼다. 아빠가 쓰는 책을 보고 내 딸도 책을 쓴다. 내가 많이 웃을수록 함께 일하는 부모님도 자주 웃으신다. 내가 예뻐하고 사랑할수록 내 아내는 더 예뻐지고 사랑스러워진다.

내 가족뿐 아니라 한끼의 식사를 위해 우리 식당에 오는 손님까지도, 내가 어떻게 하느냐에 따라 많은 사람들이 행복해진다. 이렇게 〈볏짚삼겹살〉과 함께 한 내 인생의 12년은 끊어지지 않고 계속해서 이어지고 있다. 지금부터 하고자 하는 이야기는 나 현병욱이 그 12년 동안 느꼈던 '식당 서비스'에 대한 단상이다.

01
왜 식당에
서비스가 중요한가

대식가에서 미식가의 시대로!

보릿고개라는 말이 있다. 여름 곡식인 보리가 여물지 않은 상태에서 지난해 가을에 걷은 식량이 다 떨어져 굶주릴 수밖에 없던 4~5월의 춘궁기를 표현하는 말이다. 불과 50여 년 전 우리가 겪었던 이야기다. 오죽하면 인사가 "밥 먹었니?"였고 "진지 잡수셨어요?"였을까?

조선시대 외국인 선교사들이 조선인들의 식사하는 모습을 보고 그 양에 놀라 혀를 내두르며 '대식가'라는 말을 쓰며 '조선은 식탐으로 인해 망한다'라고 이야기를 했다고 한다. 그들의 눈에는 미련하고 심지어 미개해 보였을지라도, 없을 때를 대비해서 혹은 저장의 의미가 없는 음식을 있을 때라도 배가 터지도록 먹어 두는 것이 반만년을 살아오면서 우리 조상들이 축적한 나름의 지혜였을지도 모른다.

이처럼 역사적으로 살펴보더라도 오랜 시간 우리는 있을 때 많이 먹어둬야 하는 절대적 빈곤의 시대를 살아왔다. 그래서 우리에게 음식은 여유 있게 맛을 즐기며 먹는 것이 아니라, 살기 위해 있을 때 반드시 먹어야 하는 절대적인 생존의 수단이었다. 불과 50여 년 전까지는 그랬다.

1960년대 후반부터 우리나라의 경제가 발전하고 생활수준이 높아지면서 음식은 단순히 생존을 위한 수단을 뛰어넘게 되었다. 양식, 일식, 중식 등 전에 먹지 못했던 새로운 음식들을 접할 기회도 많아졌다. 때에 상관없이 넉넉히 먹을 수 있게 되었고, 버려지는 음식이 생기면서 과거에는 상상도 못했던 음식물 쓰레기라는 표현도 등장했다. 온 나라가 열심히 일을 했고 경제는 발전했다. 그래서 먹을 것이 풍족해졌지만 우리는 그만큼 더 복잡하게 돌아가는 세상에서 살게 되었다. 그 결과 집에서 직접 해먹을 시간이 부족해졌고 식당에서 음식을 사먹는 횟수와 빈도가 늘어나게 되었다. 양보다 질을 중시하는 사람들이 많아졌고, 새로운 음식을 찾아 먹으러 다니는 것도 삶의 즐거움으로 인식되기 시작했다. 조선시대의 '대식가'에서 이제는 '미식가'의 시대가 된 것이다.

경제가 발전하면서 경쟁은 심화되었다. 치열한 경쟁 속에서 평생직장이라는 개념이 사라졌고, 안정적인 직업은 점점 줄어들고 있다. 공무원이 아닌 이상 정년퇴직은 더 이상 기대할 수 없게 되었다. 먹고살기 위해서는 반드시 돈을 벌어야 했다. 직장에 나의 생존을 맡기고 돈을 벌기가 점점 더 어려워지는 냉정한 현실 속에서 많은 사람들이 음식이라는 매개체를 가지고 자영업에 뛰어들고 있다. 그래서 식당은 점점 더 많아지고 있다. 그만큼 경쟁도 치열하다. 수많은 아이템이 뜨고 지는 사이 많은 식당의 주인들 역시 흥하고 망하고를 함께하고 있다.

100명 중 85명이 망한다

식당은 만만하게 시작할 수 있는 업종이다. 돈만 있으면 된다. 프랜차이즈로 시작하던 직접 계획을 하여 시작하던 누군가의 도움을 받아 시작하던, 돈만 있으면 식당 하나 뚝딱해서 오픈까지 해준다. 장사를 시작할 수 있도록 만들어 준다.

하지만 식당을 시작하는 이유는 문을 열고자 함이 아니라, 문을 열고 음식을 팔아 돈을 벌고자 함이 목적이다. 프랜차이즈 등은 식당의 문을 열어줄 뿐 거기서 돈을 벌고 장사를 하는 것까지 대신 해주지 않는다. 그리고 식당을 차리면 대박이 날 것이고 돈을 많이 벌거라는 희망을 가득 안고 시작하지만 현실은 아주 냉혹하다. 100명 중 1~2명이 대박을 내고, 3~4명이 저축을 하는 정도의 수익을 내고, 10여 명은 딱 먹고사는 정도의 수익을 내고, 나머지는 망한다. 자신이 투자한 돈의 회수는커녕 빚을 잔뜩 진 채로 말이다. 100명 중 85명이 망한다. 최근 5년 사이에 한자리에서 주인이 바뀌지 않은 채 장사를 하고 있는 식당을 머릿속에 떠올려 보라. 생각만큼 많지 않다.

식당에도 '서비스'가 필요해졌다

식당 서비스에 대해 말하면서 요란하게 음식에 대한 역사부터 시작한 것은 과거에는 식당에서 서비스가 그렇게 중요한 요소가 아니었음을 설명하기 위함이다. 먹고살기 위한 생존수단으로서 의미가 컸던 시절의 음식은 일단 배만 채워주면 되었다. 때문에 맛도, 어디에서 먹는가도 중요하지 않았다. 배부르게 먹으면 그만이고, 싸면 더 좋았다. 모든 것이 부족했던 시절이었기 때문이다. 만들어 먹는 것보다 싸고 배부르다면 많은 사람들이 모여들었다. 음식점의 박리다매가 가능했던 이유다. 당시 직장은 평생개념이었다. 중도에 직장을 그만 두는 사람도 많지 않았다. 그렇기 때문에 당연히 새롭게 문을 여는 식당이 많지도 않았다. '먹는 장사가 남는 장사'라는 말이 통하던 그 시절은 경쟁이 심하지 않았음을 의미한다. 쉽게 말해 경쟁자도 없고 문만 열어 놓으면 손님들이 들어오던 그 시절, 무슨 서비스가 필요했겠는가. 그 시절에는 서비스가 굳이 필요 없었다. 때문에 서비스라는 개념도 없었다.

하지만 요즘 식당에서의 음식은 그 의미가 과거의 음식과는 많이 다르다. 식당에서 먹는 것이 집에서 만들어 먹는 것보다 훨씬 비싸다. 식당에서 삼겹살을 먹을 돈으로 정육점에서 구입해 집에서 구워먹는다면 아마 3~4배의 양은 먹을 수 있을 것이다. 그럼에도 불구하고 비싼 돈을 지불하며 식당에서 먹는다. 왜 굳이 식당에서 음식을 먹는 걸까? 치열한 경쟁에서 바쁘게 살아가다 보니 집에서 해먹기가 힘들고 귀찮아 식당을 찾을 것이다. 또한 맛있는 음식을 찾아다니면서 먹는 즐거움을 통해 만족을 얻기 위해 미식가의 마음으로 식당을 찾을 것이다. 또 데이트를 즐기기 위해, 접대를 하기 위해, 가족과 함께 모여 얼굴 보며 식사를 하기 위해 찾을 것이다. 물론 너무 배가 고파 한끼를 해결하기 위해서도 찾을 것이다. 이처럼 여러 이유 때문에 비싼 돈을 지불하고 식당을 찾아온다.

그런데 식당이 너무 많다. 그래서 손님은 내가 가고 싶은 이유를 들어 식당을 골라 선택할 수 있다. 손님의 입장에서는 다양한 선택지가 있기 때문에 행복한 고민일 수 있지만, 식당의 입장에서는 치열한 경쟁을 해야 한다는 것을 의미한다. 많은 식당 중에서 손님의 선택을 받기 위해 애써야 한다. 더군다나 식당은 재미삼아 하는 것이 아니라 나와 내 가족의 생계가 걸린 전쟁터이다. 전쟁에서 이겨야 살아남듯, 다른 식당과의 경쟁에서 선택되어야 살아남는다. 그래야 나와 내 가족을 먹여 살릴 수 있다. 이처럼 손님이 내 식당으로 들어올 수 있도록 내 가게에 와야만 하는 이유를 만드는 것이 반드시 필요하다.

내 식당에 와야만 하는 이유를 만들어야 한다

내 식당을 매력적으로 보이기 위한 수단과 방법은 많다. 쉽게 머릿속에 떠올릴 수 있는 것들로는 음식을 싸게 파는 것이 있다. 아예 특정 가격에 무한리필을 하는 방법도 있다. 요일별로 이벤트를 만들어 공짜로 무엇을 내어주는 것도 방법이다. 인테리어를 근사하게 하는 것도 방법이고, 남들이 생각지도 못한 메뉴로 상상하지 못할 양으로 승부를 하는 것도 방법이다. 그런데 이렇게 머릿속에 떠오르는 것은 내가 힘들고 어렵게 생각해서 실천한다 하더라도 다른 경쟁자들이 쉽게 흉내내고 따라 한다. 더군다나 나보다 한 단계 더 업그레이드해서 말이다. 그래서 남들이 따라 할 수 없는 무엇인가를 해내려고 부단히 노력하고 애쓴다. 나 역시도 그랬다. 하지만 그럴수록 뭔가 한 가지 아이템으로, 뭔가 한 가지 특별함으로 내 식당을 매력적으로 보이게 하는 것이 굉장히 어렵다고 느꼈다. 아니 내 능력으로는 불가능하다고 결론내렸다.

손님이 우리 식당에서 식사를 하고 나갈 때 다음에 또 이 식당에 오고 싶은 마음이 들도록 만드는 것은 과연 무엇이 있을까 많은 고민을 했다. 내가 손님에게 잘하고 싶은 마음, 감사한 마음, 맛있고 즐거운 식사가 되도록 노력하는 마음이 손님에게 전달된다면 그것만큼 훌륭한 것이 있을까? 식당은 이유야 어떻든 반드시 음식을 먹어야 하는 곳이다. 그 음식을 매개로 그 음식을 더 맛있게 느끼도록 손님에게 내 마음을 담아 최선을 다하는 것이 내가 할 수 있는 최선의 방법이라고 생각하니 의외로 단순한 결론이 났다.

'내 마음을 손님이 느끼도록 해보자'였다. 내 마음을 손님이 느낄 수 있도록 '우리 식당만의 서비스로 다가가자'였다.

02
서비스의
새로운 정의를 내리다

절대적인 맛이란 없다

식당을 열고 장사를 하는 가장 기본적인 이유는 무엇일까? 나와 내 가족의 생계를 유지하기 위함이다. 단순히 말하자면 돈을 벌기 위함이다. 되도록 더 많이 벌기 위함이다. 그렇다면 장사가 잘되어야 한다. 장사가 잘되려면 손님이 음식을 맛있게 먹고 만족해 하며 식당 문을 나가야 한다. 그래야 다음에 또 오고 싶은 생각이 든다. 그래서 그 음식이 생각나면 만족했던 기억을 따라 재방문으로 이어진다. 이러한 패턴이 정착되면 단골이라는 이름으로 정기적으로 오는 손님이 생기고, 우연히 근처를 지나다가 혹은 소문을 듣고 오는 사람들도 생기게 된다. 손님이 맛있게 먹어야 장사가 잘된다는 사실은 가장 단순하지만 누구도 부정할 수 없는 식당의 진리이다.

대부분의 식당에서는 맛만 있으면 성공한다는 생각으로 맛에 대해 굉장히 집중한다. 아니 집착한다는 표현이 더 가깝다. 맛있으면 손님이 많이 온다는 생각 때문에 무조건 맛에만 매달리게 된다. 하지만 이렇게 집중해서 맛있게 만들어도 생각한 것처럼 손님이 많이 오지 않으면 맛있는 우리 음식을 알아주지 못하는 손님들이 야속할 뿐이고, 동네 수준이 우리 음식 맛을 따라오지 못한다고 원망하기도 한다. 나를 돌아보는 것이 아니라 다른 곳에서 핑계를 찾게 된다. 그러다 보면 장사가 안 되고, 재료의 순환이 느려지고, 버려지는 음식이 많아지고, 결국 원가를 줄이게 되고 그러다 보니 장사가 더 안 되는 악순환에 빠지게 된다.

물론 손님이 우리 식당에 만족하고 가게 문을 나가게 하기 위해서는 가장 기본인 음식이 맛있어야 한다는 것은 부정할 수 없는 사실이다. 하지만 음식의 맛은 절대적인 기준이 없다. 상대적이기도 하고 다분히 주관적이기도 하다. 오늘 낮에 먹은 점심이 정말 맛이 없어 먹다 말고 나왔다면 지금 먹는 저녁이 기본조차 갖추지 못했더라도 배가 고프니 맛있게 느껴지는 것이고, 식당에 들어오기 전에 시비가 붙어 싸우고 들어왔다면 세계 제일의 쉐프가 만든 음식이라도 맛이 없을 것이다. 그래서 맛으로만 승부하기가 정말 어렵고 힘든 것이다. 명확한 기준이 없기 때문이다.

식당은 맛 외에 다른 기준이 존재한다

손님으로 식당에 갔을 때 그 식당을 판단하는 기준은 여러 가지가 있다. 일단 음식을 맛보기 전에는 가게의 전체적인 청결함도 살피고, 직원의 옷차림새, 주문받는 말투와 표정, 나오는 물병과 컵 그리고 테이블의 깨끗함, 심지어 다른 테이블에 앉아있는 손님들까지도 식당을 판단하는 기준이 된다. 여기까지가 음식이 나오기 전의 상황이다. 음식을 맛보기도 전에 식당에 대한 판단이 이미 어느 정도 된 것이다.

이를 통해 음식이 나와서 첫술을 뜨는 순간 "역시 이 집은 음식도 맛있네."와 "이럴 줄 알았어. 이렇게 하는데 음식이 맛있을 리 없잖아."와 같은 말로 판단해 버린다. 음식을 여러 번 먹고 그 맛을 음미한 것도 아닌데, 이미 식당에 대한 평가는 거의 끝났다고 봐도 무방하다. 혹은 평가를 유보하며 그저 식사 본연의 목적인 배고픔을 해결하기 위해 먹고 있는 상황이라 하더라도 부족한 반찬을 알아서 챙겨준다던지, 혹 불편한 것이 있는지 세심하게 챙겨주려는 식당의 배려를 느낀다면 이 집은 다음에 또 와도 되는 집으로 생각하면서 음식을 먹게 된다. 맛보다는 맛 외의 다른 기준으로 식당을 판단하는 것이다. 식당을 판단하는 기준이 단순히 음식의 맛이 아니라는 것을 단적으로 보여주는 예이다.

서비스에서 답을 찾다

12년이란 세월을 식당에서 보내고 난 뒤에야 식당은 음식 맛으로만 승부해야 한다는 기존의 생각이 틀렸음을 인지하게 되었고, 맛있는 음식만으로 손님을 만족시키는 것은 불가능에 가깝다는 생각이 굳어졌다. 맛으로만 승부를 볼 수 있다고 생각했던 나의 생각이 틀렸다는 것을 알고 난 뒤 도대체 무엇으로 손님을 만족시켜야 하는지를 고민하기 시작했다. 내가 손님의 만족을 억지로 강제할 수는 없기에 손님이 만족감을 느낄 수 있도록, 열심히 준비한 음식을 맛있게 느끼도록 최선의 노력을 다해야 한다고 나름의 답을 찾았다. 그 답은 우리가 흔히 말하는 '서비스'이다. 서비스는 식당에서 참 많이 접하는 단어이다. 식당에서 서비스라는 단어를 듣거나 말하는 손님을 보는 것은 어려운 일이 아니다.

"사장님 이렇게나 많이 먹었는데, 서비스 안주세요?"

"이 집 서비스가 엉망이네."

"이런 데서 서비스를 기대한 내가 바보지."

'서비스'를 국어사전에서 찾아보면 ① 생산된 재화를 운반·배급하거나 생산·소비에 필요한 노무를 제공함 ② 개인적으로 남을 위하여 돕거나 시중을 듦. '봉사' '접대'로 순화 ③ 장사에서 값을 깎아 주거나 덤을 붙여 줌으로 정의하고 있다.

국어사전의 개념이 식당에서도 대부분 통용되지만, 내가 식당에서 느낀 손님들이 생각하고 받기 원하는 서비스와는 조금 다르게 느껴졌다. 식당에서 손님이 생각하는 서비스의 조건에는 '기분 좋게'가 들어가야 한다. 아울러 '공짜'도 들어간다. 손님이 반찬을 달라고 해서 챙겨주는 것과 식당에서 알아서 챙겨주는 것은 다르다. 같은 행위임에도 손님이 받아들이는 것은 아주 다르다. "이렇게 많이 먹었는데 음료수 하나도 서비스 안줘요."라고 해서 나가는 서비스와 손님이 요구하기 전에 "많이 드셨으니 제가 서비스로 음료수 하나 드릴게요" 하며 나가는 것은 같은 행위이지만 손님이 받아들이는 것은 전혀 다르다. 전자는 손님이 요구하니까 주는 것이고, 후자는 손님이 원하는 것을 알아서 혹은 기대도 안했는데 알아서 그것도 공짜로 챙겨줬으니 더 기분 좋게 느끼는 것이다.

손님을 기분 좋게 만드는 방법은 여러 가지가 있다. 깨끗한 인테리어, 피식 웃을 수 있는 창문에 적힌 문구 하나, 맛깔나게 깔리는 반찬, 친절함과 배려, 청결함, 나긋나긋한 말투, 때로는 넉살 좋은 사투리, 공짜로 주는 곁들임, 알아서 챙겨주는 반찬도 손님을 기분 좋게 만든다. 기분이 좋아지면 음식이 더 맛있게 느껴지고 이 식당이 굉장히 좋아진다. 그러다 보면 더 많이 먹게 되고, 재방문의 가능성도 더 커진다. 그러면 장사는 조금씩이라도 더디더라도 잘되게 된다.

식당으로 성공하기 위해서는 바로 이 '기분 좋게'가 반드시 필요하다고 결론 내렸다. 그래서 손님을 더 '기분 좋게' 만들 수 있는 노력을 부단히 해야 함을 깨달았다. 국어사전에 나와 있는 서비스의 개념보다 식당에서의 서비스는 비슷하지만 무엇인가가 다르다고 생각했고, 그래서 나는 여러 해 식당을 하면서 배운 것들을 토대로 새로운 '식당 서비스'의 개념을 만들었다.

식당 서비스란 '손님을 기분 좋게 하여 맛있는 음식을 더 맛있게 느낄 수 있도록 하기 위해 제공하는 모든 유·무형의 수단'이다.

03
'서비스'라고 쓰고 '진심'이라고 읽는다

서비스 vs 심부름

나는 앞에서 식당 서비스를 '손님을 기분 좋게 하여 맛있는 음식을 더 맛있게 느낄 수 있도록 하기 위해 제공하는 모든 유·무형의 수단'이라고 새롭게 정의했다. 그런데 손님을 기분 좋게 하는 것은 정말 어려운 일이다. 식당에 음식을 먹으러 온 사람들에게 코미디언처럼 계속해서 농담을 던질 수 있는 것도 아니고, 더욱이 관객처럼 손님들이 내 말을 들어주려고 기다리는 것도 아니다. 자연스럽게 손님과 말을 섞을 수 있는 시간은 자리를 안내하며 물과 물티슈를 줄 때, 반찬을 세팅할 때, 본 음식이 나올 때 외에는 없다. 손님이 무엇인가를 추가로 요청하며 벨을 누르기 전까지는 말이다.

요즘 식당에 가보면 '알아서 챙겨 주면 서비스, 달라고 해서 주면 심부름'이라는 글귀를 심심치 않게 볼 수 있다. 이 말처럼 손님의 입장에서 서비스는 선제적이어야 한다. 부족한 반찬을 먼저 챙겨주는 것은 서비스로 느낄 수 있지만, 요구에 의해 주면 나의 필요를 채워준 심부름에 지나지 않기 때문이다. 무엇인가를 요청하기 위해 벨을 눌렀다면 서비스로서의 의미는 많이 반감된다.

간절함이 진심을 만든다

12년이라는 세월을 같은 자리에서 식당을 하고 있음에도 손님이 없는 텅 빈 가게에서 손님을 기다리는 것은 아직도 두렵고 떨리는 일이다. 특히나 평소보다 첫 손님이 늦게 오는 경우라면 불안감은 더 커진다. 그렇게 첫 손님이 늦게 오는 날이 며칠간 반복되면 그 스트레스는 말로 표현하기 힘들다. 식당의 특성상 식사시간대를 넘어가 버리면 손님이 식사를 하러 올 가능성은 떨어진다. 그러면 그날의 매출 역시 떨어진다. 물론 예상치도 않게 일찍 손님이 오는 날도 있다. 하지만 잘되는 연속 3일의 기억보다는 안 되는 연속 3일의 기억이 더 강렬하다. 이제는 이러한 상황에 익숙해질 법도 한데 그렇지가 않다. 아마도 나와 내 가족의 생계가 걸린 문제이기에 더 그럴 것이다.

유난히 추웠던 겨울날, 전날보다 갑자기 추워진 탓에 이른 저녁시간 텅 빈 가게에서 손님을 기다리는 시간이 어느 때보다 힘들고 어려웠다. 갑자기 추워지면 사람들이 외출을 자제하기 때문에 그만큼 손님도 줄어드는 경우가 대부분이다. 텅 빈 가게에 있는 것도 힘들었지만, 날씨가 갑자기 추워졌다는 것과 역시나 밖을 돌아다니는 사람이 얼마 없다는 것이 오늘 장사가 잘되기는 힘들겠다는 불안감을 더 크게 만들었다. 손님이 들어오게 해달라고 손을 모아 기도했다. 손님이 들어오면 정말 진심을 다해 잘하겠다고!

몇몇의 손님들이 문을 열고 들어왔다. "어서오세요"라는 말이 정말 진심에서 우러나왔다. 정말 이 손님들에게는 내 마음을 표현하고 싶었다. 물과 물티슈를 서빙하면서 정말 진심으로 "이렇게 추운 날씨에 그것도 아무도 없는 가게에 용기를 내어 들어와 주셔서 감사합니다."라고 말했다. 손님은 웃으면서 주문을 했다. 말로만 감사를 표현한다는 게 큰 의미가 없다고 생각되었다. 그래서 주문하지도 않은 김치찌개를 서비스로 만들어 "이 추운 날씨에 아무도 없는 가게에 용기 내어 들어와 주셔서 다시 한 번 감사드립니다. 소주에 따끈하게 안주하시라고 감사한 마음을 담아 드리는 서비스입니다."라며 드렸다. 정말 손님이 들어왔다는 그 자체가 너무 감사했다.

이 날의 진심은 간절함에서 나왔다. 손님이 왔으면 하는 간절함 말이다. 그래서 손님에게 김치찌개를 서비스로 내어줬고, 손님은 즐겁게 술자리를 시작했다. 손님도 기분이 좋았는지 고기를 추가했다. 고깃집의 가장 큰 장점이 바로 고기 추가이다. 고기를 추가하면 설거지가 늘어나는 것도 아니고, 숯불을 더 넣어야 하는 것도 아니다. 처음에 나간 상차림을 새로 내야 하는 것도 아니다. 그냥 추가한 양만큼 고기만 잘라서 나가면 매출이 늘어난다. 그렇게 생각하니 그 손님이 또 너무 고마웠다. 그래서 내 진심을 전달하고 싶어 소주 한 병을 들고 나가 "용기 있게 들어와 주신 것도 감사한데, 고기까지 추가해 주셔서 감사합니다. 감사한 마음을 담은 서비스입니다."라며 소주 1병을 테이블 위에 살며시 올려놨다. 공짜로 얻은 서비스가 좋아서 였을까? 내 진심이 전달되어서 였을까? 손님들은 "꺄~" 소리와 함께 박수를 쳤다. 이유가 뭐가 그리 중요한가. 손님은 기분 좋게 식사를 했고, 그 기분이 좋아지게 하는데 분명 나의 멘트와 서비스로 내어준 소주가 일조를 한 것은 틀림없었다. 나의 진심을 전하는 도구로 소주를 썼을 뿐이지 소주를 공짜로 주는 것이 목적은 아니었다. 나의 목적은 진심을 전달하는 것이었다. 그리고 그 손님은 소주와 고기를 추가하며 제법 많은 매출을 올려주고 갔다.

서비스에 대한 생각을 바꾸다

이 일이 있기 전까지 서비스는 단순히 많이 먹은 사람들에게 다음의 재방문을 유도하기 위한 의미로 식사 말미에 음료수 정도를 공짜로 내어주는 정도 또는 고기를 많이 먹고 난 다음 냉면이나 국수를 주문하면 조금 더 넉넉히 주는 정도로 생각했었다. 그리고 실수나 클레임에 대해 사과할 때 주는 정도로 생각했었다. 가게에 큰 매출을 올려주어 다음 번에도 재방문을 유도하거나, 실수를 만회하는 것이 주목적이었다.

하지만 이날의 경험은 그런 의미에서 나에게 많은 것을 생각하게 해주었다. 많이 먹어서 서비스를 준 것도 아니었고, 실수를 만회하기 위함도 아니었다. 손님이 들어왔으면 좋겠다는 간절함에서 시작했고, 실제로 들어온 손님이 너무 감사했다. 말로만 하는 감사와 진심은 손님이 느끼기 힘들기 때문에 김치찌개와 소주를 도구로 나의 진심을 전달했다. 그렇게 하고 나니까 특별한 감정이 생겨났다. 분명 공짜로 내어주는 것이었지만 아깝다는 마음이 전혀 들지 않았고, 재미있고 행복했다. 묘한 흥분감도 밀려왔다. 장사가 재미있어질 수 있겠다는 생각이 들었다. 이러한 특별한 감정을 그 순간에서 끝내고 싶지 않았다. 그래서 이날 우리 가게에 온 다른 손님들에게도 많이 먹고 적게 먹고에 상관없이 감사한 마음을 담아 서비스를 줬다.

하루를 이렇게 보내고 나니 감사한 이유가 여기저기서 생겼다. 그 감사함을 손님이 느낄 수 있도록 해보자고 마음을 먹었다. 감사한 이유가 많이 생기다 보니 진심을 담아 표현해야 할 상황들도 자연스럽게 많아졌다. 저녁을 먹기 이른 시간인 6시 이전에 오는 손님이 너무 고마웠다. 이른 시간에 손님이 오면 불안한 마음이 줄어들며 산뜻하게 저녁 장사를 시작할 수 있다. 더욱이 텅 빈 가게에 자리를 채워주면 그 손님들을 보고 밖에서 새로운 손님들도 들어온다. 식당 최고의 인테리어는 식당을 채우고 있는 손님이라고 하지 않던가. 6시 이전의 손님에게도 내 마음을 담아 표현했다. 10시가 넘은 늦은 시간에 아이들과 고기를 먹으러 온 가족들을 보면 집에 있는 딸내미들이 생각나 또 줬다. 알콩달콩 재미있게 이야기를 나누는 커플을 보면 그냥 기분이 좋아졌다. 기분이 좋아지면 두 분의 모습이 너무 보기 좋다면서 칭찬과 함께 진심을 전했다. 물론 상황에 맞게 때로는 소주로, 찌개로, 음료수 등으로 진심을 전달했다.

진심에서 생겨난 감사함을 표현하고자 한 행동들이 다른 식당에서는 느낄 수 없는 서비스가 되어 손님들에게 전달되어 덩달아 손님들의 기분도 좋게 만들었고, 일하는 나도 기분이 좋아져 일하는 것이 즐겁게 되었다. 서비스가 이 유였는지는 몰라도, 이러한 서비스가 반복될수록 테이블에서 추가로 나오는 주문은 더 많아졌다.

초심을 잃지 않는 서비스가 중요하다

백화점이나 마트에서 얼마 이상을 구입하면 상품권을 주는 것처럼 매출을 올리기 위한 서비스는 다양하다. 그러한 서비스는 매출 향상이라는 목적이 분명하다. 그런데 이러한 서비스를 했음에도 매출이 올라가지 않는다면 그 서비스는 지속될 수 없다. 그러나 간절하고 절실함에서 나온 진심을 전달하기 위한 서비스는 매출 향상이 목적이 아니다. 내 가게에 와준 손님에 대한 감사의 표현을 손님이 느낄 수 있도록 서비스라는 형태로 전달하는 것이다. 서비스의 목적이 다르니 손님에 대한 감사한 마음이 사라지지 않는 한 이러한 서비스는 지속될 수 있는 것이다.

나는 진심을 전달하기 위한 수단으로 서비스를 제공했지만, 손님은 예상치도 못했던 서비스로 인해 즐거움을 느끼게 되고 기분이 좋아진다. 그렇게 기분이 좋아지면 맛있게 준비한 음식은 더 맛있게 느껴지기 마련이다. 맛있는 음식과 기분 좋은 서비스가 어우러진 식당은 손님의 머릿속에 좋은 기억으로 남을 것이다. 오늘 먹은 음식이 언젠가 다시 먹고 싶다는 생각이 들 때, 자연스럽게 머릿속에 좋은 기억으로 남은 그 식당을 떠올릴 것이다. 손님을 기분 좋게 만드는 나의 진심을 담은 서비스는 결국 손님을 우리 가게로 다시 오게 만드는 훌륭한 무기가 된다.

나는 오늘도 손님에게 나의 감사한 마음을 진심에 담아 서비스로 전달하고자 노력한다. 그래야 더 행복하고 즐겁고 재미있게 장사를 할 수 있다는 것을 깨달았기 때문이다. 그렇게 하면 매출 향상도 자연스럽게 따라온다는 것을 알게 되었다. 이러한 선순환의 구조를 경험하고 나니, 서비스의 목적을 매출 향상에 두게 되면 그 서비스는 지속될 수 없음을 자연스럽게 이해하게 되었다. 나의 간절함과 절실함에서 나온 진심의 서비스를 손님에게 제공하여 나의 진심을 손님이 즐거움으로 느끼게 하는 것이 장사가 잘되는 길이라는 것을 알게 되었다. 이 단순한 진리를 깨닫고 배우는데 12년이라는 시간이 걸렸다.

  12년 동안 망하지 않도록 손님들이 꾸준히 우리 식당을 와줬고, 그러한 손님들 덕분에 오늘도 문을 열고 배운 것을 토대로 손님들에게 감사한 마음을 전할 수 있으니 이 또한 감사한 이유가 된다. 감사함은 또 다른 감사함을 낳는다. 내가 감사한 마음을 품고 그 감사한 마음을 진심으로 담아 서비스로 손님들에게 보여주는 것이 결국은 장사가 잘되는 길이며 나의 행복을 만들어 가는 길임을 잊지 않고자 한다. 그래서 오늘도 '손님을 기분 좋게 하기 위해 어떤 서비스를 할까?' 하는 어렵지만 즐겁고 행복한 고민을 한다.

04
식당에서의 서비스는 '용기'가 필요하다

손님을 기분 좋게 만드는 것은 식당의 몫이다

식당에서 서비스를 제공받는 사람은 손님이다. 그리고 손님은 식당이 제공하는 서비스를 수동적이고 일방적으로 받는다. 다시 말해 식당에서 적극적으로 서비스를 제공하지 않으면 손님은 서비스를 전혀 받지 못한다. 따라서 단순히 손님이 원하는 것을 제공하는 것을 넘어 손님을 기분 좋게 만드는 것은 전적으로 식당이 어떻게 하느냐에 따라 달려 있는 것이다.

손님을 기분 좋게 하지 못한다면 새롭게 정의한 서비스를 제공할 수 없다. 그렇기 때문에 손님을 '기분 좋게' 만드는 어렵고 힘든 일을 반드시 해내야 한다. 웃음을 통해 즐거움을 주는 것을 직업으로 삼고 있는 코미디언들의 인터뷰를 보면 시청자들에게 즐거움을 주기 위해 그들이 감내하고 있는 창작의 고통이나 노력들이 얼마나 어려운가를 알 수 있다. 식당 서비스도 마찬가지로 그만

큰 어려운 것을 해내야 한다.

  힘들고 어려운 일을 하기 위해서는 반드시 결심을 해야 하고, 결심을 행동으로 옮기는 용기가 필요하다. 겨우 식당에서 음식을 제공하며 전달하는 서비스가 뭐가 그렇게 대단하다고 용기까지 필요하냐고 말하는지 이해하기 힘들 수도 있다. 그러나 12년의 경험을 비춰볼 때 서비스에는 반드시 용기가 필요하다. 작은 용기가 아니라 굳은 결심과 대단한 용기가 필요하다. 비워진 반찬 그릇을 채워주는 것을 예로 들어 서비스에도 대단한 용기가 필요함을 설명해 보고자 한다.

손님이 눈치보지 않도록 해야 한다

  일반적으로 손님이 식사를 하다 반찬이 부족하면 더 달라고 요청을 한다. 이미 말한 바와 같이 손님이 먼저 요구를 했다면 그 부족한 반찬을 채워주는 것은 서비스가 아닌 심부름에 지나지 않는다. 이때 손님은 심부름을 시키는 것임에도 불구하고 "죄송한데요"라는 말을 해가며 눈치를 보며 부탁 아닌 부탁을 한다. 그 반찬이 너무 맛있어서 혹은 배는 고픈데 본 음식이 안나와서 허기를 달래기 위해 더 먹고 싶은데 손님은 죄송해 하며 달라고 하고, 식당은 돈도 되지 않는 반찬을 자꾸 더 달라고 한다는 식으로 눈치를 준다. 내 돈을 내고 음식을 먹으러 들어간 식당에서 발생하는 이러한 상황이 뭔가 대단히 이상하고 비정상적으로 보인다. 하지만 식당에 가서 반찬을 더 달라고 하면서 눈치를 봤던 경험은 다들 있을 것이다.

  식당에서 수익을 늘리는 방법은 크게 두 가지가 있다. 한 가지 방법은 매출을 늘리는 것이다. 식당은 매출과 상관없이 고정적으로 들어가는 임대료·인건비와 같은 고정비와 필요에 따라 지출하는 단기성 인건비와 식자재 등 매출에 따라 변동되는 변동비가 있는데, 고정비가 손익분기점을 결정하는 큰 요인이다. 매출이 고정비를 넘어가게 되면 수익은 급격한 상승곡선을 그린다. 즉 매출이 크면 수익은 자연스럽게 증가한다.

또 다른 한 가지 방법은 비용을 줄이는 것이다. 고정비는 그 비용을 줄이기 힘들다. 최소한의 인건비는 식당 운영에 반드시 필요하기 때문에 장사가 안되더라도 줄이는 데는 한계가 있고, 임대료는 나의 의사와 상관없이 계약된 금액만큼 반드시 지불해야 한다. 그래서 비용을 줄이기 위해서는 결국 변동비를 줄여야 하는데 가장 손쉬운 것이 원재료를 아끼는 것이다. 매출의 증가가 없더라도 원재료 등의 비용을 줄이면 식당의 수익은 늘어난다.

이처럼 비용을 줄여야 수익이 늘어날텐데 부족한 반찬을 채워주기 위해서는 비용을 아끼지 않는 용기가 필요한 것이다. 또 반찬을 알아서 챙겨주기 위해서는 테이블을 주기적으로 돌아다녀야 할 직원이 있어야 한다. 직원이 필요하다는 것은 인건비가 발생함을 의미한다. 서비스를 위해 비용이 발생되는 것이다. 만약 요구하는 반찬만 챙겨준다면 적극적으로 빈 그릇을 채워주기 위한 직원이 필요 없을 것이니 그만큼의 인건비는 발생하지 않을 것이다. 게다가 빈 그릇을 알아서 챙겨준다고 당장 매출이 증가하지도 않는다. 만약 고깃집이라면 알아서 챙겨준 반찬에 기분이 좋아져서 고기 추가나 술을 시켜 추가 매출이 일어나는 경우도 있겠지만, 국밥이나 짜장면·돈가스처럼 첫 주문 외에 추가 매출을 기대하기 힘든 식당에서 빈 그릇의 반찬을 알아서 챙겨주기 위해

한 사람의 인건비를 더 지출한다는 것은 비용의 증가만 일어나는 것을 의미한다. 빈 그릇을 보고 직원이 알아서 반찬을 더 챙겨줬는데 안먹고 남기는 경우도 많이 있다. 인건비도 들고 쓸데없이 버려지는 재료비도 발생하는 어처구니없는 상황이 발생되는 것이다.

손님들이 눈치 안보고 반찬을 넉넉히 먹을 수 있도록 셀프코너를 마련하여 부족한 반찬을 알아서 먹도록 하는 방법도 있다. 이럴 경우 인건비는 줄일 수 있을지 몰라도 버려지는 반찬이 많이 생기게 된다. 반찬을 자주 가져다 먹기 귀찮으니 한 번에 필요 이상의 양을 많이 가져오게 된다. 생각해 보면 셀프코너에서 가져온 반찬들을 남기지 않고 싹싹 비워낸 기억보다는 남기고 나온 기억이 더 많을 것이다. 인건비는 아꼈지만 버려지는 반찬에 대한 재료비는 아끼지 못한 것이다.

서비스에는 꾸준한 용기가 필요하다

서비스를 한다고 해서 당장 눈에 보이는 매출은 늘어나지 않는데 인건비와 버려지는 재료비로 인해 비용이 발생한다. 수익을 창출해서 돈을 벌기 위해 장사를 하면서 이것이 과연 쉽게 결정할 수 있는 일일까? 굉장히 어려운 일이다. 처음에는 호기롭게 시작했다 하더라도 유지를 못하는 경우가 이러한 이유 때문이다. 그래서 빈 그릇의 반찬을 채워주는 어찌보면 단순하지만 기본적인 서비스도 행동으로 옮기기 위해서 혹은 계속해서 꾸준히 유지하기 위해서는 큰 용기기 필요한 것이다.

반찬을 알아서 먼저 챙겨주는 것은 어떻게 보면 식당에서 당연히 해야 할 일이다. 그럼에도 불구하고 그렇게 당연한 서비스를 하기 위해서도 용기가 필요하다. 게다가 누군지도 모르는 낯선 손님에게 살갑게 인사하고 아는척 하는 것이 쉬운 일일까? 손님의 기분을 좋게 하기 위해 이유를 찾아서 칭찬하고 말을 붙이는 것이 과연 쉬운 일일까? 굉장히 어려운일이다. 그래서 식당 서비스를 위해서는 용기가 필요하다는 것이다.

용기 있는 식당이 손님을 얻는다

식당에서 더 먹고 싶은 반찬 혹은 비워진 반찬을 알아서 챙겨준다면 기분이 어떨까? 다른 식당은 반찬 더 달라고 어렵게 부탁을 하면서도 미안해 하고 눈치도 봐야 하는데, 비워진 그릇을 보고 알아서 챙겨준다면 기분이 좋을 것이다. 마침 더 먹고 싶었던 반찬이라면 더 기분이 좋을 것이고, 더 있으면 먹겠지만 꼭 필요한 반찬이 아니었다면 반찬을 챙겨주는 것이 기분이 좋아지는 것까지는 아니더라도 최소한 알아서 챙겨주니 다른 식당과는 조금 다르다는 호감 정도는 생길 것이다. 그렇다면 뒤이어 나오는 음식이 더 맛있게 느껴지지 않을까? 이처럼 부족한 반찬을 알아서 챙겨준다는 것은 새롭게 정의내린 서비스에 부합하는 굉장히 가치 있는 일이다.

또 부족한 반찬은 손님과의 자연스러운 스킨십을 유도할 수 있는 좋은 매개체가 된다. 처음 본 손님에게 생뚱맞게 칭찬을 하거나 말 걸기는 정말 힘들다. 때로는 오해를 받을 수도 있고, 손님을 불쾌하게 만들 수도 있다. 하지만 부족한 반찬을 챙겨주면서는 말 걸기가 자연스럽게 가능해진다.

"아이가 맛있게 먹어서 그릇이 비워진 걸 보니 제 기분이 좋네요. 더 갖다 드릴게요."

"나물을 잘 드셔서 피부가 좋으신가 봐요. 더 좋아지시라고 나물 더 갖다 드릴게요."

"사장님, 안주 없이 술 드시면 속 버려요. 부침개 하나 더 드릴게요."

"역시 어머니가 고기를 드실 줄 아시네요. 마늘하고 참 잘 어울리죠. 마늘 더 갖다 드릴게요."

이렇게 말하는데 그 말이 듣기 싫을까? 말만 하는게 아니고 다 먹은 반찬까지 챙겨주는데 손님의 기분은 더 좋아지지 않을까? 물론 이러한 멘트와 함께 반찬을 챙겨줄 수 있는 용기가 필요하다. 그 용기가 있다면 비워진 반찬은 자연스럽게 손님과의 스킨십을 할 수 있는 훌륭한 서비스 수단이 된다.

알아서 챙겨주는 반찬에 손님은 이미 기분이 좋을 것이다. 기분이 좋아지면 음식은 더 맛있게 느껴진다. 거기에 보통의 다른 식당에서 느꼈던 반찬 추가에 대한 미안한 감정도 살짝 있을 것이다. 챙겨주니 미안하기도 하고 고맙기도 하다 보니 이미 우리 식당에 대한 호감도는 상승했을 것이다. 만약 이러한 감정이 전혀 들지 않은 손님일지라도 더 챙겨준 반찬 안먹으면 그만이니까 알아서 반찬을 챙겨줌으로 인한 불만이나 불쾌함이 생기지는 않을 것이다.

부족한 반찬으로 용기를 내어 멘트를 할 수 있다면, 반찬으로 할 수 있는 서비스의 최고봉에 도전해 보자.

"저희 반찬 맛있게 드셔 주셔서 감사합니다."

이 말을 하기 위해 멘트를 준비하고 준비해도 막상 손님상 앞에 가면 목구멍 끝까지 올라온 말이 입을 통해 나오는 것은 정말 힘들다. 낯간시럽고 민망하다. 한 번도 해본 적이 없고 들어본 적도 없기 때문이다.

이 말과 함께 챙겨온 반찬을 내밀어 보자. 만약 내가 그 말을 들었다면 지금껏 다른 식당에서 듣지 못했고 생각하지도 못했던 그 한마디에 감동되어 그 식당을 잊을 수 없을 것이다. 단골은 물론이고 다른 사람들에게 식당을 소개하는 전도사가 될 것이다. 하루에 한 명씩만 이런 손님들이 생긴다면 그 식당은 정말 행복한 식당이 될 것이다.

'용기 있는 자가 미인을 얻는다'는 말이 있다. 그 말을 '용기 있는 식당이 손님을 얻는다'로 살짝 바꿔서 내 앞의 손님에게 용기를 내보자. 그리고 서비스를 해보자.

05
서비스의 최고의 무기는 '메뉴판'이다

'진심'을 담아 손님의 마음을 빼앗아라

손님에게 서비스를 제공할 때에는 진심을 담은 마음이 필요하다. 그것을 말로 잘 설명해서 손님에게 진심을 전달하는 기술적인 방법도 필요하다. 진심을 담은 마음을 손님에게 잘 전달한다면 손님의 마음을 빼앗을 수 있다. 손님의 마음을 빼앗으면 우리 식당에 대한 호감도가 올라가게 되고, 호감도가 증가하면 우리 식당의 음식을 맛있게 느끼게 된다.

이처럼 진심을 담은 마음을 전달하고 손님이 느꼈다면 그것은 무형의 서비스를 손님에게 제공한 것이 된다. 친절한 행동, 나긋나긋한 말투, 밝은 미소와 같은 무형의 서비스는 손님의 기분을 좋게 만드는 훌륭한 방법이다. 이렇게 진심을 담은 마음을 표현하여 무형의 서비스를 제공했다면 이제는 손님의 마음을 확실히 빼앗아 올 수 있는 또 다른 방법을 사용해야 한다. 손님이 눈으로 볼 수 있거나 손으로 만지거나 입으로 먹을 수 있는 형태의 유형의 서비스를 제공하는 것이다.

메뉴판에 있는 메뉴는 특별한 서비스다

어떤 것이 눈에 보이는 유형의 서비스가 될 수 있을까? 식당에서 그것을 찾는 것은 어렵지 않다. 바로 메뉴판이다. 고깃집을 예로 들어보자. 삼겹살과 소주를 시킨 테이블에는 김치찌개가 훌륭한 서비스가 될 수 있다. 고기를 추가하여 먹는 테이블에는 고기와 함께 곁들여서 구워 먹을 수 있는 버섯과 껍데기도 훌륭한 서비스가 될 수 있다. 배부르게 먹고 나서 입가심으로 냉면을 인원수의 반으로 주문한 테이블이라면 면의 양을 좀 더 늘려서 넉넉하게 내놓는 것도 훌륭한 서비스가 될 수 있다. 이처럼 서비스로 낼 수 있는 것들이 메뉴판에 널려 있다. 그것을 돈을 받고 팔고자 하면 감히 할 수 없는 행동이다. 그래서 서비스에는 용기가 필요하다고 한 것이다. 내 수익을 포기할 수 있는 용기가 필요하다. 손님에게 그냥 내줄 용기가 있다면 메뉴판은 서비스판이 된다. 모든 것이 유형의 서비스가 된다. 고기, 식사류, 주류, 음료 모든 것이 서비스가 될 수 있다. 특히 메뉴판에 가격이 정해져 있는 모든 메뉴를 그 가격을 받지 않고 공짜로 내어준다는 것은 손님에게 예상치 못한 큰 선물이 된다.

손님에게 선물을 준다고 생각하면 아주 쉽다. 그런데 내게 필요 없는 선물을 받으면 버리지도 못하고 안받음만도 못한 경우가 생긴다. 반대로 내가 꼭 필요한 것을 받을 때, 있으면 좋지만 내 돈 주고 사기에 조금 아까운 생각이 드는 선물을 받을 때 기분이 좋아진다. 그렇게 생각하면 메뉴판에 있는 메뉴를 선물로 풀어내면 각 테이블에 어떠한 것이 필요한지 금방 알 수 있다. 이처럼 손님에게 지금 필요한 것이 무엇인지 잘 살피는 세심함도 필요하다.

메뉴판에 없는 메뉴는 감동의 서비스다

손님은 메뉴판에 있는 것에서 나의 선택을 고르려고 한다. 따라서 식당에서 기대하는 음식은 메뉴판에 있는 것으로 한정된다. 그런데 메뉴판에 없는 음식이 서비스로 나왔다고 생각해 보라. 이벤트와 같은 깜짝 서프라이즈 선물이 될 것이다. 예상치도 못한 선물을 받았을 때의 기분이 얼마나 좋은지 사람들은 알고 있다. 메뉴판에 없는 음식을 만들어 서비스하는 것은 그렇게 자주 일어나지 않지만, 특별한 감동을 줄 수 있다. 예를 들어 매운 것을 못먹는 아이들을 동반한 테이블에 도시락 김 한 봉지가 그 역할을 해내고, 셋팅해 둔 된장찌개에 미리 만들어둔 매콤한 육수 대신 된장만 풀어 소고기 몇 점 넣어서 아이를 위해 끓여내는 것, 반찬으로 내는 두부에 아무런 양념을 하지 않고 챙겨주는 것 등은 메뉴판에 없는 메뉴를 서비스로 풀어내는 간단한 방법이다. 오직 우리 테이블만을 위함이니 손님은 더 즐거운 식사를 할 수 있게 될 것이다.

두 딸내미를 키우다 보니 아이들을 데리고 식당에 간다는 게 보통의 결심으로는 안 된다는 것을 알고 있다. 가만히 앉아 먹지도 않을 뿐더러 흘리고, 씹다가 뱉고, 맵다고 짜증 부리고 그러다 보면 음식이 입으로 들어가는지 코로 들어가는지 알 수 없다. 그래서 일단은 아이들을 배부르게 먹이고 놀 수 있도록 장난감을 주거나 스마트폰을 보여주거나 한다. 그리고 나서 부모들은 식사를 한다. 맛있게 고기를 먹을 것을 기대하고 아이들과 왔지만, 그렇지 않은 경우도 허다하다. 그렇게 되면 끼니를 거르게 할 수는 없는 노릇이니 부모는 아이가 고기는 안먹더라도 밥이라도 먹기를 바란다. 도대체 뭐하고 밥을 먹일까 고민이 들 때 식당에서 주는 도시락 김 한 봉지는 정말 고마운 선물이다. 메뉴판에도 없고 일반 식당에서는 구비하고 있지 않은 도시락 김이다. 내 아이를 위해 준비된 선물이다. 때문에 손님은 고맙기도 하고 미안하기도 하다. 김으로 맛있게 먹는 아이를 보며, 밥 많이 먹으라고 한 봉지 더 내준다면 메뉴판에 없는 김 두 봉지로 멋지게 손님의 마음을 빼앗은 셈이 된다.

3명의 손님이 와서 고기 3인분을 먹고 3인분을 추가했다. 정말 감사한 일이다. 그럼, 그 감사함을 진심을 담아 표현하면 된다. "세 분이서 벌써 고기가 6인분째입니다. 많이 드셔 주셔서 감사합니다. 화끈하게 드시니 저도 화끈하게 소주 한 병 쏩니다." 하고 살짝 소주 1병을 테이블에 두고 나오면 된다. 고기를 추가하면 어차피 소주도 추가할 것이다. 그렇다면 나의 감사한 마음을 담아 진심으로 감사하게 소주 한 병 서비스로 주면 된다. 내가 서비스로 소주를 줬는데 또 다시 소주를 추가한다면 진짜 필요한 것을 서비스로 준 것이 확인되는 셈이다. 이런 상황이 발생하면 정말 짜릿하다. 손님은 필요했던 선물을 받은 것이니 그런 선물이 정말 기분 좋은 선물이다.

손님이 우리 식당에서 기분 좋게 더 맛있게 먹기를 바라는 마음을 전달하고자 한다면 메뉴판에 있는 음식도, 메뉴판에 없는 음식도 훌륭한 서비스가 된다. 그래서 내 진심을 전하는 식당 서비스의 최고 무기는 바로 메뉴판이다.

06
서비스는
타이밍의 싸움이다

하나마나한 서비스는 안하느니만 못하다

밀당은 연애의 필수요소이다. 같은 말과 같은 선물이라도 적당한 타이밍을 놓치면 그 효과는 반감되지만, 적절히 밀고 당기기를 시도하다 최적의 타이밍을 만들어 달콤한 사랑을 고백한다던지 선물을 전달하면 효과는 엄청 크게 나타난다. 기념일을 잊은 것처럼 보이는 상대방에게 아쉬움과 서운함이 밀려와 점점 감정이 상해가는 시점에 예상치도 못한 장소에서, 예상치도 못한 방법으로 선물을 준다면 그 효과는 상당히 쎄다. 잊지 않고 이미 준비하고 챙기고 있었다는 고마운 마음과 상대방에게 서운한 마음이 생겼다는 미안함과 오해하고 있었다는 민망함으로 복잡히 얽힌 감정이 예상치도 않은 선물과 함께 모든 것이 해결된다. 그리고 마냥 슬섭고 행복한 감정으로 전환되어 버린다. 같은 선물과 같은 말임에도 불구하고 분명 적당히 밀고 당기며 타이밍을 맞추는 것은 그 효과를 상당히 증폭시켜 준다.

 연애와 마찬가지로 음식도 타이밍에 따라 그 음식에 대한 반응이 달라진다. 특히 돈을 내고 먹는 음식이 아닌 서비스로 풀어내는 경우는 더욱 그렇다. 김치찌개를 예로 들어보자. 고깃집에 가면 주문과 상관없이 김치찌개를 서비스로 주는 경우가 있다. 뜨겁지도 차갑지도 않는 어중간한 뚝배기에 적당히 김치와 고기 몇 점을 담아 나온다. 딱 봐도 뭔가 특별하거나 대단하지 않은 모습으로 나온다. 그래서 눈에 띄지 않는다. 왜냐하면 나의 의사와 상관없이 이미 나와 버린 공짜 음식이기 때문이다. 자연스럽게 그 음식은 내 관심에서 멀어진다. 고기가 나오기 전 몇 숟가락 떠서 맛만 보거나 아예 손도 안대고 남기는 경우가 대부분이다. 이러한 상황이 반복되면 식당에서는 반찬에서 뺄 수도 없고, 버려지는 것은 아깝고, 결국은 재료를 아끼게 되고 맛은 더 없어지는 악순환에 빠지게 된다. 손님 입장에서는 줘도 그만 안줘도 그만인 반찬으로 전락해 버리는 것이다. 김치찌개가 입이 떡 벌어질 정도의 맛과 양이 아니거나 뭔가 특이해서 눈이 번쩍 뜨일 정도의 비주얼이 아니라면 그것으로 손님을 감동시키거나 즐거움을 주기는 힘들다. 이는 반대로 말하면 서비스라고 대충 줘서는 안 되고, 제대로 내줘야 그 역할을 한다는 것이다. 특별함 없이 제대로 만들지 않고 서비스라고 대충 만들어서 나간 김치찌개는 아무런 의미가 없다. 식당의 원가와 수고만 잡아먹을 뿐이다.

최적의 타이밍이 최고의 서비스를 만든다

 그 별 볼일 없는 김치찌개를 들고 다시 주방으로 와보자. 가스 위에서 보글 보글 끓여서, 기왕이면 돼지고기를 많이도 아니고 몇 점 더 넣어서 끓인 후 대파와 팽이버섯을 고명으로 얹어서 들고 나가보자. 고기가 익기 시작한 테이블에는 "고기가 아직 안익었는데 소주 한잔 하시려면 국물이 필요하죠. 그래서 이건 서비스!" 하면서 낸다. 고기는 거의 다 먹었고 아직 소주가 남은 테이블에는 "안주 없이 소주 드시면 속 버립니다. 국물과 함께 드세요. 돈 안받는 서비스입니다." 하면서 낸다. 먹어야 할 이유를 만들어서 서비스를 냈다. 손님이 그 이야기를 듣고 보니 지금 이 김치찌개를 먹어야 할 타이밍처럼 들린다. 자연스럽게 손님은 소주를 한잔 입에 털어 넣고, 기분 좋게 공짜로 나온 김치찌개 국물을 떠먹는다. 의미 없이 반찬과 함께 나가는 김치찌개보다 먹어야 하는 이유를 만들어서 적절한 타이밍에 내어주는 김치찌개가 손님의 입장에서는 반갑고 더 맛있게 느껴질 것이다. 이처럼 음식으로 내어주는 유형의 서비스도 적당한 타이밍에 내는 것이 효과적이다.

한마디의 말도 타이밍이 중요하다

말이나 웃음으로 할 수 있는 무형의 서비스도 역시 마찬가지이다. 얼마 전 오셨던 손님이라면 첫 대화의 시작에서 하는 것이 옳다. "안녕하세요. 지난번에 오셨을 때도 이 자리 오늘도 이 자리 여긴 손님 지정석이네요." 손님은 나를 기억한다는 자체만으로도 이미 기분이 좋아진다. 나를 알아보고 아는 척 해주는 식당이 흔하지 않기 때문이다. 만약 새로운 손님을 데리고 왔다면 "오늘은 또 다른 손님을 모시고 오셨네요. 역시 우리 집 VIP입니다." 하면서 기를 세워준다. 함께 데리고 온 사람은 이 말 한마디에 '내가 잘 따라왔구나'라는 생각을 하게 될 것이다.

얼마 전에 왔는데 또 왔다. 그것도 내가 얼굴을 잃어버리기 전에 재방문을 한거라면 얼마나 감사한 일인가. 그 감사한 마음을 진심에 담아서 음료수 하나라도 서비스로 나가면 아주 훌륭한 유·무형의 서비스를 제공한 셈이 된다. 손님이 음식이 나오기 전에 이러한 서비스를 받았다면 그 식당에서 먹는 음식은 당연히 더 맛있게 느껴질 것이다.

만약 예약을 하고 온 단체손님이라면 그 타이밍을 조금 다르게 잡는 것이 좋다. 단체의 경우에는 대부분 중간에 추가주문을 한다. 추가주문을 했다면 그때가 예약한 손님에게는 아주 좋은 타이밍이다. "오늘 예약하신 홍길동 님이 어디 계신가요?" 하고 물어 예약한 손님을 찾는다. 그리고는 그 홍길동 님 앞에 "오늘 예약해 주셔서 감사합니다. 그런 의미로 드리는 서비스입니다." 하고 술을 몇 병 더 서비스하거나 고기를 조금 더 따로 담아서 낸다던지 하면 달아오르고 있는 회식의 분위기를 더 업시켜 준다. 예약자도 기가 살고, 함께 온 사람들도 대접받는 기분이 들어서 기분이 더 좋아진다.

때에 따라 서비스의 시차를 두는 것도 좋다. 5명이 두 테이블에 앉아서 식사를 할 경우 김치찌개를 서비스로 주기로 했다고 가정해 보자. 이때 주방에서 약간의 시차를 두고 끓이는 것이 포인트다. 그리고 김치찌개 하나를 먼저 들고 가서 "소주 안주 하시라고 김치찌개는 서비스!"라고 주면 두 테이블 사이에 두고 나눠 먹으려고 한다. 아니면 당연히 하나가 더 나올 것을 기대하는 경우도 있다. 그래서 이때 곧바로 하나를 또 내온다 "싸나이가 쪼잔하게 하나만 드릴 수는 없죠. 하나 더!" 하고 테이블에 내면 하나를 나눠 먹으려고 했던 사람은 그 즐거움이 배가 되고, 당연히 하나를 더 기대했던 사람들도 만족시킬 수 있게 된다.

생각보다 많이 먹었는데 서비스를 제대로 풀지 못했다면 그 또한 타이밍이 된다. "두 분이서 이렇게 많이 드셨는데 제가 소화제 하나 드릴게요. 사이다 서비스!"라고 기분 좋게 내어줄 수도 있다. 제대로 챙겨주지 못했으니까 소주 하나와 안주거리 하나를 서비스로 내기로 마음먹었다면 "제가 미리 챙겨드렸어야 했는데 조금 늦었습니다. 소주 한 병 서비스!" 하고 낸다. 그리고 조금의 시차를 둔 다음 안주거리 하나를 들고 나가서 "생각해 보니까 이렇게 많이 드셨는데, 소주만 드리면 안 되니까 안주도 하나 서비스입니다." 하고 나오면 된다.

같은 음식, 같은 말, 같은 얼굴 표정을 가지고도 언제 그것을 하느냐에 따라 손님이 받아들이는 즐거움과 만족도의 크기는 현저하게 차이가 난다. 기왕에 서비스를 하기로 마음먹었다면 손님이 가장 좋아할 시기가 언제인가를 고민하며 서비스하는 것이 필요하다. 물론 진심을 가득 담아서 말이다.

07
식당 서비스의 생각지도 못한 선물

다짐하고 또 다짐하고, 감사하고 또 감사하다

내 마음을 담아 손님에게 '기분 좋은' 서비스를 하고자 마음먹고 시작한지 약 한 달 정도 되었다. 몇 개의 버섯과 떡으로, 소주와 맥주로, 김 한 봉지로, 따뜻한 우엉차로, 소고기를 넣고 끓인 된장찌개로, 칼칼하게 만든 김치찌개로, 양을 2배로 넣은 김치말이국수로, 새싹쌈으로 손님에게 내 진심을 전했다. 간절하고 절실히 기다린 손님에게 우리 가게 와주셔서 감사하다고, 많이 드셔 주셔서 감사하다고, 또 와주셔서 감사하다고, 시덥지 않은 멘트에 격하게 반응해 주셔서 감사하다고… 그렇게 내 진심을 전하고자 노력했고 지금도 노력하고 있다.

손님에게서 무엇인가 결과를 바라지 말자고 생각하지만 이런 나의 진심을 알고 손님이 자주 그리고 많이 와서 매출이 늘어나기를 바라는 마음이 하루에도 몇 번씩 생겨난다. 그럴 때마다 '내 진심을 몰라줘도 상관없다. 나는 내가 하고 싶은 것을 했으니 그걸로 만족을 하고 행복을 느끼니 나는 그것으로 됐다.' 라고 하루에도 수없이 되뇌인다.

내어주는 손이지만 이 정도로 손님에게 보답하는 거라고 할 수 있을까? 겨우 이거라고 손님이 비웃지는 않을까? 진심이지만 오글거리는 그 멘트를 어떻게 하지? 그렇더라도 실천을 했다. 하다 보면 늘겠지. 또 조금씩 늘어감을 느끼고 괜찮게 하고 있다고 자신감이 찰 때쯤 내어주는 서비스에 어김없이 얼음장 같이 차가운 반응들이 생겨나고, 내어주는 서비스에 별 반응이 없으면 이렇게까지 내가 해야 하나 하는 자괴감도 조금씩 올라온다. 그래도 이를 악물고 다시 내 진심을 전한다. 내 진심이 손님에게 전해져야 전쟁터와 같은 치열한 생존의 현장에서 살아남을 수 있다는 처절한 마음 때문이다. 그래야 토끼 같은 새끼들이 좋아하는 젤리도 사주고, 남들 다 들고 다니는 명품백도 하나쯤 여우 같은 아내에게 사줄 수 있고, 부모님도 마음 편히 여행을 다닐 수 있으니까!

나의 진심을 알아주는 고마운 손님들

나의 이런 진심을 알아주는 손님들을 만날 때면 정말 행복하다. 그런 손님들이 내게 생각지도 못한 선물을 전달해 주는 경우가 있다. 12월 31일 11시가 넘은 시간 아리따운 아가씨 4명이 고기를 먹으러 들어와서는 맛있게 먹었다. 그 모습이 보기 좋았다. "올해 마지막 고기를 우리 집에서 드셔 주셔서 감사합니다. 이거 드시고 2차로 나가서 또 고기 드실 거 아니니까 마지막 맞죠? 그런 의미로 맥주 한 병 서비스!" 하면서 맥주를 땄다. 그러면서 "내년 첫 고기도 우리 집에서 드세요. 하하하." 하며 한마디를 얹었다. 그런데 며칠 후 1월 3일에 정말 그 손님들이 다시 재방문을 했다. 내가 했던 서비스와 멘트도 전부 기억하고 있었다. "진짜 첫 고기 약속을 지켜주셨네요. 그런 의미로 오늘도 맥주 서비스!" 하고 드렸다. 나를 기억해 주고, 그날의 자세한 멘트까지 기억해 준 손님이 그 기억을 가지고 다시 오는 것만큼 큰 선물이 없다. 나의 진심을 손님이 알아주는 것 역시 큰 선물이다. 이날 역시 이 손님들은 맛있고 즐겁게 많이 먹고 갔다. 많이 먹고 매출을 올려주고 가는 손님 자체가 선물이다.

몇 년째 우리 집에 오는 단골 가족이 있다. 초등학생 두 명 중 형은 우리 집 김치전이 세상에서 제일 맛있다며 매운 것도 맛있게 잘 먹는다. 동생은 냉면에 들어가는 계란을 꼭 먹어야 한다. 형이 냉면을 시킬 때에는 형도 그 계란을 포기하지 않는다. 가족이 오면 김치전은 알아서 두 그릇을 챙겨간다. 냉면을 시키면 계란 하나는 넣고, 하나는 따로 그릇에 담아간다. 이 가족은 항상 맛있고 즐겁게 먹고 간다. 그 모습을 본 어머니가 어느 날부터인가 계산하고 나갈 때 김치전을 크게 부쳐서 포장을 해서 챙겨주었다. 김치전은 메뉴에 있는 것도 아닌데 맛있게 먹는 그 모습이 너무 좋아 보여서 챙겨주기 시작했다. 먹는 모습이 너무 예쁘고 자주 와서 즐겁게 먹고 가는 모습이 너무 좋고 감사해 진심을 담아 챙겨줬던 것이다. 계산을 마치고 나간 아이의 아버지가 잠시 후 다시 들어와서는 비닐봉투에 담긴 무엇인가를 건넨다. "사장님, 매번 챙겨주셔서 감사해요. 가게 식구들과 나눠 드세요." 검은색 비닐봉투에는 오늘의 피로를 푸는 박카스 한 상자가 담겨 있었다. 손님으로부터 받는 박카스 선물은 마시지 않아도 하루의 피로가 풀리는 선물이다.

서비스를 고민하고부터는 스스로 어떻게 서비스를 하고 멘트를 할 것인지 끊임없이 생각한다. 상황을 설정하고 그러한 상황이 발생하면 할 멘트도 미리 준비한다. 회식 자리에서 술이 어느 정도 들어가면 취기가 오르면서 손님들 자신도 모르게 행동반경이 커진다. 그러다 보면 소주잔이나 맥주잔이 떨어져 깨지기도 한다. 그런 상황에서 깨진 잔을 치우러 가면 손님들은 "죄송해요."라고 말한다. 나는 그때 "부장님께 깨진 것도 아니고, 사장님께 깨진 것도 아니고, 소주잔이 깨진 것뿐인데 뭐 어때요. 이깟 소주잔 깨졌다고 미안해 마시고 기운 내시라고 사이다 한 병 서비스."라고 멘트를 하려고 준비도 해놓았다. 최근 우연히 본 영상의 내용을 조금 각색한 것인데, 조만간 이 상황이 발생하면 적절하게 써먹을 생각이다.

08
서비스는 최고의 가성비다

맛과 가성비는 느낌에 따라 다르다

우리나라는 정말 식당이 많다. 같은 메뉴를 파는 식당이 한 건물에 여러 개 있는 경우도 흔하다. 그렇다 보니 한 손님을 우리 식당의 단골로 만드는 것은 어렵지만, 잃는 경우는 흔하다. 손님은 식당이 많기 때문에 만족하지 못하는 식당을 재방문할 이유가 없다. 손님은 여러 식당을 경험하며 나름대로의 판단을 한다. 그래서 자신이 만족한 식당에만 재방문을 한다. 이때 재방문의 기준은 자신이 지불한 가치에 대한 만족도이다.

요즘 많이 사용하는 단어 중에 '가성비'라는 것이 있다. 가격 대비 성능비의 준말이다. 내가 지불한 가격과 비교한 성능비, 즉 만족도를 나타내는 것이다(이하 가성비를 가격 대비 만족도로 정의한다). 100원을 지불하고 101원의 만족도를 느낀 것과 200원을 지불하고 201원의 만족도를 느낀 것 중 어느 것이 더 큰 만족도를 느꼈는지는 판단하기 힘들다. 10원의 가격을 지불하고 30원의 만족도를 느꼈다고 하더라도 30원의 만족, 101원의 만족, 201원의 만족은 객관적으로 순위를 매길 수 없다. 결국 만족도의 크기는 객관적으로 판단할 수 없다. 마찬가지로 100원을 지불하고 98원의 만족도를 느낀 것과 200원을 지불하고 100원만큼의 만족을 느꼈다고 해서 어느 것이 더 불만족스러운지도 역시 객관적으로 순위를 매길 수 없다. 만족이던 불만족이던 가성비를 객관적인 방법으로 판단할 수 없기 때문이다. 그저 만족했는가와 불만족했는가로 나뉠 뿐이고, 앞선 경험과 비교했을 때 더 좋은 기억이 많아 만족도가 높은 식당이 가성비가 훌륭한 식당이 되는 것이다.

앞에서 이야기한 맛과 동일한 개념이다. 얼마나 맛있는가는 객관적인 기준으로 삼을 수 없다. 먹을 만한 음식이냐, 먹지 못할 음식이냐로 나뉠 뿐이다. 가성비도 얼마나 만족했는가를 객관적인 기준으로 삼을 수 없기에 만족했느냐와 불만족했느냐로 나뉠 뿐이다. 맛은 상황과 기분에 따라 더 맛있게 느껴질 수도 있고 맛없게 느껴질 수도 있다. 가성비도 상황과 기분에 따라 만족하게 느껴질 수도 있고 불만족스럽게 느껴질 수도 있다. 맛도 가성비도 결국은 어떻게 느끼게 해주는가가 중요한 요소이다.

기분 좋은 서비스가 가성비를 높인다

가격은 정해지면 여간해서는 바꿀 수 없지만, 만족도는 식당의 노력 여하에 따라 얼마든지 향상시킬 수 있다. 손님의 기분이 좋으면 맛있는 음식은 더 맛있게 느껴진다. 식당에서의 만족도는 결국 얼마나 맛있게 먹었느냐로 귀결된다. 서비스란 '손님을 기분 좋게 하여 맛있는 음식을 더 맛있게 느낄 수 있도록 하기 위해 제공하는 모든 유·무형의 수단'이라고 했다. 손님에게 '기분 좋은' 서비스를 제공하는 것이 결국은 가성비를 높이는 길이다.

고깃집 문을 열고 들어오는 손님을 향해 감사한 마음을 담아 밝은 표정과 활기찬 목소리로 인사를 한다. 그 목소리를 들으며 식당에 들어온 손님은 처음 마주친 식당 직원의 깔끔한 유니폼과 예쁜 앞치마를 보며 제대로 된 식당에 들어왔다는 안도감을 느낀다. 주문을 받는 직원의 나긋함과 다른 식당과 다르게 위생적인 생수병으로 물을 받고 보니 식당에 대한 호감도가 상승한다.

첫 손님이라며 감사의 의미를 담아 시원한 맥주를 서비스라며 내오는데, 그 맥주 한 병 때문에 곧 나오게 될 삼겹살이 더 기다려진다. 맥주를 보니 소주도 땡긴다. 처음 반찬으로 나온 김치전이 다 떨어졌는데 알아서 그 빈 그릇을 채워준다. 새롭게 가져온 김치전에 결국 소주를 추가시킨다. 소주를 추가해서 소맥을 만들어 삼겹살과 함께 입속에 털어 넣는다. 짜릿한 그 맛이 일품이다. 하루의 피로가 삼겹살과 소맥으로 풀리기 시작한다. 술이 달고, 고기가 맛있다.

결국 삼겹살을 추가주문한다. 추가주문을 받은 식당 직원이 추가주문해 주셔서 감사하다며 버섯을 잘라서 챙겨온다. 원래 버섯을 즐겨 먹지는 않지만, 좋은 기분에 함께 구워 먹는다. 이 또한 맛있게 느껴진다. 이 맛이 또 소주를 부른다. 고기와 함께 버섯과 함께 소주를 마시니 세상 부러울 것이 없다. 기분에 취해 딱 1인분만 더하기로 하고 또 고기를 추가한다. 고기를 구워 소주와 한잔하려는 찰나에 식당 주인이 고기를 또 추가했다며 안주삼아 드시라고 소고기와 냉이를 넣고 끓였다는 된장찌개를 서비스로 내온다. 뭘 자꾸 서비스라고 가져오는데 기분이 좋아진다. 소주를 입에 털어넣고 된장찌개를 떠먹어 보니 구수하면서 얼큰한 맛과 특별히 넣었다는 소고기의 씹힘이 꽤나 괜찮다. 시원하게 마무리하고 싶어 얼음이 동동 떠있는 김치말이국수를 주문한다. 배가 부르니 인원수의 반만 시켜서 나눠먹기로 한다. 식당 직원이 들고 오는 국수를 보니 인원수대로 국수를 가지고 온다. 고기 많이 먹어서 감사한 마음으로 국수를 넉넉히 가져왔다고 한다. 배가 불러서 먹을 수 있겠나 싶었지만 나를 챙겨주는 게 고맙고, 많이 먹은 것을 알아줘서 고맙고, 공짜라 즐겁다. 못먹을 것 같았던 김치말이국수는 결국 국물도 남기지 않고 다 먹었다. 물론 소주도 추가해서…. 계산을 하면서 무슨 서비스를 그리 많이 챙겨주냐며 다음에는 가족들과 함께 오겠다고 잘 먹었다고 인사를 꾸벅한다.

　이 손님은 직원의 옷차림과 예쁜 앞치마, 나긋나긋한 말투와 알아서 챙겨주는 세심함 그리고 공짜로 나오는 서비스에 고기 추가와 소주 추가를 이어갔다. 손님은 챙겨주는 서비스에 기분이 좋아졌고, 식당은 추가로 이어지는 주문에 기분이 좋아져 감사한 마음으로 또 챙겨줬다. 손님은 나가면서 다음에 꼭 오겠노라는 약속을 선물로 주며 인사를 꾸벅하고 나갔다. 다음에 또 오겠다는 말과 맛있게 먹고 간다는 인사는 손님이 충분한 만족도, 즉 가성비를 느꼈음을 보여준다. 손님과 식당이 모두 기분 좋고, 추가주문이 이어지고, 내가 지불한 돈에 대한 값어치를 충분하게 느끼고, 식당은 매출이 늘어나고, 재방문을 약속하며 단골을 기약하는 아주 바람직한 식당의 선순환이 이루어지는 과정이다.

　이렇게 손님이 늘어나는 것이 식당의 매출을 올리는 가장 확실한 방법일 것이다. 내 식당의 문을 열고 들어온 손님을 반드시 만족시켜야 하는 이유가 여기 있다. 지난 12년간 매출을 늘리기 위해 고민하고 실행했던 모든 것들이 큰 효과를 보지 못했다. 단순히 매출을 늘리기 위한 기술적인 방법만을 고민하고 실행했기 때문이다. 그렇게 되면 손님이 단순히 돈으로만 보이게 된다. 돈으로 보이는 손님들이 매출을 많이 일으켜 줘야 하는데 내 생각대로 이루어지지 않으면 이내 포기하게 된다.

이러한 서비스를 시작한지 겨우 한 달 정도가 지났다. 완벽하지도 않고 내가 생각하는 것과 손님이 느끼는 것은 다를 수 있다. 매출이 얼마나 오를지 아직 알 수는 없다. 많이 올라 돈을 많이 벌었으면 좋겠다. 하지만 그렇지 않아도 괜찮다. 왜냐하면 나만의 서비스를 통해 내가 지난 12년보다 지금 현재 더 재미있고 행복하게 장사를 하게 되었기 때문이다. 아직도 빈 테이블을 보면 심난하기도 하고, 초조하기도 하다. 장사는 생존의 치열한 전장이기 때문이다. 오시는 한 분 한 분의 손님이 모두 소중하고 감사하다. 그래서 손님이 기분 좋게, 음식을 더 맛있게 느끼게 하기 위해 부족하지만 더욱 더 애쓰고 있다.

이제 시작이다. 더욱 성장하고 싶다

그렇게 시간이 또 8개월이 흘렀다(다행이다. 책의 출간이 늦어져 이 글을 추가할 수 있었다). 이런 서비스의 효과인지는 몰라도 지난 두 달 동안 월 매출의 앞자리가 바뀌었다. 멘트의 고민이 순간순간 들 때도 있지만, 더 자연스럽게 혹은 능글맞게 하게 되었다. 이런 나를 보고 아르바이트생들도 제법 따라한다. 그 서비스를 기억하는 단골들도 생겨났다. 일부러 나를 찾는다. 그 서비스를 기억한다는 이야기이다. 단골이 될 가능성이 전혀 없는 타지에서 온 사람, 외국인들에게도 동일하게 한다. 재방문을 기약하기 위한 서비스가 아니라 진심으로 감사하기 때문이다. 그런 손님조차도 1년에 2~3번 동탄에 업무차 오는데 그때 기억 때문에 다시 왔다는 손님도 있고, 한국 사람을 데리고 오는 외국인 손님도 생겼다. 너무 잘해줘서 또 왔다며 4일 연속으로 온 손님도 있었다.

몸은 고되고 힘들지만, 행복하고 재미있다. 그리고 희망도 보인다. 자신의 결심을 잊지 않으려고 그 결심을 자신의 몸에 문장을 만들어 문신으로 새기는 사람들이 있다. 그렇게 문신을 새기듯 부족하지만 나의 결심을 책을 통해 나름의 비장한 각오를 새기고자 한다. 이번 책에서는 나만의 서비스를 만들게 되고 시작하게 된 동기에 대해 썼다. 그리고 그 서비스를 시험하고 적용해 가는 출발선상에 있음을 기록했다. 만약 기회가 되어 다음 책을 쓰게 된다면 이러한 나의 서비스가 정착되어 자리를 잡았고 그로 인해 나의 마음가짐의 변화뿐 아니라 매출 향상이라는 실질적인 변화가 일어났다는 경험에 대해서도 기록할 수 있기를 소망한다.

 맺음말

아버지는 서라벌 음대에서 성악을 전공했습니다. 가난했던 집안의 홀어머니와 8남매의 첫째였지만 워낙 소질이 있어 대학에 진학할 수 있었습니다. 하지만 현실은 거기까지였습니다. 아버지는 대학은 나왔지만 변변한 직장을 가질 수 없었습니다. 웨이터 일도 했었고, 각종 물건을 파는 영업 일도 했습니다. 그리고 내가 아들로서 본 아버지의 가장 오랜 직업은 우유 배달이었습니다. 비가 오나 눈이 오나 새벽 3시면 집을 나서 본인 키보다 더 큰 자전거에 무거운 병우유를 가득 싣고 하루 종일 우유 배달을 했습니다. 중간중간 자영업도 많이 했습니다. 구멍가게도 했고 탁구장도 했습니다. 그리고 마지막으로 당구장도 했지만 모두 실패했습니다. 이미 망한 당구장을 사기꾼들에게 속아 권리금까지 얹어주며 인수한 후 뒤늦게 속은 걸 아시고 몰래 눈물을 훔치던 아버지를 여러 번 봤던 기억이 아직도 생생합니다. 적어도 사기 치는 인생은 살지 말자

고 마음 먹고 다짐했던 것이 아마도 이때부터였던 것 같습니다.

그렇게 고생만 하셨던 아버지는 수년 전 세상을 떠났습니다. 한 달 용돈 10만씩원을 모아 39살 아들에게 200만원을 쥐어주던 아버지는 더이상 곁에 없습니다. 그래서 먹고살만 해지면서 아버지는 아니지만 여동생들을 위해 뭔가를 해주고 싶었습니다. 돈으로 도움을 주는 것이 아니라 먹고살 수 있는 기반을 만들어 주고 싶었습니다.

첫째 여동생은 신랑과 인천에서 닭갈비집을 하고 있었습니다. 그것도 물론 제가 거들어 주었던 식당이었습니다. 주차장도 없는 동네 골목 깊숙한 곳에서 제법 신나던 날도 많았지만, 시간이 흐를수록 매출은 연명 수준으로 떨어졌습니다. 물론 먹고사는 일은 충분히 가능했던 매출이었지만, 자영업자에게 월급쟁이 비슷한 수익은 내일이 없는 연명의 삶과 다르지 않습니다. 그래서 그곳을 버리라고 채근했습니다. 권리금 따위는 욕심 내지 말자고 했습니다. 심지어 다른 곳으로 옮겨서 혹시라도 망하면 내 돈으로 갚아 줄테니 제발 그곳에 더이상 미련두지 말고 떠나라고 했습니다. 그렇게 해서 5년 동안 운영하던 닭갈비집을 2017년 겨울 권리금 천만원에 미련 없이 던졌습니다.

지금 여동생 부부는 퇴촌에서 돌짜장집을 하고 있습니다. 규모는 전과는 비교할 수 없이 큽니다. 가게 앞에 주차공간 한 대도 없던 곳에서 지금은 십여 대를 댈 수 있는 제법 넓은 주차장이 있는 식당입니다. 그렇다고 돈을 엄청 들인 것도 아닙니다. 도심에서 대부분의 창업자들이 권리금으로 지불하는 액수에 불과한 1억원으로 100평 식당을 차릴 수 있었습니다. 뻔한 돈이라 인테리이가 화려할 수 없습니다. 그렇다고 음식이 고급지고 특이하지도 않습니다. 남녀노소 누구나가 알고 먹는 짜장면을 할 뿐입니다. 그때 제가 여동생 부부에게 부탁을 하나 했습니다.

"메뉴는 어떤 경우여도 늘리지 말자. 그리고 식당은 저녁 6시에 문 닫는 걸로 하자. 저녁 6시까지 해도 7시간 장사다. 대신 브레이크타임은 없는 거다. 어차피 시골길 지나가는 사람들에게 술 팔 일도 없고, 나들잇길에 늦은 점심도 흔할 테니 쉬지 말고 일하고 대신 일찍 끝내자. 그럼 하루가 금세 끝나고, 내일이 기다려질 수 있다."

여동생 부부의 식당은 도심 속에서 월세 노예살이를 하는 곳이 아닙니다. 100평 규모에 월세는 200만원입니다. 물론 시골 상권에서는 적지 않은 금액이지만, 10대를 댈 수 있는 주차장을 낀 그 정도의 규모라면 싸다는 게 현실적 가치입니다. 그리고 경쟁자가 없습니다. 시골길이라 주변에 식당도 없고, 새로 생기기도 힘듭니다. 도심에서 뭐 하나 잘되면 금방 골목에 같은 업종이 즐비해져 팔리기도 전에 식상해 지는 그런 장소가 아닙니다. 거기에 메뉴는 돌짜장 한 가지뿐입니다. 짬뽕도 없고, 볶음밥도 없습니다. 중국집이 아니기 때문입니다.

그리고 무엇보다 중요한 것은 저녁 6시면 퇴근하는 여동생 부부의 습관입니다. 이전의 닭갈비집에서는 10시(때로는 11시)에 마감을 하고 가게 정리하고 집에 가면 12시가 코 앞이었고, 씻고 집 치우고 그러다 쓰러져 잠자고 또 오전 10시 출근을 위해 새벽 장을 보던 그 고생을 어떻게 했는지 모르겠다는 동생의 말에 웃을 수 있었습니다. 제가 바라던 가장 큰 선물이 이것이었기 때문입니다. 매출이 얼마인지도 물론 중요하지만, 식당을 하면서도 저녁이 있는 삶을 가지게 되었다는 그 점이 오빠로서 고맙고 기쁩니다.

　제가 요즘 가장 행복을 느끼는 것이 주변에 이런 식당들을 계속 만들 수 있다는 것입니다. 많이 버는 것이 아닌 그런 여유를 주위 사람들과 함께 하고 싶었습니다. 그러자면 습관을 바꿔야 합니다. 대부분의 식당이 가진 11시~11시 공식을 깨야 합니다. 그렇게 하루 온종일 일을 해서는 몸이 버티지 못합니다. 행복해지려고 돈을 버는데, 가장 중요한 건강을 잃게 되는 반대급부를 얻게 됩니다. 그리고 사실 따지고 보면 하루 12시간 문을 여는 식당이 바쁜 시간은 점심 2시간, 저녁 3시간 정도일 뿐입니다. 정말 장사가 잘되어 바빠도 직원들이 쉬는 시간이 필요하기에 실제 가동되는 영업시간은 정말 문전성시일 때 8시간 정도입니다. 식당들이 여유가 있을 때 손님도 행복해집니다. 〈맛있는 창업〉이 가고자 하는 방향입니다.

이경태

온리원 식당으로 행복을 찾은 사람들
사람들은 왜 한 가지만 잘하는 식당을 찾을까?

초판 1쇄 발행 2018년 9월 10일
초판 2쇄 발행 2020년 3월 20일

지은이 이경태, 맛있는 창업
펴낸이 백광옥
펴낸곳 천그루숲
출판등록 2016년 8월 24일 제25100-2016-000049호
주소 (06990) 서울시 동작구 동작대로29길 119
전화 0507-1418-0784 팩스 050-4022-0784 카카오톡 천그루숲
이메일 ilove784@gmail.com

ISBN 979-11-88348-26-8 (13320) 종이책
ISBN 979-11-88348-27-5 (15320) 전자책

저작권자 © 이경태, 맛있는 창업 2018~2020
이 책의 저작권은 저자에게 있습니다. 서면에 의한 저자의 허락 없이
내용의 일부를 인용하거나 발췌하는 것을 금합니다.

* 책값은 뒤표지에 있습니다.
* 잘못 만들어진 책은 구입하신 서점에서 교환해 드립니다.
* 저자와의 협의하에 인지는 생략합니다.

이 도서의 국립중앙도서관 출판예정도서목록(CIP)은 서지정보유통지원시스템 홈페이지(http://seoji.nl.go.kr)와
국가자료공동목록시스템(http://www.nl.go.kr/kolisnet)에서 이용하실 수 있습니다.(CIP제어번호 : CIP2018026353)

맛? < 맛창스럽다!

대한민국엔 3가지 형태의 식당이 있습니다.

http://www.jumpo119.biz

이경태의 **맛있는 창업**

- 70%쯤의 개인식당
- 30%쯤의 체인식당
- 0.001% 맛창식당

맛창스럽다.는 신뢰해도 좋은 식당의 동의어
맛창답다.는 음식값이 아깝지 않음을 뜻합니다.

서울 맛창식당

- 가락동 **가락동초밥집**
- 공릉동 **아이엠돈까스**
- 묵 동 **아빠는 막걸리**
- 면목동 **사가정칼국수**
- 미아리 **감자탕의 비밀**
- 번 동 **번동참심**
- 상암동 **달콤우동**
- 영등포 **초밥오타루**
- 창 동 **백년설렁탕**
- 한양대 **청춘초밥**
- 홍 대 **서양밥집**
- 봉천동 **신나는아구찜**
- 공릉동 **아이엠부대찌개**
- 묵 동 **그남자의 가브리살**
- 문래동 **오타루우동집**
- 미아리 **京城양꼬치**
- 미아리 **동태한그릇**
- 상암동 **달콤한어부**
- 성신여대 **소르빌로**
- 종 로 **철이네감자탕**
- 행당동 **만두전빵**
- 효자동 **효자동초밥**
- 화곡동 **소바와숙녀**

수도권 맛창식당

- 안양시 안양동 **청수골감자탕**
- 안양시 호계동 **아이러브돼지갈비**
- 안양시 석수동 **우리동네우동집**
- 수원시 화서동 **채상궁**
- 수원시 조원동 **파주닭국수**
- 성남시 서현동 **연경**
- 성남시 서현동 **경자씨육개장**
- 성남시 정자동 **스시생선가게**
- 남양주시 다산동 **공부장호프**
- 화성시 반송동 **볏짚삼겹살**
- 용인시 신봉동 **엄마는스테이크**
- 용인시 백암면 **술솥우동**
- 양평군 양수리 **양수리한옥집**
- 양평군 강하면 **거북선해물찜**
- 부천시 역곡동 **동태한그릇**
- 고양시 대화동 **스시유**
- 고양시 지축동 **북한산우동집**
- 용인시 상지석동 **파주돌짜장**
- 곤지암 오향리 **곤지암돌짜장**
- 광주시 중대동 **장지리막국수**
- 광주시 원당리 **퇴촌돌짜장**
- 광주시 경안동 **오면당**

충청권 맛창식당

- 대전시 킬미동 **우리동네감자탕**
- 대전시 목동 **먹갈매기**
- 대전시 유성 **도레미구찜**
- 대전시 수통골 **수통골돌짜장**
- 청주시 내덕동 **금용**
- 청주시 무심천 **쾌걸동태탕**

영남권 맛창식당

- 대구시 동성로 **스시네코**
- 대구시 동성로 **작은방**
- 대구시 동성로 **캔디와철수의부대찌개**
- 대구시 송현동 **우리동네동태탕**
- 대구시 매곡리 **꽃잔디식당**
- 대구시 옥수동 **남자의부엌**
- 대구시 동천동 **엄마는아구찜**
- 대구시 상인동 **땡큐삼겹살**
- 대구시 가창 **가창닭갈비**
- 경산시 대구대 **통큰감자탕**
- 경산시 사동 **남자의부엌**
- 경산시 압량면 **경산돈짜장**
- 창원시 반송시장 **돼지조개**
- 창원시 용호동 **고집쎈동태**
- 창원시 가포 **우동한그릇**
- 창원시 주남 **주남저수지돌짜장**
- 창원시 의창구 김계리 **남양토담오리**
- 김해시 삼방동 **450도고등어**
- 양산시 북정동 **누리마실**
- 부산시 기장 **기장꼴집**

강원권 맛창식당

- 삼척시 터미널 **삼척수제비**

중국 맛창식당

- 연길 **라궁**
- 연길 **라궁불고기**
- 연길 **오두마 막걸리**
- 상해 **신당동**
- 항주 **서상훈떡볶이**
- 심천 (개업준비중)

호남권 맛창식당

- 광주시 수완동 **고장난소바**
- 광주시 수완동 **빛나는감자탕**
- 광주시 구시청 **길맥주**
- 광주시 전남대 **길맥주**
- 광주시 동천동 **김밥집**
- 광주시 진곡산단 **남쪽마을 돌짜장**
- 광주시 운림동 **탱고아구찜**
- 광주시 일곡동 **오늘부터애간쟁**
- 광주시 용봉동 **원기옥**
- 광주시 매월동 **파이팅고등어**
- 광주시 우산동 **호가담**
- 전남 화순읍 **그남자의가브리살**
- 전남 화순읍 **모밀한그릇**
- 전남 화순읍 **화순집**
- 전남 담양군 **제크와돈가스**
- 전북 군산시 **갈비스토리**

FMD design

NAME : 김현근 HP : 010.9810.7740

1인 기업으로 21년을 넘어 30년을 향하다~

맛있는 창업

맛창은 회원제 형식의 식당 공부방입니다.
하루 1만원, **年 350만원**의 비싼 **공부방**입니다.

2012년 여름부터 시작해 2017년 가을 200명 돌파.
맛창은 매일매일 10여개의 공부거리를 공유합니다.
전국 회원들이 투명한 정보와 투명한 거래를 공유합니다.
유료회원이 되지 않으면, 컨설팅을 받을 수 없습니다.
유료회원을 위하여, 외부 칼럼과 외부 강연도 하지 않습니다.

대한민국 최초
유료로 공부하는 식당들이 모인 곳 = 맛있는 창업

http://www.jumpo119.biz

professional manager
이경태 소장

맛창은 식당운영의 개념을 바꿉니다.

외식컨설팅

21살 청년으로 자랐습니다.
온리원 식당을 만들고 있고
경쟁자를 불투오신상권에
식당을 만듭니다.
식당 컨설팅 유통은 8명을 뛰고
신발통신은 돈 주신다고 해도 않습니다.

집을 지배가하세요!
그림 지품같이 보입니다!

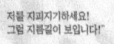

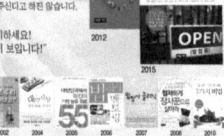

1. 장사의 기교, 기술이 아니라 개념을 바꿉니다.
2. 손님이 먼저 친구하자고 손 내밀게 제압합니다.
3. 또 와야 하는 가치 있는 식당이 되게끔 합니다.
4. 경쟁자보다 더 비싼 값을 받는 당당함을 갖습니다.
5. 맛있는 보다 맛있게 먹는 식당이 되게끔 합니다.
6. 장사는 볼륨의 결과라는 것을 깨닫게 합니다.
7. 장사는 재방문의 열매라는 것을 확인하게 합니다.
8. 원가를 높여서 경쟁자가 따라하지 못하게 합니다.
9. 살을 주고 뼈를 얻는 진짜 장사를 체험하게 됩니다.
10. 꼼수가 아니라 진심으로 손님을 남기는 식당이 됩니다.

대한민국 최초 유료로 공부하는 식당들이 모인 곳 = 맛있는 창업 http://www.jumpo119.biz

Since 1998 ~ 현재까지 '맛있는창업'의 소소한 성과들

대한민국 최초
유료로 공부하는 식당들이 모인 곳 = 맛있는 창업 http://www.jumpo119.biz

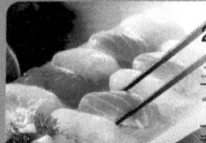

2011년부터 연신내 초밥집을 시작으로
초밥 10알에
1만원의 시대를 만들다!
캐주얼 초밥집이 중국집보다도 흔한 곳도 있습니다.

2012년부터 2인분에
피자 **공짜컨셉**을 만들다!
심지어 프랜차이즈에서도 따라하는 컨셉으로
무슨 음식을 먹던, 고르곤졸라 피자를 공짜로 줍니다.

라면사리
공짜의 시대를 열다!
동태탕, 부대찌개 등에서 라면사리를
더 이상 돈 주고 사먹지 않습니다.

2015년부터
닭을 이용한
음식을 런칭하다!
닭반마리를 넣은 칼국수와 짬뽕
닭튀김을 넣은 우동을
만들었습니다.

2010년부터
관여도를 깨달아
저관여의 고관여 식당을
만들기 시작했습니다.
업종에 상관없이
평범한 메뉴를 고관여로
비틀어 런칭합니다.

2012년부터
본격적으로 가든창업에
초점을 맞춥니다.
월세 노예살이가 없고,
경쟁 심한 레드오션 시장을 벗어났습니다.
이전까지 불가능했던 1억 창업이
가든에서 실현되었습니다.

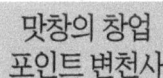

맛창의 창업 포인트 변천사

2013년부터
메뉴가 간단한 **온리원 식당**을
성공합니다. 짜장면은 배달시켜먹는 짬뽕집
삼겹살은 앞집에서 드시라는 돼지갈비집처럼
단일 메뉴로 동네 1등 식당을 만들기
시작합니다.

대한민국 최초
유료로 공부하는 식당들이 모인 곳 = 맛있는 창업
http://www.jumpo119.biz

2016년부터
영업시간이 짧은 식당을 만듭니다.

낮 3시까지 문여는 돈까스집
4시까지의 우동집
6시까지 문여는 돌짜장 등

**저녁이 있는 식당을
만들고 있습니다.**

<금용>의 '한지호' 입니다.
저희 주소는 충북 청주시 청원구 내덕로 33
전화번호는 043-253-5417 입니다.

<제크와돈까스>의 '윤창현' 입니다.
저희 주소는 전남 담양군 금성면 금성산성길 72
전화번호는 0507-1407-0518 입니다.

<서상훈떡볶이>의 '서상훈' 입니다.
저희 주소는 중국 항저우 지하철 1호선 원저루(文澤路)역
허따청(和达城) 건물 4층입니다.

<우동한그릇>의 '백승민' 입니다.
저희 주소는 경남 창원시 마산합포구 가포로 706
전화번호는 0507-1400-7227입니다.

<호가담>의 '신백송' 입니다.
저희 주소는 광주광역시 광산구 사암로216번길 20-3
전화번호는 062-962-9230 입니다.

<화순집>의 '김수오' 입니다.
저희 주소는 전남 화순군 화순읍 부처샘길 1-7
전화번호는 061-373-1652 입니다.

<고장난소바>의 '김현민' 입니다.
저희 주소는 광주광역시 광산구 왕버들로 137
전화번호는 062-951-7240 입니다.

<스시생선가게>의 '문석현' 입니다.
저희 주소는 경기 성남시 분당구 불정로77번길 4-6
전화번호는 0507-1430-8946 입니다.

<통큰감자탕>의 '심재춘' 입니다.
저희 주소는 경북 경산시 진량읍 대구대로 252-5
전화번호는 053-857-1991입니다.

<북한산우동집>의 '김대영' 입니다.
저희 주소는 경기 고양시 덕양구 북한산로 639
전화번호는 02-354-0818입니다.

<남쪽마을돌파장>의 '서정우' 입니다.
저희 주소는 광주광역시 광산구 임곡로 523-7
전화번호는 062-513-2331입니다.

<볏짚삼겹살>의 '현병욱' 입니다.
저희 주소는 경기 화성시 동탄중심상가2길 8
전화번호는 031-8003-8472입니다.